KB207396

온라인
판매의
생존

온라인 판매의 생존

경기불황에 맞서는 위기극복법

블랙코어 이신우 지음

어둠의 세계

어둡다. 너무 어두워 미래가 보이지 않는다. 소상공인들뿐만 아니라 중소기업부터 대기업까지 코로나 19 전염병과 경기침체로 인해 매출 하락과 동시에 존망의 갈림길에 들어섰다. 예전 IMF 시절보다 힘들고 길어질 것이라고 예상되는 글로벌 경기침체로 인해 심적으로 힘든 사업자가 많아졌다. 일반적으로 세상을 살면서 가장 고통스러운 순간은 위기와 고난이 한 번에 밀려올 때다. 하는 일이 내 의지와는 다른 방향으로 흘러가서 어려움을 겪고, 불확실한 전망으로 미래에 대한 불안감과 걱정, 고민이 많아 밤잠을 설치는 것이 요즘 현실이다. 그러다 한 번씩 파이팅을 외치며 힘을 내보자 마음 다짐을 해보지만, 그것도 잠깐일 뿐, 여전히 힘 빠지게 하는 상황이 빈번하게 생긴다. 바로 이것이 이 시대를 사는 사업자들이, 판매자들이 가지고 있는 현실이다.

긴 시간 이어지는 매출 하락으로 인해 통제력과 의지, 열정을 잃어버린 자신을 바라보며 홀로 신세 한탄을 하거나, 하루하루 술과 유흥, 게임과 도박으로 현실을 잊어보려 하지만 현실의 고통은 쉽게 잊히지 않는다. 이런 냉혹한 현실의 고비와 어려움을 피해갈 수 있는 사업자는 생각보다 많지 않다. 도대체 어쩌다가 이렇게 어렵고 힘들어졌을까? 자책하거나 하늘을 원망한들 이런 시련은 준비되지 않은 사업자들에게는 당혹스럽기만 하다. 그렇다면 실패하지 않고 이런 위기와 어려움을 넘어서는 사업자들은 어떤 모습일까? 그런 사업자들은 "평정심"을 가진 사업자들이다. 평정심이란 어떤 예측 불가능한, 난처한 상황이 오더라도 쉽게 동요하지 않는 마음이다. 특히 위기 속에서 가장 빛나는 성향이다. "그래 말은 쉽지, 어떻게 악조건과 어렵고 힘든 상황 속에서 흥분하지 않거나 마음의 동요를 일으키지 않는 사람이 어디에 있어?" 이런 의문을 가질 수 있다. 그렇다. 이렇게 힘든 상황 속에서, 통제력을 잃을 정도로 압도적인 상황에서, 그것도 경험이나 숙련이 안 되어있는 지금 같은 세계적인 경기침체 속에서 동요하지 않는 사람은 생각보다 많지 않다. 평정심에는 경험과 훈련이 필요하기 때문이다.

장기간의 경기침체같이 모든 사업자가 힘들어하는 상황 속에서는 "진짜"만이 살아남는다. 그동안 운이 좋아서 성공했던 사람들, 본인의 실력과 노력이 아닌 주변 상황이 유리하게 작용해서 쉽게 성공한 사람들, 단기간에 성공한 사람들 같은 경우에는 성공의 요인에 대해서 쉽게 생각하기 마련이다. 하지만 수많은 어려움과 고난에도 굴하지 않고 살아남은 사람들은 성공의 요인이 다른 것에 있지 않다는 것을 잘 알고 있다.

단지 실력과 노력이 아닌, 수많은 어려움 속에서 끈질기게 살아남을 수 있던 불굴의 마인드, 바로 그것이 "평정심"이다. 실패의 90% 이상의 원인이 "자멸"이다. 그리고 평정심을 잃어버리게 되면 "자멸"하게 된다. 상황을 냉정하고 객관적으로 들여다볼 수 없었기 때문이다. 주변 상황에 동요되지 않고 가만히 차분하게 위험을 직시했으면 기회나 해결책이라는 길이 보였을 텐데 말이다. 물론 어렵다. 이 책을 쓰는 나조차 어떤 상황에서건 평정심을 갖기란 무척이나 힘들고 어려운 일이다. 하지만 가장 안타까운 순간은 목적지가 눈앞에 있는데, 거의 다 닿았는데 바로 그 앞에서 포기하는 것이 보일 때이다. 아무리 누가 옆에 붙어서 지원을 하고, 수없이 많은 조언을 해준다 해도 포기해 결국 스스로가 앞으로 걸어 나갈 수 없으면 그 사업은 실패하게 된다. 너무도 당연한 사실이다. 불안감과 걱정, 고민을 안고 있다는 것은 평정심을 잃었다는 것과 동일하다. 마음과 머릿속에 차 있는 쓸데없는 수많은 상상과 생각으로 충분히 할 수 있는 일임에도 불구하고 스스로 자신을 믿지 못하고 손을 놔버리게 된다. "평정심"은 아무나 가질 수 없다. 수많은 위기와 고비 속에서 깨닫고, 다양한 실전 경험과 지혜, 현명함이 쌓여야 가질 수 있다. 이런 위기, 어려움을 스스로 극복해내지 못하면 "평정심"을 얻을 수 없다. 그러므로 매사에 위기, 어려움을 차분하게 바라보고 극복해야만 습관이 되어 진짜 "평정심"을 가질 수 있게 된다.

"경기불황"이란 상황은 우리가 통제할 수 없다. 하지만 "경기불황"이란 사실을 부정하지 않고 그 안에서 우리가 할 수 있는 것에만 최선을 다해 집중한다면 고민, 불안, 걱정은 애초에 불필요한 감정이라는 것을 깨닫게 된다. 어차피 미래는 정해져 있지 않기 때문이다. 그 누구도 미래를 알 수 없기 때문이다. 어차피 바꿀 수 없는 미래 상황에 대한 불안감, 걱정, 고민을 하기보다는 현재에 자신이 할 수 있는 부분에 최선을 다해 집중하고 그 결과를 담담하게 받아들이고 또 수정할 것은 수정해 결국 앞으로 나아가는 것이 "평정심"을 가진 사업자들의 모습이고, 어려움과 고난에도 굴하지 않고 살아남은 사람들의 모습이다.

부정적인 감정은 부정적인 생각을 만들어 내고, 그 부정적인 생각이 자신을 압도하는 순간, 이미 자신이 할 수 있는 일은 줄어들게 될 뿐이다. 수많은 어려움과 고비를 유일하게 극복할 방법은 "평정심"이다. 만약 여전히 어려움과 고비 속에서 헤매고 있다면 이 책을 통해 부족한 위기극복법과 실전 경험을 자기 것으로 만들어 "평정심"을 갖고 굳건하게 중심을 지켜 정상 상태로 최대한 빨리 돌아오길 바라는 마음이다.

CONTENTS

1부

위기

위기가 찾아오면 고민하지 말고

바로 현실을 받아들이고

이 위기를 어떻게 극복할지만 생각해라

어둠 속 위기

절체절명의 위기가 임박했다. 아니 이미 현재 진행형이다. 언제 끝날지도 모르는 상황이 지속되고 있다. 코로나 19와 전쟁으로 인한 인플레이션으로 세계 시장이 침체 상태에 빠졌다. 코로나로 인한 정부의 격리 정책에 자영업자들과 소상공인들은 막대한 타격을 입었다. 그리고 이제는 글로벌 경기 침체라는 악재로 한 치 앞을 볼 수 없다. 그렇다. 이것이 지금 현재의 상황이다. 아마 이 책을 보고 있는 독자들은 한 줄기 빛을 기다리며 이 지독한 어둠이 빨리 지나가기만을 기다리고 있는지도 모른다. 하지만 유감스럽게도 이 어둠의 끝은 보이지 않고 있다. 세계적 재난, 재해, 전염병, 전쟁, 경기침체, 주가 하락, 금리상승, 물가상승 등등 이 모든 것이 지금 현재 우리에게 주어진 기본 환경이다. 폐업률은 상승하고 위기에 빠진 소상공인들과 자영업자들은 패닉 상태가 되어버렸다. 그렇다. 대한민국이 어둠에 빠졌다.

무너지고 있다. 폐업이 속출하고 있다. 한해 한해 버티는 것이 점점 어려워졌다. 매출 하락이 장기화하면서 작년보다 올해의 사정은 더욱 안 좋아지고 있다. 언제쯤이면 다시 회복될 수 있을까? 아니, 희망찬 미래라는 것이 과연 있을까? 점점 어깨가 무거워지고 압박이 심해지고 있다. 직원들에게 월급은 줘야 하고 임대료, 카드값, 대출금 등 당장 나가야 할 돈은 많은데 통장에 잔고가 없다. 대출한도는 이미 가득 찼다. 난감하다. 정부 정책자금, 캐피탈, 저축은행, 3금융권 대부업체, 일수까지 일손을 놓으면서까지 알아보고 있지만 역부족이다. 신용불량자가 되는 것은 한순간이다. 이제 끝난 것 같다. 하늘도 무심하지. 어떻게 갑자기 이렇게 될까.

남의 얘기가 아니다. 바로 옆 가게 소상공인, 자영업자들의 현실이다. 어려울 때는 진짜 속이 타들어 간다. 하지만 표정 관리를 잘 해낸 덕분에, 힘든 것을 내색하지 않은 덕분에 속이 타들어 가는 심정을 아는 사람은 다행히 많진 않은 것 같다. 사람인지라 계속되는 어려운 상황 속에서 힘을 내기가 쉽지 않다. 타오르던 열정은 이미 식어 없어졌다. 그저 생존에 급급해 하루하루 버티기만 할 뿐이다. 한 줄기 희망의 빛은 언제쯤 올까. 아니, 오지 않을 것 같다. 앞이 보이지가 않는다.

우선 블랙코어는 창업이나 사업을 아름답게 미화시키거나 환상을 심어주는 쪽에 가깝지 않다는 것에 유감을 표한다. 이 책을 보는 독자 중에는 장밋빛 미래를 꿈꾸며 이미 사업을 시작했거나, 준비하는 사람이 있을 것이다. 자신이 하고 싶은 일을 한다는 설레는 마음, 돈도 많이 벌고, 성공한 자신의 모습, 희망찬 미래…. 심적인 부담은 어느 정도 있긴 하지만 어느새 몸과 마음은 가벼워지고 사장이라는 생각에 어깨에 힘이 들어갈 수도 있다.

사업에 대한 따뜻한 조언, 희망찬 미래에 대한 격려, 사업을 시작하는 사람들에게 심어주는 꿈과 비전에 대한 환상이 가득 담긴 책들과 강의, 주변의 격려에 힘을 받아 많은 사람이 용기와 열정으로 무장하고 사업이라는 전쟁터로 힘차게 나아가곤 한다. 하지만 대부분 몇 개월 뒤 혹은 몇 년 뒤 몸과 마음의 상처만 남은 빈털터리로 전쟁터 밖으로 힘없이 걸어 나간다. 패자가 되어서 말이다. 사업의 세계에서 통용되는 일반적인 말이 있다. "강한 자가 살아남는 것이 아니라 살아남는 자가 강한 자다." 그렇다, 맞는 말이다.

우리는 다른 사람들을 항상 따뜻하게 대하고 배려해야 한다고 배워왔다. 따뜻한 인간미와 배려는 일상생활에서는 친목을 다지고 인간관계를 돈독하게 해준다. 하지만 그 따뜻한 배려와 인간미는 사업의 현장에서 적용되진 않는다. 과거 1, 2차 세계대전에서 승리를 거둔 나라들의 공통점은 적에게 "자비가 없다"라는 점이다. 사업의 현장은 전장과 같다. 실제로 소리 없는 무자비함이 펼쳐지는 곳이 사업의 현장이다.

14

우리가 걸어가야 하는 이 길은 꽃길이 아니다. 아무리 본인이 정직하고 올바르게 사업을 한다고 해도 경쟁사들은 가만히 내버려 두지 않는다. 본인의 사업이 잘나갈수록 적들도 많아진다. 필요하다면 본인 회사를 가만히 내버려 두지 않는 자들에게 우리 역시 냉혹하게 무자비함을 선물해 줄 필요도 있다. 회사를 계속 영위하며 끝까지 살아남을 생각이 있다면 말이다. 특히 온라인 판매, 쇼핑몰 같은 전자상거래 업계는 다른 업계에 비해 더 냉혹한 곳이다. 누가 본인이 운영하는 사업체나 쇼핑몰에 다녀갔는지조차 제대로 파악이 안 된다. 지금, 이 순간에도 경쟁자는 당신의 쇼핑몰을 분석하고 있을지 모른다. 여기에 그치지 않고 경쟁자들은 악의적인 마음과 여러 공격수단으로 언제든지 당신의 쇼핑몰이나 사업체를 망가뜨릴 수 있다.

실제로 전자상거래에서 법을 위반하는 행위들, 예를 들어 탈세, 상표권 침해, 소비자 분쟁, 저작권 관련 법 위반 등의 신고로 인해 과태료와 벌금이 감당하기 힘들 정도로 부과되거나 대표자가 징역형에 처하는 등 잘나가는 중·대형 쇼핑몰들이 큰 타격을 입거나 소리소문없이 사라지는 일을 자주 볼 수 있다. 다시 한번 말하자면 전자상거래 세계는 "무자비한 전쟁이 펼쳐지는 곳"이다. 사회가 혼란스럽고 경기침체가 장기화할수록 선량한 판매자들과 사업자들을 노리는 불청객들이 많아진다. 다수의 경쟁자, 블랙 컨슈머, 돈에 눈이 먼 거래처들, 불성실한 직원 등이다. 불청객들의 등장으로 사업자들은 경제적으로나 정신적으로 힘든 상황을 겪거나 치명상을 입기도 한다. 온라인 사업의 세계에서 일상적으로 일어나고 있는 일반적인 10가지 위기상황들을 정리해 봤다.

10가지 위기상황

첫 번째 위기 - 매출의 하락

지금껏 블랙코어가 여러 온라인 판매자, 쇼핑몰 사업을 컨설팅하고 마케팅과 광고를 관리하면서 알 수 있었던 것이 있다. 바로 사업자들이 공통으로 원하는 바는 "현재 나오고 있는 매출이 하락하지 않고 계속 일정 이상 유지하고 싶다."라는 것이었다. 온라인 판매와 쇼핑몰의 매출은 결코 아무런 노력 없이 유지되지 않는다. 매출이 유지되는 경우는 탄탄한 기본기에 정석대로 내실을 구축하고, 지속해서 약점 보완 및 강점을 만들며 현 트렌드에 맞춰서 마케팅과 광고전략을 제대로 실행했을 때뿐이었다. 대부분의 온라인 사업 매출은 경기 흐름에 영향을 받는다. 하지만 일시적인 매출 하락이 아닌 지속적인 하락이라면 어떻게 해야 할까?

지속해서 성장하지 않는 업체는 이 세계에서 살아남을 수가 없다. 공격이 최선의 방어라는 말이 있다. 지속적인 성장은커녕 지속인 하락이라면 승부수를 던져야 한다. 실제로 7~8년 동안 매출이 잘 나왔다고 수동적인 자세로 조용히 운영하면서 지속해서 성장, 혁신하지 않은 업체들은 현재까지 살아남지 못했다는 사실을 알아두길 바란다. 승부수를 던지려면 가장 먼저 기본과 사업자의 마인드가 제대로 갖춰졌는지 객관적으로 평가를 해봐야 할 것이다. 갖춰야 할 기본은 뒤에서 알아보도록 하겠다.

두 번째 위기 - 고객 분쟁

요즘 소비자들은 현명하다. 소비자와 제대로 소통하지 못해 따라올 책임은 순전히 판매자의 몫이다. 오픈마켓, 유통업체, 온라인 쇼핑몰 모두 똑같다. 어느 날 갑자기 고객이 악의적인 상품평을 남기거나 클레임을 심하게 제기한다면 어떻게 할 것인가?

미리 클레임을 방어하지 못했던 자신을 탓해봤자 이미 때늦은 후회다. 리뷰 게시판, 블로그, 카페, 지식인, 인스타, 페이스북 등을 통해 쇼핑몰이 받을 바이럴 공격은 이미 예정된 수순이다. 그 공격 주체자는 경쟁사일 수도 있고 악성 고객일 수도 있다. 그렇기 때문에 미리 준비하고 대비해야 한다. 바이럴 마케팅의 원리와 프로세스에 대해서 사업자도 정확하게 알고 있어야 하는 이유다. 미리 준비하고 대비하지 못한다면 바이럴 공격을 받고 갑작스럽게 매출이 하락하거나 기존회원들이 대거 탈퇴하는 경우도 생길 것이다.

세 번째 위기 - 데이터베이스(DB) 관리

쇼핑몰의 가장 큰 자산은 데이터베이스(DB)이다. 이렇게 소중한 DB가 어느 날 실수로 혹은 해킹 때문에 삭제된다면 어떻게 할 것인가?

생각만 해도 아찔할 것이다. 쇼핑몰 DB는 회원 DB와 상품 DB로 나뉜다. 삭제된 DB는 호스팅 업체에 의뢰해도 복구가 안 되는 경우가 대부분이다. 그렇기 때문에 특히 상품의 DB는 미리 백업해야 한다. 백업하지 않았는데 쇼핑몰 상품 DB가 실수로 지워진다면 그조차도 타격이 크겠지만 고액 광고를 진행하는 중이라던가 성수기이거나 거래량이 많은 대형쇼핑몰의 경우라면 매출에 엄청난 타격을 입을 것이다. 방법은 상품 DB를 매일 백업하는 수밖에 없다. 백업은 업데이트 때마다 엑셀로 저장하는 방법이 일반적이다.

네 번째 위기 - 직원 관리

어느 날 갑자기 중요한 일을 담당하고 있는 직원이 그만둔다거나 결근을 한다면? 인수인계할 수 있는 직원이 아무도 없다면? 만약 신규 상품 업데이트를 앞둔 상황에서 모델, 포토그래퍼, 디자이너 중 한 명이 빠지게 된다면?

가장 민감하면서도 중요한 사항이지만 놓치기 쉬운 부분이다. 평상시에 중요한 업무를 담당하고 있는 직원을 잘 지켜보고 어떠한 상태인지 잘 체크해야 한다. 온라인 사업체는 오프라인 사업체보다 직원들의 역할이 더 중요하다. 그리고 소규모 사업체일수록 한 사람이 맡는 역할이 많고 인원이 빠듯하기에 한 명이라도 빠지게 되면 걷잡을 수 없는 업무의 공백이 생길 수밖에 없다. 평상시에 업무 사항을 잘 파악하고, 비상시 업무를 담당할 수 있는 백업 직원들을 미리 준비해야 한다.

다섯 번째 위기 - 자금 관리

팔기 힘든 재고 상품을 현금으로 대량 구매하거나 운영 자금을 계획 없이 쓰는 경우, 오랫동안 광고비를 썼지만, 판매가 거의 일어나지 않거나 고액 광고비를 결제했는데 효과가 없다면?

이런 경우 자금 흐름에 위기가 올 수 있다. 보통 사업운영 시 상품매입 또는 제품생산, 인건비와 임대료 등의 관리비, 광고·홍보 등 판매 비용, 이 세 부분에 자금 투입이 필요하다. 이 세 부분 중 어느 한 곳이라도 계획 없이 자금을 사용한다면 자금 흐름이 막히거나 자금이 소진되어 쇼핑몰 폐업에 이르기까지 한다. 매출도 좋고 재무상으로도 문제없어 보이는 업체가 갑자기 자금 흐름이 막혀 흑자 도산하는 경우도 있는 만큼 사업운영에서의 자금 관리는 중요하다. 특히 쇼핑몰은 자금 투입에서 광고비가 차지하는 비율이 높기에 광고비 투입 시 주의해야 한다. 게다가 사용한 광고비는 복구가 안 된다. 만약 광고대행사나, 스스로 쇼핑몰 광고를 진행하는데 성과가 없다면 어떻게 할 것인가? 문제점을 하루 빨리 진단받거나 현재 진행 중인 광고를 과감하게 끊어야 한다. 물론 광고성과는 어느 정도의 광고 투입시간이 있어야 한다는 점은 인지해야 한다. 스스로 판단할 수 있어야 한다. 광고비 투입에 대해선 뒤에서 자세하게 다시 알아보도록 하자.

여섯 번째 위기 - 거래처 관리

온라인 사업체를 운영할 때 빈번하게 발생하는 고민거리 중 하

나는 바로 거래처 문제이다. 상품은 항상 재고 준비가 돼 있어야
지만 제때 판매가 이루어질 수 있다. 잘나가던 상품이 갑자기 생
산이 중단되었다거나, 잘 안 나가던 제품이 갑자기 잘나가기 시
작했는데 재고가 없거나 생산 여력이 안 되어 못 판다면 이것만
큼 안타까운 일은 없을 것이다. 또한 거래처가 갑자기 사정이 생
겨 사업을 중단한다고 통지해버리면 돈과 시간과 노력을 투자
해서 만들어 놓은 상품 페이지는 쓸모가 없어질 것이다. 그렇기
에 평상시에 거래처와의 관계를 돈독하게 유지하며 거래처 동향
이 어떤지 미리 체크해야 중요한 시기에 매출 하락과 고객 이탈
을 피할 수 있다.

일곱 번째 위기 - 세금 문제

소규모 자영업자들은 세무 관련 지식이 부족하고 세무만 담당하
는 경력직원을 두기엔 여력이 안 되는 경우가 많기에 세무 관련
문제가 발생하기 쉽다. 특히 쇼핑몰은 부가세를 수입으로 생각하
거나 신고납부에 대해서 가볍게 생각하는 경우가 많다. 하지만 지
속적인 잘못된 신고납부로 인해 부가세나 과태료가 수습되지 않
을 정도로 늘어나는 것을 경계해야 한다. 미납세액이 모이면 단
위가 커진다. 거기에 가산세까지 더하면 세금은 그야말로 폭탄이
된다. 그렇기에 잘나가는 쇼핑몰도 세금을 감당하지 못해 폐업
한 사례가 생기는 것이다. 지금까지 힘들게 일구어 놓은 쇼핑몰
이 한순간에 끝나는 것이다. 그렇기 때문에 평상시에 부가세 및
각종 세금신고와 납부 등을 신경 써야 한다. 미래를 위해서 제때

제때 제대로 신고납부하고 항상 탈세하면 안 된다는 생각을 하고 있어야 한다.

여덟 번째 위기 - 법적 분쟁

쇼핑몰은 저작권, 특히 사진에 대해서 법적 분쟁이 심하다. 우리나라 쇼핑몰 사진이나 로고, 이미지 컨셉을 해외에서 도용하는 사례는 심각할 정도로 많다. 특히 중국 쪽에서 도용하는 일들이 흔하다. 국내에서는 경쟁사가 사진을 도용하는 사례도 빈번하다. 쇼핑몰의 브랜드 상표권이 등록 또는 출원이 안 되어있는 경우나 소유권 표기가 없는 경우에는 법적으로 대항력이 없다. 그렇기 때문에 쇼핑몰 사진을 누가 도용하거나 악용하지 못하게 쇼핑몰 사진에 대해서 저작권·소유권을 명시해야 한다. 그렇지 않으면 쇼핑몰의 사진은 다른 경쟁사나 해외에서 주인 없이 떠돌아다니는 상태가 돼버린다. 또한 반대로 제대로 된 저작권 지식 없이 촬영한 사진 때문에 호텔, 펜션, 몰 등 저작권이나 라이선스, 소유권을 가지고 있는 업체에서 연락이 오는 경우도 빈번하다. 이런 경우에는 합의나 조율을 하지 않으면 애써 찍어놓은 사진을 사용 못 할 뿐만 아니라 법적으로 고소를 당할 수 있다. 그렇기 때문에 항상 법적 분쟁에 대비해야 한다. 쇼핑몰 사진을 누가 도용하는 것, 혹은 반대로 무단 촬영, 라이선스 문제에 대해서 소홀히 하는 것을 경계해야 한다.

아홉 번째 위기 - 배송 관리

고객이 배송 클레임을 제기했을 때 아무리 쇼핑몰에서 잘못이 없다고 하더라도 고객과 분쟁에 휘말릴 수밖에 없다. 실제로 배송 사고가 발생하는 경우는 빈번하다. 그 어떠한 경우라도 고객과 분쟁을 했을 때 쇼핑몰은 절대 유리하지 않다. 배송사 실수 즉, 물건을 분실했거나 제때 배송이 되지 않는 경우에는 직접 신속하게 문제를 해결해 고객과 분쟁이 커지는 것을 막아야 한다. 배송사의 책임을 묻는 것은 그다음이다. 반대로 내부적으로 송장을 잘못 출력하거나 물건이 뒤바뀌는 경우도 빈번하게 발생할 수 있고, 부분 배송인데 나머지 상품을 배송하지 않는 경우도 흔하게 발생한다. 가장 큰 문제는 배송 지연의 경우인데 이 경우에는 꼭 고객들에게 미리 공지하고 안내해야 2차, 3차 클레임을 방지할 수 있다. 미리 배송 관리에 신경 쓰도록 하자.

열 번째 위기 - 경쟁자와의 분쟁

업계가 경쟁이 심화하면서 서로 물고 무는 진흙탕 싸움이 잦아지다 보니 어떤 게 불법이고 합법인지 판매자들조차 혼란스러워하는 상황이다. 가면 갈수록 선량한 판매자들조차 경쟁사들의 비방과 공격에 통제력을 잃고 눈에는 눈, 이에는 이 같은 맞대응 방식으로 응수하고 있다. 또한 경쟁자가 고객으로 위장해서 바이럴 공격, 거짓 리뷰 등으로 상대방을 위기에 빠트리는 일은 다반사이고, 그들을 분석해 그들의 강점을 무력화시키는 전략을 취하거나 세금, 저작권침해, 스팸 등 법 위반 사항을 신고해 최대한 많은 과태료를 물거나 타격을 입을 수 있도록 여러 가지 방법을 동원하고 있다. 앞에 언급한 9가지 위기 전부 경쟁자에게 공격의 빌미를 줄 수 있는 부분이다. 경쟁자와의 불필요한 분쟁을 줄일 수 있도록 평상시에 문제를 미연에 방지하는 습관을 들여야 한다.

우리가 사는 세상에는 빛과 어둠이 동시에 존재한다. 사업도 마찬가지이다. 아무리 잘나가는 사업체라도 그 안에는 어둠이 존재하기 마련이다. 사업자들은 항상 매출, 자금, 마케팅, 세금, 거래처, 직원 등 여러 가지 고민거리를 가지고 있다. 그중 가장 고충이 심한 문제는 남들에게 드러내기 어렵고 사업자 혼자 해결하기 힘들어하는 언더(Under)의 문제다. 언더의 문제들은 일반적인 방법으로는 대처하기 어렵고 꺼려지는 일들로 이런 언더의 문제를 해결하지 못하면 승승장구하던 사업은 바닥으로 추락할 수 있고, 호시탐탐 기회를 엿보던 경쟁자들에게 공격을 당해 사업이 잠식당할 수 있으며, 아무리 수익이 많이 발생하고 있다고 하더라도 회사 이미지에 치명타를 입거나 브랜드가 회생 불가능한 상태로 이어질 수도 있다.

가장 머리 아픈 점은 이런 언더의 문제들은 보통 본인은 휘말리기 싫어도 어쩔 수 없이 휘말리게 되고, 결국 사장이 혼자 책임지고 극복을 해야 한다는 사실이다. 이런 문제가 터졌을 때 직원들은 문제를 해결해줄 수도 없지만, 위기에 빠진 회사를 떠날 생각부터 할 것이기 때문이다. 언제든지 이런 언더의 문제들은 발생하기 쉽고 늘 주위를 맴돌고 있으며, 복합적으로 발생한다. 사업을 하고 있거나 했던 사람들은 알 것이다. 아무리 현재 잘나가고 있더라도 위기가 찾아와 한순간에 모든 것을 잃어버릴 수 있다는 것을 말이다. 특히 온라인 사업은 그 굴곡이 깊고, 누가 옆에서 제대로 조언해줄 사람이 없다는 것이 가장 큰 어려움이고 문제이다. 이렇게 되면 본인이 일을 사랑하고 즐기고 계속하고 싶다 한들 할 수 없는 상황이 된다. 이런 위험을 예측하고 방어할 수 있다면 유연하게 대응할 수 있을 것이다. 모든 사업이 그렇겠지만 앞만 보고 전진하는 것보다 주위를 둘러보고 현재 상태를 지속해서 유지하기 위해 보이지 않는 노력을 해야 한다. 앞서 정리한 온라인 세계에서 일반적으로 발생하는 위기상황은 언더의 문제로 언제든지 확대될 수 있는 일들이다. 왜 온라인 사업의 세계가 무자비하다고 하는지 이해가 되는가? 잘 숙지하고 미리미리 문제점은 고치고 위기에 따른 방어 전략도 구상해 언더의 문제로 확대되지 않게 하자.

매출 하락

이제 매출 하락이란 가장 큰 위기에 관해 이야기해보겠다. 아무래도 매출이 하락하는 경우가 가장 많은 걱정과 고민이 생길 때이기 때문이다. 우선 대표적인 온라인 판매 매출 하락 요인 10가지를 알아보자.

온라인 판매 및 쇼핑몰 매출이
하락하는 이유

1. 물가 상승 및 금리상승으로 인한 소비심리 위축

2. 국가, 정치적 이슈로 인한 쇼핑에 대한 무관심

3. 메르스, AI, 코로나 19 등 급진적인 질병 등으로 인한 관심 부재

4. 가계부채, 부동산 대출로 인한 가처분소득 감소

5. 사회 트렌드의 변화 (미니멀리즘 및 소비 트렌드 변화)

6. 충동 구매 및 쇼핑중독자들의 소비 습관의 변화

7. 충성 고객의 변심 (단순 변심 및 상품의 불만족)

8. 신규 회원 및 신규 구매자들의 소비 감소

9. 고객의 욕망을 충족시키지 못함

10. 온라인 판매자에 대한 신뢰감 하락
    (불량 상품 포장 문제, 배송 불만 등)

이 외에도 수없이 많은 요인이 있겠지만 기본적으로 매출이 잘 나오던 쇼핑몰의 매출이 갑작스럽게 하락했다면 대부분 위의 10가지 안에 그 이유가 포함돼 있을 것이다. 1번에서 5번까지는 판매자들이 통제할 수 없는 외부적 요인과 상황들이다. 이때는 판매자가 아무리 노력해도 매출은 조금씩 하락하게 된다. "갑자기 주문이 한 건도 안 들어와

요!" 초창기 사업자들이 많이 언급하는 말들이다. 하루에 3건~10건 사이의 주문이 있는 쇼핑몰의 경우에는 실제로 위의 외부적 요인과 상황이 발생했을 경우에 주문이 한 건도 안 들어올 수 있다. 또한 일주문이 20건 이상~30건인 쇼핑몰일 경우에는 반으로 감소한다. 50건 이상인 쇼핑몰의 경우 역시 반 토막이 나거나 많게는 1/3로 줄어든다. 자, 그렇다면 중·대형 몰들의 상황은 어떨까? 그들은 하루에 많게는 수백 건씩 주문이 없어진다.

나머지 6번~10번 경우는 모두 판매자의 책임이다. 판매자가 그만큼 소비자의 욕구와 욕망을 자극하지 못하거나 매력적으로 판매를 하지 못했기 때문에 고객 이탈이 일어나고 매출이 감소한 것이다. 그런데 자신의 상품과 내부 쇼핑몰 콘텐츠의 문제를 보지 못하고 하락하고 있는 매출 상황과 주변 상황만 본다. 이 경우가 가장 심각한 상황이다. 이런 상황이 계속 지속된다면 결과는 정해져 있다. 이것 하나는 분명히 알고 있어야 한다. 우리 매출이 하락해도 경쟁사의 매출은 상승하고 있다는 사실을 말이다. 자신의 매출이 하락한다면 고민만 하고 있을 것이 아니라 바로 이 위기를 어떻게 극복해야 할지를 생각해야 한다. 블랙코어가 사업자들에게 하는 말이 있다.

**"위기가 찾아오면 고민하지 말고 바로 현실을 받아들이고
이 위기를 어떻게 극복할지만 생각해라"**

대책 없이 고민만 하는 것은 현재 상황에 전혀 도움이 되지 않는다. 더더구나 신세 한탄은 자신에게 그리고 주변 사람들에게 전혀 도움이 되지 않는다. 변명과 합리화, 핑계는 집어치워라. 시간 낭비일 뿐이다. 매출이 하락하는 이유는 당신이 제대로 하지 못했고, 잘하지 못했기 때문이다. 지금도 소중한 시간이 지나가고 있다. 얼마나 빨리 자신의 흐트러진 정신을 붙들고 중심을 잡느냐에 따라 하락한 매출의 복구 여부가 결정될 것이다. 지금부터라도 매출이 하락하는 요인을 제대로 분석하고 어떻게 하면 제대로 잘할지 연구해보길 바란다.

사업자들은 일반적으로 날마다 열심히, 혹독하게 일하곤 한다. 물론 그날그날의 성실함과 노력이 평생을 좌우하기도 한다. 다만 배의 방향이 어디로 향하고 있는지를 정확하게 알고 있어야 한다. 사업자가 원하는 방향으로 가고 있는지, 방향과 상관없이 그저 열심히 묵묵히 노만 젓고 있는지를 스스로 되돌아봐야 한다. 블랙코어가 사업자들과 마케터들을 대상으로 한 오프라인 컨설팅이나 인큐베이팅 프로젝트를 진행하면서 매번 하는 핵심 질문 3가지가 있다. 이 핵심 질문 3가지는 다름 아닌 사업의 지속가능성에 대한 질문이다. 이 질문에 대한 답 없이 그저 열심히만 하고 있다면 매출은 기복이 심해질 것이며 사업자의 정신 상태와 주변 상황 또한 오르락내리락할 것이다. 이제 아래 3가지 질문에 대해 한번 곰곰이 생각해보길 바란다.

"현재 이 상태로 성공할 수 있는가?"

많은 세세한 질문보다 이 첫 번째 질문만으로도 모든 결과를 알 수 있다. 질문의 요지는 분명하고 명료하다. 참고로 블랙코어가 여기서 말하는 성공의 의미는 현재 사업, 쇼핑몰의 매출을 지속해서 상승시켜서 결국 업계 상위 10위권 안에 들어가는 것이다. 오만함과 자기기만, 핑계, 합리화 등을 내려놓고 객관적이고 솔직하게 이 질문에 대해 답하거나 생각해보면 문제점과 해결책을 스스로 찾아낼 수 있을 것이다. 이 질문에 대한 답을 생각하는 과정은 현재 온라인 판매, 쇼핑몰의 문제점은 물론 진행 방향, 원하는 목표, 매출의 한계성, 차별성, 가치, 탁월함 등을 한 번에 정리할 수 있는 방법이다. 만약 현재 이 상태에서 성공할 수 없다면 해당 사업을 정리하거나 단점을 개선, 보완, 혁신해야 한다. 사업자분들의 70%~80% 이상이 성공할 수 없는 상황에 처해있다. 물론 상위 10위권 안에 드는 온라인 판매자, 쇼핑몰도 안심해서는 안 된다. 냉혹한 현실을 외면하지 말고 현실을 직시해야 한다. 만약 첫 번째 질문에서 자신만만하게 "현재 이 상태에서 성공할 수 있다"라고 대답을 했다면 두 번째 질문에 대해서도 귀를 기울일 필요가 있다.

"현재 상태에서 홍보 및 광고비용, 방문자 수를 늘린다면 매출도 올라갈 것인가?"

첫 번째 질문에 이어 두 번째 질문에도 그렇다는 답이 나오는가?

당장 책을 덮고 그대로 사업을 진행하시면 된다. 그렇지 않다면 첫 번째 질문에 제대로 된 답을 못했다는 말이 될 것이다.

홍보비용이나 광고비용을 늘려서 해당 몰이나 쇼핑몰 사이트로 예비고객이 유입되었을 때 회원가입이나 구매 전환이 일어나지 않는다면 해당 사업이 문제가 있다는 점을 인정하지 않는 사업자는 없을 것이다. 우리는 가끔 큰 착각과 오해를 하곤 한다. 모든 사업과 마케팅의 궁극적인 목표는 "더 많이 파는 것"이다. 하지만 이를 망각하고 경쟁자와 경쟁을 하는 데 시간과 비용을 쓴다거나 소비자의 관점이 아닌 사업자나 판매자의 관점에서 상품을 개발하거나 수정 및 개선하며 스스로 만족감을 느끼는 경우가 많다. 아무 소용없는 짓이다. 이제 마지막 세 번째 질문에 주목하길 바란다.

"홍보 및 광고비용을 늘려도 매출이 상승하지 않는다면 앞으로 어떻게 할 것인가?"

광고비용 및 홍보비용을 늘려도 구매 전환율이 올라가지 않는다면 다시 처음 질문으로 돌아와 사이트의 문제점을 진단하고 파악해 재정비해야 한다. 사이트나 몰을 리뉴얼하거나 상품 및 아이템에 변화를 줘야 한다. 만약 시장성이 없는 아이템이거나 전환율을 높이기 힘든 아이템이라면 타 업종으로의 전환, 혁신을 고려할 수도 있다. 원인을 시장에 판매자가 많아 경쟁이 치열해서라고 생각할 수가 있는데 반대로 경쟁자가 별로 없어도 판매자 본인이 제대로 못 팔면 판매가 제대로 되지 않는 경우가 많다. 이 사실을 분명히 기억해야 한다.

현재 판매가 지지부진하거나 매출이 정체되어 있다면 위의 3가지 질문을 나의 쇼핑몰, 온라인 판매에도 한 번 적용해보길 바란다. 그리고 당부하고자 하는 말이 있다. 바로 "매출이 하락하거나 상승하는 것에 너무 감정적으로 연연하지 말자"이다. 물론 매출이 상승하면 기분이 좋고, 하락하면 감정이 다운되는 것이 당연하다. 하지만 이런 상태를 뛰어넘어야 더 높은 등급의 판매자가 될 수 있다. 앞에서 언급했듯이 매출에 영향을 끼치는 외부요인은 기본적으로 5가지이다. 사람의 감정이 매일 변하듯이 끊임없이 변하고 움직이는 시장에서 매출의 하락과 상승은 당연하다. 우선 그 자체를 받아들이는 자세가 중요하다. 매출의 기복에 따라 컨디션과 감정을 소비할 시간에 어떻게 문제를 해결할지 생각하는 것이 훨씬 더 효율적일 것이다. 모든 트렌드와 흐름은 지속해서 변화하고 있다. 자신의 페이스를 잃어버리지 않도록 하자. 매출이 하락할 때 특히 조심해야 하는 점들을 아래에서 확인해보길 바란다.

매출이 하락할 때 유의해야 하는 10가지

1. 감정적으로 동요하지 말고 침착하게
   전체 시장, 트렌드, 이슈부터 파악한다.

2. 갑작스럽게 광고비를 늘리거나 줄이지 않고 평소대로 유지한다.

3. 매출이 갑자기 하락한 요인은
   적은 상품 업데이트 때문이 아니다.
   기존 상품의 문제점부터 체크한다.

4. 그동안 쌓인 클레임, 문제점들을 제 3자 시각
   즉, 소비자의 시각으로 하나씩 파악한다.

5. 매출이 하락했다고 갑자기 쇼핑몰 리뉴얼을 시도하지 않는다.
   특히 부분적인 쇼핑몰 템플릿만 변경하는 것을 경계한다.

6. 다른 잘나가는 쇼핑몰을 무조건 베끼거나
   벤치마킹하지 않는다.

7. 인기 있는 아이템만 사입하거나 팔지 않는다.
   (우리만 팔 수 있는 것을 찾아야 한다.)

8. 무리하게 사진 촬영을 하거나 분위기, 감성을
   부분적으로 변경하지 않는다.

9. 매출을 단기간에 올려준다는 사기성,
   허황된 단발성 교육을 찾아다니지 않는다.

10. 지친다고 술이나 유흥에 의존하지 않는다.
    (객관적인 판단을 방해할 수 있다.)

위에 10가지는 평상시에도 참고하면 좋다. 가장 어렵고 힘든 건 매출이 하락할 때 마음의 평정심을 유지하고 객관적인 시야를 갖는 일이다. 물론, 이는 누구에게나 어려운 일이다. 블랙코어 역시 매출에 연연하던 시절이 있었다. 매출이 상승하면 곧 돈방석에 앉을 것만 같았고, 매출이 하락하면 마치 하고 있던 사업이 끝날 것처럼 느껴졌었다. 끊임없이 여러 방법과 전략을 모색해보았지만, 문제점과 해답을 찾지 못할 때도 있었다. 이런 경기불황은 혼자만 힘든 상황이 아니기에 여러 판매자가 끊임없이 해결책을 찾아다니고 방법을 모색한다. 하지만 현실에 좌절하고 불안해하며 고민하고 걱정하기보다는 고민, 불안, 걱정을 하지 않는 무(無)의 상태로 가는 게 최우선순위다. 지금 하고 있는 대부분의 고민, 걱정, 불안은 현실에 존재하지 않는 미래에 대한 것이기 때문이다. 때론 일어난 상황이 문제가 되는 것이 아니라 그 문제를 갑작스럽게 해결하려고 무리할 때 문제가 더 커지곤 한다. 특히 생각이 복잡하거나 간결하지 못할 때 오히려 상황을 더욱 악화시키는 경우가 많다. 매출이 상승하거나 하락할 때는 바다의 파도를 떠올려보길 바란다. 바다의 파도는 자연스러운 흐름이다. 자연스러운 흐름을 갑자기 거스르려 하지 말아야 한다. 지금 단순히 오르락내리락하는 건 파도이지 큰 해일이 아니다. 겁을 먹고 두려워하며 큰 해일인 것처럼 느끼지 말고 어떤 파도인지 침착하게 응시하길 바란다. 그 안에서 흐름을 파악해야 한다.

반대로 매출이 상승할 때는 걱정이 없으니 마음의 평정심을 유지하고 객관적인 시야를 갖기 쉬울 거로 생각할 수 있다. 찬물을 끼얹자면, 하루아침에 경쟁사들 다 문 닫고 나만 장사하는 것이 아닌 이상 갑작스럽게 매출이 상승하는 일은 없다. 그리고 내실이라는 기본 없이 꼼수나 노하우만으로 매출을 올리는 방법도 절대 없다. 6개월 안에 90% 이상이 폐업하는 온라인 판매 사업은 사실 꿈과 열정으로 시야를 가리게 되면 진정한 현실을 보지 못하게 된다. 물론 이런 말도 기존의 판매자들이나 초창기 판매자들에게는 잘 안 들릴 수도 있다. 아마 여러 시행착오를 겪고 나면 그제야 현실이 귀에 들리고 눈에 들어올 것이다.

폐업한 쇼핑몰의 공통점

사업을 운영하면서 그 결과를 예측할 수 있다면 거액을 주고서라도 알고 싶을 것이다. 하지만 아이러니하게도 대부분의 사람은 결과에 대한 조짐과 경고를 무시하곤 한다. "다른 사람의 의견은 중요하지 않아!" "나의 주관과 독립심으로 밀고 나가면 돼!" 혹시 나는 아니야라고 생각하는가? 자신의 주관과 뚝심을 지키는 것은 물론 중요하다. 하지만 때론 다른 사람의 의견 특히, 누가 조언을 해주느냐에 따라서 결과는 달라진다는 사실을 누구나 알고 있을 것이다. 블랙코어가 처음 쇼핑몰 문제점 진단을 시행한 이후 500여 개 이상의 판매자들과 쇼핑몰들이 블랙코어에게 자문하고 조언을 구했다. 블랙코어가 상담을 통해 사업의 문제점 진단과 마케팅을 점검해보니 이미 결과가 정해져 있는 사업자들이 90%

이상이었다. 그리고 그 사업자들은 블랙코어의 조언과 경고를 흘려버린 채 그대로 쇼핑몰을 운영했다. 자, 그 쇼핑몰들은 지금 어떻게 되었을까? 그렇다. 그 쇼핑몰들은 사이트 검색이 안 되거나 폐업을 한 상태다. 왜 이런 현상이 발생하는 걸까? 블랙코어가 진단한 500여 개 쇼핑몰 중에서 사이트가 사라지거나 폐업한 400여 개 쇼핑몰의 공통된 문제점을 정리해보았다.

폐업한 쇼핑몰의 공통된 문제점 5가지

1. 애초부터 자문과 조언을 들을 준비가 되어있지 않았다.

- 처음부터 자신만의 방식대로 운영할 계획이었다. (남의 조언은 내 생각과 일치하는지 않는지 확인만 하는 정도)
- 핵심과 문제점에 대해서 알려주지만, 그것이 정작 핵심인지 모른다.
- 자문자의 얘기를 들을 준비가 안 돼 있고, 신뢰하지 못한다.

2. 자신이 파는 상품, 쇼핑몰에 대해서 객관적이지 못했다.

- 자신만의 느낌에 빠져있고 소비자 니즈를 파악하지 못해 객관성이 떨어져 주관적인 성향이 강했다. (때로 주관적인 성향은 객관성을 잃게 해 사물을 객관적으로 보는 힘을 없앤다.)
- 자신이 파는 상품에 대해 부풀리거나 과장해서 생각하는 성향이 있다. (상품의 시장성은 이미 정해져 있다.)
- 현실적이지 못하고 자신만의 세계에 빠져 있다.

3. 사업자 스스로 감정의 기복이 심하거나 변덕이 심하다.

- 한 가지에 꾸준하지 못하거나 시도하는 중에 미리 포기하는
  성향이 강하다.
- 빈번하게 쇼핑몰의 아이템을 자꾸 변경하거나 이미 정해져
  있는 컨셉을 자주 바꾼다. (실패의 요인 중 하나)
- 성실함이 부족하고 인내심이 약하다.

4. 판매를 기계적이고 인위적으로 한다.

- 상품을 어떻게 판매해야 할지, 어떻게 해야 잘 팔리게 할지
  생각과 고민이 없다.
- 소비자를 돈으로 보기만 하고 어떻게 상품에 호감을 만들어
  낼지 전혀 고민하지 않는다.
- 상품 업데이트를 기계적으로 하고 촬영과 상세페이지의 MD
  코멘트에 영혼이 없다.

5. 판매 실력과 보는 눈, 즉 감각이 떨어진다.

- 오픈마켓 판매 방식과 온라인 쇼핑몰 판매 방식을 동일하게
  생각했다. (전문성 부족, 브랜드에 대한 필요성 부재)
- 애초부터 판매 실력과 감각이 다른 사람에 비해 뒤떨어진다.
  (판매하기 전에 판매 감각부터 향상해야 한다.)
- 소비자들이 구매하고 싶게끔 상품을 포장하는 방법과 판매
  하는 방식을 모른다.
- 광고비용을 많이 투자하지만 정작 소비자들이 사이트에 유
  입이 되면 구매가 없다.

위의 5가지 공통점을 확인해서 만약 자신의 성향이나 상황과 같은 게 있다면 지금부터라도 심각하게, 진지하게 고민해야 한다. 온라인 판매자들과 사업자들은 때론 중요한 것을 잊어버리곤 한다. 잘하는 방식을 알고 있는 사람은 무엇을 팔더라도 남들보다 월등히 많이 판다는 사실을 말이다. 공부하는 방법을 잘 알고 있는 사람은 계속 공부를 쉽고 편하게 하듯이 판매를 잘하는 사람은 판매를 쉽고 편하게 잘한다. 결론적으로 잘 팔리는 판매 방식, 성공하는 성공 방식을 알아야 한다. 잘 파는 판매자들은 마케팅이란 호칭을 붙이지 않더라도 모든 판매 프로세스 자체가 마케팅이 되게끔 한다. 마케팅은 홍보나 광고에 국한되지 않는다. 블랙코어가 쇼핑몰 문제점 진단·마케팅 컨설팅을 하면서 만난 대부분의 사업자는 잘못된 마케팅전략, 광고나 홍보에 대해서만 관심이 많았다. 자신이 파는 아이템에 대해서, 상품을 매력적으로 만들어서 판매하게 만드는 방법, 오랫동안 알아서 팔리게 만드는 방법에 대해서 관심이 있는 사람은 거의 없었다. 이는 처음 접근 방식부터 성공이 아닌 실패를 향해가고 있는 것이다.

온라인 판매 사업의 세계에는 두 종류의 사람이 있다. 하나는 "문제가 터지면 그때 해결하는 사람"이고 다른 하나는 "아예 처음부터 문제가 발생하지 않게 예방하는 사람"이다. "어떤 사업이든 문제를 해결하며 한두 번 실패를 겪는 게 당연한 것 아닐까요?" "그만큼 소중한 경험을 얻었으니 다행이라고 생각합니다." 이렇게 생각한다면 조금 냉정하게 말하겠다. "그렇다면 다음 사업의 성공할 확률이 올라간다고 생각합니까?" "시간은 그렇다 치고 다음 사업에서 이미 날린 돈을 확실히 만회할 수 있습니까?" 우리는 사업을 할 때 경험을 쌓으려고 하는 것이 아니다. 기억하길 바란다. **우리는 애초에 성공할 수 있는 방식을 택해야 한다는 사실을. 한마디로 수익을 낼 수 있어야 한다는 것이다.** 사업의 목적은 수익을 내기 위함이지 공부나 투자, 자선사업이 아니다. 경험치를 쌓으면 좋지만 이를 달성하기 위함도 아니다. 실패를 겪지 않아도 된다면 최대한 그렇게 해야 한다. 블랙코어 또한 수없이 많은 실패를 겪으면서 여기까지 왔다. 경험을 통해 많은 걸 깨달았지만, 굳이 경험하지 않아도 되는 일도 있었다. 그럼 궁금한 점이 생길 것이다. "무슨 예언자도 아니고 애초에 돈을 벌 수 있을지 없을지 어떻게 알아?" "돈을 벌 수 밖에 없는 사업이 어디 있어! 뭐든 부딪혀봐야 알 수 있는 거 아냐?" 이렇게 생각하고 있다면 다시 알아두길 바란다. 실력과 노력, 정성, 인력, 자금 문제도 있겠지만 실패하는 가장 큰 핵심적인 이유가 있다. 바로 "애매모호하고 시작해도 되는지 긴가민가한 상태에서 사업을 시작하기 때문에 항상 실패할 수밖에 없다."이다.

애매모호하고 긴가민가한 상태로 사업을 하기엔 인생 역시 너무 짧다. 수명이 제한되어 있지 않다면 수많은 실패와 경험은 언제든지 환영이다. 하지만 그렇지 않기 때문에 우리는 실패를 최소화하고 하더라도 최대한 빨리 경험하고 조금이라도 젊을 때 성공할 수밖에 없는 사업을 시작해야 한다. 하지만 보통 사업을 시작하는 나이는 어쩔 수 없이 직장에서 나온 40대에서 50대이고 보통 1억에서 2억 정도를 모아 사업을 시작한다. 그런데 그 돈을 날리게 되면 다시 복구하는 데 걸리는 시간은 얼마일까? 최소 5년 이상이다. 어찌어찌 모아 다시 사업을 시작하게 된다고 해도 이미 성공적으로 사업을 시작하고 운영하기에는 역부족인 나이이다. 잔인한 사실은 지금, 이 순간에도 시간은 빠르게 흘러가고 있다는 것이고, 많은 사람은 위의 사실은 자신에게는 해당하지 않는 일이라고 믿고 있다는 것이다. 대다수의 소상공인, 자영업자들과 온라인 판매, 쇼핑몰 사업자들 모두 해당하는 얘기다. "문제는 해결하는 것이 아닌 예방하기 위해 존재한다." 실패를 겪지 않고, 시간과 비용을 헛되게 날리지 않고도 성공할 수 있다면 그렇게 하는 게 좋다. 수많은 실패에 좌절하지 않을 수 있을 자신이 없다면, 그렇게 젊은 나이가 아니라면 더 그렇다. 흘려듣지 말아야 한다. 애초에 성공할 수 있는 방식을 택하고 수익을 낼 수 있어야 한다. 애매모호한 상태에서 시작하는 것이 아닌 성공할 수 있는 준비와 확신이 있을 때 시작해야 한다. 무조건적인 시행착오와 실패는 당연하지 않다. 만약 실패할 확률이 높은 상태에서 사업을 한다면 리스크 없이 실패하는 것이 최상의 전략이다. 실패를 해결하려 하지 말고 실패를 예방해야 한다.

어둠 속 기회

판매자들은 아침에 눈을 뜨면 매출에 대한 고민과 걱정을 하면서 가끔 이런 질문을 한다. "처음에 일 시작할 때만 해도 꽤 재미있게 하루를 보냈던 것 같은데" "어느새 일의 노예가 돼버린 듯한 느낌은 무엇일까?" "언제쯤이면 매출의 고민, 근심, 걱정에서 벗어날 수 있을까?" "일을 해도 효율이나 능률이 오르지 않네, 도대체 무엇이 문제일까?" 특히 월요일같이 무거운 한 주를 시작하는 날이면 더 할 것이다. 주말에 여가를 즐기고 힐링을 해도, 여행을 갔다 와도 그때뿐이고, 여전히 한 주를 시작하면 똑같아지는 자신의 마음에 당황스러울 때가 한두 번이 아닐 것이다. 이런 마음은 직장인들에게 주로 보이긴 하지만, 판매자와 사업자라고 해서 별반 다를 게 없을 것이다. 오히려 사업자들일수록 이런 지루함과 권태로움에 휩싸이면서 스스로는 물론 직원들에게 동기부여조차 주기 어려울 때가 있을 것이다.

중요한 것은 이런 감정에 익숙해졌다면 이제 기회를 찾아 변화해야 할 시점이라는 것이다. 사람은 편안함과 익숙함을 찾는 습관의 동물이다. 그리고 그것이 안정감을 주게 된다. 물론 안정감을 추구하는 것이 나쁜 것은 아니지만, 안정감만을 추구한다면 더 많은 좋은 기회를 놓치게 된다. "에이, 내 주제에 이런 일을 감당할 수 있겠어?" "보나 마나 실패할 게 뻔해, 생각하지도 말자, 안전이 최고야" "다른 회사에서도 많이 시도했잖아, 이런 사례는 너무 많아" "지금도 할 게 많은데 나중으로 미뤄야겠다." "변화는 해야 하는데 그 귀찮은 것을 언제 다 하지? " 우리는 이렇게 스스로 수없이 되뇌며 합리화를 하곤 한다. 그리고 다음 주, 다음 달, 내년, 3년, 5년, 10년 뒤가 되어서야 비로소 깨닫게 된다. "그때 시도했어야 했어, 지금은 너무 늦었어." "어떻게 될지 모르더라도 그때 정면으로 부딪쳐야 했어." "너무 용기 없이 뒤로 물러났어, 이제는 무엇인가 도전하기에 너무 늦어버렸네" 너무 늦은 후회, 흘러간 세월을 뒤돌아보며 신세를 한탄하고 있지는 않은가? 이렇게 되기 전에 우리는 적절한 시점에 되었을 때 변화를 시도해야 한다.

항상 기회는 우리 주위에 존재한다. 하지만 이 기회를 이용할 수 있느냐 아니냐는 본인의 몫이다. 블랙코어는 온라인 판매 인큐베이팅 프로젝트를 진행할 시에 클라이언트에게 질문한다. "지금까지 중박 이상을 터뜨릴 정도로 성공을 경험하거나, 돈을 많이 벌어본 적이 있습니까?" 만약 이 대답에서 그런 적이 없다고 대답한다면 "축하드립니다. 아직 기회가 남으셨군요"라고 얘기한다. 아직 경험하지 못한, 이제 곧 다가올 최상의 기회가 남아있기 때문이다. 반대로 이미 성공을 경험했거나 중박 이상을 터뜨렸는데 현재는 힘든 상황이라면 이렇게 말한다. "과거의 성공은 운이 좋았을 확률이 높습니다. 초심으로 돌아가지 못한다면 앞으로 그런 기회를 맞이하긴 힘들 겁니다." 사실 본인이 어떻게 성공했는지도 모른 채 과거의 성공에만 매달려 있어봤자 소용없다. 항상 강조하지만 이런 경우는 그저 운이 좋았을 뿐이다.

아래는 블랙코어가 제시하는 주위에 존재하는 기회를 적극적으로 찾고 활용하는 5가지 방법이다.

기회를 찾아 활용하는 5가지 방법

1. 현재 자신이 활동하고 있는 온라인 모임, 카페, 블로그, SNS, 유튜브 등 도움을 받을 수 있는 사람을 찾는다.

- 단, 친절을 가장해 도움을 주겠다며 접근해 자신의 이득만을 챙기려는 사람은 경계해야 한다.
- 기존에 활동했던 모임이나 신뢰감이 있는 사람에게 연락하는 편이 낫다.
- 자신이 볼 수 없는 시각이나 안목을 가진 사람이 해답을 가진 경우가 있다.

- 만약 이러한 도움을 받을 수 있는 인맥이 없다면 새로운
  인맥을 만드는 만남과 모임을 최대한 활용한다.

2. 현재 업종과 관련된 오래된 경험자, 서적을 찾거나 세미나에 참가한다.

- 물론 이 중에는 사짜들(사기꾼들)도 포함되어 있지만
  잘 찾아보면 진짜배기를 찾을 수 있다.
- 가장 좋은 것은 이미 실패한 사람으로부터 교훈이나 경험을
  찾아서 실패를 미연에 방지하는 것이다.
- 상대방의 진짜 경험과 가짜 경험을 구분해서 멘토를 찾는다.

3. 지금까지 자신이 쌓아왔던 경험과 커리어를 더욱 업그레이드 한다.

- 자신이 너무 당연시 여겨왔던 소중한 경험과 이력들을 너무
  쉽게 생각할 수도 있다. 다시 한번 살펴보자.
- 지금까지도 이어져 왔던 현재의 강점과 장점 등을 다시
  정리해본다.
- 이 강점과 장점들을 좀 더 업그레이드할 방안과 전략을
  모색해본다.
- 자신이 부족한 점들을 미리 정리해서 실패의 요인들을
  정리한다.

4. 현재의 문제점을 해결할 수 있는 새로운 해결책을 구상한다.

- 자신을 방해하는 요인들, 문제점들을 객관적으로 정리해서
  문제점을 해결한다.

- 가장 자신이 잘해왔던 패턴과 성공 방식 등을 정리해서
  현재의 문제점을 해결할 수 있는 해결책을 기획한다.
- 오랫동안 자신을 유리하지 못하게 만들거나 더 좋은 위치로
  가지 못했던 치명적인 약점과 단점을 정리해본다.
- 스스로 최대한 해결방안을 모색해보지만 잘 안 될 때도
  좌절하지 말고 계속 해결책을 찾아낸다. (제3자에게 자문)

5. 구체적인 방안을 실행하고 피드백 한다.

- 치명적인 문제점을 한 번에 해결할 수 없다면 천천히
  실행하며 단계별로 수정 및 보완해 나간다.
- 만약 이 시점에도 수익이 나지 않거나 매출이 더 오르지
  않는다면 약점을 보완할 수 있는 제2의 파트너를 찾아본다.
- 모든 것은 실행하지 않으면 무용지물이다.
  실행하고 즉각적으로 피드백한다.
- 1개월, 3개월, 6개월, 1년 단위로 과거와 현재를 계속 비교
  해보며 변화된 점을 체크해본다. (매출의 변화, 본인의 변화)

현재 소비형태와 라이프 스타일이 급격하게 변화된 만큼 위기 속의 기회 역시 찾아볼 수 있다. 불과 2년 전과 비교했을 때만 해도 급격한 수준으로 소비 경제의 흐름이 변화했다. 그 흐름 중에서도 우리가 눈여겨 봐야 할 지표는 코로나 19로 인한 소비 경제 흐름이다. 비대면 서비스 증가. 재택근무의 증가, 기본 의식주에 대한 생필품 소비증가, 배달 수요의

증가, 여가 산업의 비대면 서비스(게임산업, 유튜브, 넷플릭스) 등의 이용 증가이다. 한 문장으로 요약하자면 오프라인 매장에서의 매출이 비대면 서비스와 모바일 매출로 대거 이동되고 있다는 점이다. 또한 업종에 따라 매출 기복 차이도 크다. 집에 머무르는 시간이 늘어남에 따라 의식주와 관련된 생활용품, 실내용품 등과 인테리어 용품, 건강 관련 식품과 물품 등의 업종 매출이 상승했다.

거시적 원인은 코로나 19로 촉발된 경기침체와 정치적 이슈, 금리 인상, 물가상승, 가계대출 증가 등을 생각할 수 있다. 이로 인해 개인들의 소비심리도 당연히 영향을 받는다. 이뿐만 아니라 코로나 19 이전부터 계속됐던 문화·사회 측면의 변화인 라이프 스타일의 간소화 즉 미니멀리즘, 개인의 내적 행복 추구 등의 영향도 소비문화의 변경을 가속하고 있다. 또한 친환경 소비증가, 언택트 서비스의 증가, 중고거래의 증가 등 절제된 소비문화와 비대면 구조의 라이프 스타일, 개인의 행복 추구에 대한 높은 관심은 곧 소비자의 심리가 외형보다는 내면을 중시하고 있다는 점을 보여주고 있다. 당연히 외형을 중시할 때처럼 자신을 꾸미는 의류, 소품, 잡화 등의 소비재에는 소비를 줄이고 개인 라이프 스타일에 관련된 상품에 소비가 늘어나리라는 것을 알 수 있을 것이다.

영화 "관상"에서 유명한 관상쟁이가 영화 마지막 부분에서 "파도만 보고 바람은 보지 못했네"라는 명언을 남겼다. 결국, 세월의 흐름을 읽지 못한 것이 자신의 치명적인 잘못이라고 한탄하면서 말이다. 이 말을 하는 이유는 분명하다. 온라인 판매나 사업 운영부터 마케팅까지 마찬가지이기 때문이다. 아무리 뛰어난 사람도 시대를 잘못 만나면 자신의 실력과 역량을 쉽게 펼치지 못한다. 시대가 원하는 사람이 어떤 상이냐에 따라서 그 시대에서 이름을 날리게 된다. 마찬가지로 현재 자신이 온라인 사업체를 운영하기 전에 어떤 성향인지 정확하게 파악해야 한다는 것이다. 물론 직원들을 채용해서 사업체를 운영하거나 온라인 판매를 하겠지만 전체적인 방향과 목표설정은 리더가 한다는 것을 잊지 말아야 한다. 자신을 모르고 이 경쟁이 치열하고 험한 온라인 판매 시장에서 우위를 차지할 수 없다. 가장 좋은 방법은 시작하기 전에 혹은 중도에 스스로에게 질문하는 방법이다.

1. 대체 왜 이 판매사업을 운영하고 있는가?

2. 지금처럼 운영한다고 해서 승산이 있는가?

3. 현재 시대의 흐름과 트렌드는 정확하게 파악하고 있는가?

4. 온라인 판매자로서 역량과 실력, 감각은 적합한가?

5. 혼자 채울 수 없다면 다른 사람이 옆에서 지원해주고 있는가?

위의 모든 것들 외에도 여러 가지 질문을 동시에 자신에게 던져 보아야 한다. 만약 그렇다 해도 해답이 나오질 않는다면 온라인 판매를 하기 전에 혹은 현재 하고 있다고 하더라도 잠시 중단하고 해답을 찾아야 한다. 결국, 문제점을 파악하지 못해서 해답에 이르지 못하는 경우가 다반사이기 때문이다.

여기까지 이르면 자신의 제품과 상품이 현재 시대가 원하는, 흐름에 적합한 아이템인지 스스로 반문해야 한다. 매출이 높은 온라인 사업체의 성공이 결정되는 것은 결국 시대의 흐름을 정확하게 파악했기 때문에 가능한 것이다. 현재 성장기에 있는 대형 온라인 사업체의 수명은 5년~6년 정도다. 이 말은 즉, 대형쇼핑몰이라고 해도 5년 뒤에 매출이 하락하는 것은 감안해야 한다는 점이다. 반대로 시대의 흐름을 잘 만나서 5년 동안 온라인 사업체를 잘 운영했다는 얘기도 된다. 여기엔 숨겨진 힌트가 존재한다. "대형 온라인 사업체가 되려면 시대를 잘 만나야 하는 것"이 포인트가 된다. 여기에 그 시대에 우리의 사업체가 적합한지가 중요하다. 그 적합하다는 정도는 현재 시대가 원하는 감각, 역량의 탁월함과 최적화 정도에 달려있다. 어차피 쇼핑몰 혹은 온라인 판매의 상세페이지는 운영자가 생각하는 목표와 감각에 따른 결과물일 뿐이다. 그 결과물이 소비자들이 선호할 만큼 반응이 뜨거운지, 아니면 그저 그런 일반적인 매력 없는 쇼핑몰인지로 결정된다. 오프라인에서는 먼저 상품을 직접 만져보고 실물로 세세하게 확인할 수 있다. 반대로 온라인에서는 상품을 직접 만져보지 못하고 나름 신경 써서 꾸며놓은 가상의 공간을 먼저 보고 판단한다. 하지만 온라인에서의 가상공간이 형편없어 보인다면? 당연히 고객도 회원가입도, 매출도 일어나지 않는다. 이 부분을 정확하게 인

지한 상태에서 **"현재 시대의 흐름 + 시대에 맞는 최적화된 역량"**을 가졌
는지 스스로 반문해야 한다. 시대의 흐름을 잘못 만났거나 최적화할 수
있는 역량이 없다면 이 부분을 어떻게든 채우거나 다른 직종, 업종을 택
하는 편이 훨씬 낫다.

　　소비자들이 구매할 때는 냉철하고 객관적으로 판단한다. 소비자들에
게 선택된 온라인 사업체는 고객이 알아서 찾아오지만 그렇지 못한 면
무관심으로 일관해버린다. 전자상거래 비즈니스 세계에서 경계해야 할
것은 "무관심"이다. 고객에게 선택되느냐, 되지 않느냐 바로 그것이 우
리의 과제이다. 정답은 온라인에만 있지도, 오프라인에만 있지도 않다.
현재 시대의 흐름을 꿰뚫었냐에 달렸다.

　　경제, 정치, 문화, 소비자 심리는 계속 변한다. 이에 따른 유행은 셀 수
없이 바뀌었고 트렌드도 3년~5년 단위로 변했다. 소비자 심리와 트렌드
를 미리 읽고 이를 현재에 반영하고 미래를 대비해야 한다. 단순히 현재
를 열심히 달리는 것이 미래를 보장하진 않는다. 우리는 지금, 현재, 당
장 많이 팔면서 미래도 함께 준비해야 한다. 앞으로 소비자의 소비 패턴
과 심리를 분석하는데 각종 빅데이터 분석뿐만 아니라 한층 더 섬세하
게 세분화된 내적 가치에 따른 소비자 심리 분석이 중요시될 것이다. 트
렌드의 변화 속에서도 많은 판매를 이룬 킬링 상품과 히트상품들은 단순
히 마케팅 방식과 판매 전략이 성공해서가 아니다. 바로 소비자들 자신

의 내적 만족 기준, 내적 만족감 등 소비자들의 선택이 있었기 때문이다. 앞으로는 더욱 세분화되는 소비자들의 심리와 무의식적인 욕망을 연구하고 분석해 충족시켜야 한다. 바로 이것이 미래를 준비하는 온라인 판매자이자 사업자의 기본자세이다.

특히 패션·잡화 사업자들은 더 분발해야 한다. 미니멀리즘과 중고거래 시장의 활성화로 인해 새 옷을 구매하거나 충동 구매, 마니아 구매 등에서 소비심리가 위축되었기 때문이다. 꼭 필요한 의류, 잡화만 구매하고 더는 지갑을 열지 않는 상황이 이어지고 있다. 시장 상황이 더 힘들어지는 건 경쟁자들은 더욱 많아졌고, 시장은 줄어들고 있기 때문이다. 패션 마케팅은 단순하게 플랫폼(네이버, 다음, 카카오) 광고만을 하거나 디지털과 바이럴 마케팅 수단인 인스타그램, 페이스북, 유튜브, 상업성 블로그에 올리는 것만을 의미하지 않는다. 일반 소비자들의 지식과 감각, 내적 수준과 가치는 과거와 비교가 안 될 정도로 높아졌다. 뉴미디어와 온라인 플랫폼, 디지털 TV, 온라인·모바일 커뮤니티 등의 영향이다. 오히려 기존의 전문 온라인 판매자들보다 감각 수준이 높은 일반 소비자 판매자들이 인스타그램, 유튜브, 개인 BJ, 블로그 마켓, 중고시장 등에서 기존 판매자들보다 많은 판매를 이뤄내고 있는 경우가 많다. 이런 상황에서 감각 수준이 소비자들보다 뒤떨어진다면 당연히 판매에 지장이 생길 수밖에 없다. 더구나 판매 역량의 차이까지 고려하면 결과는 불 보듯 뻔하다.

일반 소비자 판매자 중에서 두각을 나타내는 상위 소비자 판매자들은 브랜드 쇼핑몰로의 전환을 고려할 것이고 또 결국 전환될 것이다. 이렇게 되면 밀려나는 것은 지금까지 많은 노력과 시간을 투자한 기존의 온라인 판매자들이다. 이런 상황에 창업을 준비하는 사람은 더 자리 잡기 어려워질 것이다. 앞으로 준비해야 할 것들이 많다. 이제 진짜 제대로 해야 한다. 단순히 겉으로만 잘하는 온라인 사업체가 아닌 실제로 높은 수준의 판매 감각과 역량을 쌓고 쇼핑몰 내실구축(뒤에서 자세히 설명하겠다)을 해야 한다. 보통 "나는 감각이 뛰어나", "판매 경험이 있으니 성공할 거야"라고 생각하며 쇼핑몰 창업을 한다. 여기저기서 월매출 1, 2천만 원을 얘기하니까 달성이 쉬울 거로 생각한다. 준비도 제대로 하지 않고 말이다. 누구나 열정과 자신감을 갖고 뛰어든다. 하지만 현실의 벽은 높고도 높다. 쇼핑몰을 운영해 본 사람이라면 월매출 1천만 원은커녕 월매출 300만 원조차 쉽지 않다는 것을 알 것이다.

우선 결론부터 말하자면 이렇게 매출이 나오지 않는 이유는 분명하다. 매출이 나오지 않는 이유는 확실한데 그 이유를 판매자 본인이 몰라 엉뚱한 방향으로 가고 있다는 것이 가장 큰 함정이다. 사실 온라인 판매에서 기본 판매 원리는 동일하다. 그건 **"짧은 시간 안에 소비자의 구매 욕망을 자극해야 한다."**이다. 이 구매자의 무의식과 구매 욕망을 능수능란하게 자유롭게 컨트롤할 수 없으면 이미 판매 게임의 승패는 결정이 되고, 컨트롤 능력에 따라 판매 개수가 결정된다. 대표적으로 온라인 판

49

매에서 매출 상승의 기회를 잡는 5가지 방법을 아래에서 확인할 수 있다.

매출 상승의 기회를 잡는 5가지 방법

1. 판매되는 시즌에 맞춰 시장에 들어간다.

이 부분은 거의 기초이자 기본적인 판매 기본 베이스를 구축하는 원리다. 소비자의 구매 욕망만 자극한다고 해서 되는 일이 아니라 시기와 때에 맞게 욕망을 자극하는 것이 중요하다. 판매에서 기본 베이스는 활동할 수 있는 무대, 즉 시공간이 필요하다. 공간은 마련되었지만 판매의 시기가 제대로 매칭이 되지 않으면 판매가 최대치로 올라갈 수 없다. 물론 역시즌 같은 판매도 있지만, 이는 예외 사항이다. 성수기 판매량에 미치지 못한다. 예를 들어서 판매자가 가을과 겨울에 많이 팔리는 의류 제품을 봄부터 제품 촬영을 해서 초여름부터 마케팅과 광고를 시작했다. 하지만 소비자들이 그 제품을 여름부터 미리 구매하진 않는다. 당장 구매해서 활용하기 어렵기 때문이다. 물론 의류가 아닌 식품의 경우에는 다를 수 있지만, 의류의 경우에는 니즈와 욕망이 덜할 수밖에 없다.

2. 무의식적인 구매 욕망을 자극한다.

항상 강조하지만 니즈와 욕망이 없는 곳에서는 아무리 좋은 제품, 좋은 컨셉을 가지고 있는 제품이라도 소용이 없다. 필요라는 1차 니즈에 부합하지 못하는 제품인 데다가 구매 욕망과 무의식을 자극하지 못하면 그야말로 판매는 이루어지지 않는다. 앞서 말한 시기에도 부합하지 못하면 그냥 판매종료라고 보면 된다. 항상 소비자들이 어떤 부분에 자극과 욕망을 일으키는지 심리학, 철학, 인문학, 뇌과학, 무의식에 관한 학습을 해야 한다.

3. 제품을 보는 안목을 키운다.

어떤 상품을 절대적 가치로 봤을 때 팔아도 되는 제품이 있고 절대 팔면 안 되는 제품들이 있다. 절대 팔면 안 되는 제품으로 장사를 시작하거나 사업을 확장하는 사업자가 있다면 이미 그 끝은 정해져 있다고 보면 된다. 여전히 마케팅과 홍보, 노출만 가장 중요하다고 생각하겠지만 사업을 한 철만 영위할 게 아니라면 빨리 혼자만의 독단에서 빠져나와야 한다. 런칭 후 제품의 반응이 시원치 않으면 제품을 개선하든지 아니면 다른 제품을 팔거나 대체해야 한다. 제품을 보는 안목은 판매자가 꼭 갖춰야 할 필수요소다. 단기간 판매만 되는 것이 중요한 게 아니다. 고객이 제대로 만족하냐가 가장 중요하다.

4. 판매 경험을 쌓고 판매 기본기를 갖춘다.

판매 경험이 없거나 기본기가 없다는 것은 판매 사업을 시작할 준비가 안 되었다는 것과 동일하다. 지금 바로 옆의 경쟁자는 무수히 많은 판매자를 바닥으로 침몰시킨 무자비한 승리의 법칙을 알고 있는 판매자다. 판매를 온라인에서 처음 시작한다면 실패할 확률은 높다. 타고난 판매 실력을 갖추고 있다고 하더라도 경험이 뒷받침되지 않으면 제대로 실력 발휘를 할 수 없을뿐더러 잘못된 방법을 택할 확률도 높다. 바로 이것이 판매 기본기인데 판매 기본도 갖추지 않은 상태에서 많은 판매량을 바라는 것 자체가 어불성설이다. 판매 경험부터 쌓고 기본기를 먼저 쌓고 나서 판매를 시작할수록 유리하다.

5. 강인한 정신력과 마인드가 중요하다.

사실 실력 탓을 하기도 전에, 어떤 지식과 논리를 논하기 전에 더 중요시해야 할 것은 판매자의 정신 상태와 마인드 이다. 흔들리지 않고 꾸준히 오래 실행할 수 있는 정신 상태와 마인드를 가지지 못한 판매자는 이미 실패가 정해져 있다. 이처럼 당연히 정신이 건강하면서도 명료한 판매자가 똑같은 시간이 주어지더라도 더 빨리 앞서나갈 수 있고 제대로 된 실행을 할 수 있다. 판매하기 전에 자신의 정신력과 마인드가 제대로 구축이 되었는지 제대로 체크해야 한다. 만약 올바른 판단을 할 수 없을 정도로 지쳐 있거나 불안한 상태라면 자신의 감정과 마인드부터 다스리고 판매에 임해야 한다. 올바른 정신 상태에서 올바른 판매가 이루어진다.

온라인 판매를 하면서 가끔 의문이 들곤 한다. "나는 열정으로 창업했는가, 아니면 성공하려고 창업했는가?" 둘 중에 어느 쪽이든 현재 자신의 온라인 판매 의욕이나 매출이 시들지 않고 여전히 건재하다면 아무 상관이 없을 것이다. 열정으로 창업했다면 여전히 의욕 넘치게 즐기는 태도가 유지될 것이고, 성공하려고 창업했다면 소비자들이 원하는 니즈와 욕망에 대해 계속 궁금해할 것이다. 두 가지 중에 어느 하나도 빠뜨릴 수 없다. 하지만 문제가 되는 태도는 도전의식과 단기간의 열정에 눈이 머는 경우이다. **지나치게 설레는 도전과 열정에 도취하다 보면 전혀 엉뚱한 방향으로, 잘못된 길로 갈 확률이 높아진다.** 지금 같은 펜더믹 상황이나 장기 경기침체 시기에는 실력이나 역량을 쌓는 것보다 더욱 중요한 점이 있다. 그리고 항상 프로젝트나 컨설팅 시에도 처음부터 강조하는 점이기도 하다. 바로 "현재 상황이 좋지 않아도 자신감은 잃지 마시길 바랍니다."이다. 보통은 사업 상황이 어려워지거나 사적으로 힘든 일이 생기게 되면 자신의 페이스를 잃어버리게 된다. 그리고 보통 블랙코어에 컨설팅이나 프로젝트를 의뢰하는 사업자들은 좋은 여건의 상황에서 찾아오는 경우는 드물다. 아래는 어둠 속에서 길을 헤매다 찾아오는 판매자들의 상황 5가지이다.

블랙코어가 가장 많이 받는 상담 유형 5가지

1. 매출이 정체되거나 하락해서 더는 해볼 도리가 없을 때
2. 문제점이나 해결책을 몰라서 심신이 지쳐서 자포자기하려고 할 때
3. 쇼핑몰 시작한 지 6개월에서 1년 정도 운영했는데 매출이 없을 때
4. 폐업하기 직전
5. 이제 마음먹고 창업을 시작하려고 하는 경우, 혹은 잘 모를 때

이렇게 5가지 상황으로 요약된다. 이런 상황에 있는 판매자들은 겉으로는 괜찮다고 하지만 속은 이미 많이 지쳐 있는 경우가 많다. "전 재산인 2억을 투자했는데 매출 1천만 원도 안 나왔습니다." "쇼핑몰 시작하면서 8천만 원을 썼는데 매출이 500만 원도 안 됩니다." "마케팅 교육받고 SNS 플랫폼도 구축했는데 구매가 일어나지 않습니다." "1년 동안 매출이 없으니 더는 운영하기 싫어집니다." "쇼핑몰 혼자서 해보려고 했는데 도저히 답이 없습니다. 무엇이 문제인지 알고 싶습니다." 등등 많은 안타까운 사연과 스토리가 넘쳐난다. 이 어려운 상황을 해결하려면 무엇이 가장 필요할까?

물론 블랙코어가 문제점을 진단해주고 해결책을 제시해주는 건 당연하다. 하지만 사업이 어려웠던 상황을 겪으며 자신에 대해서 자신감과 확신을 잃어버린 지 오래인 사업자분들에게는 해결책조차 들리지 않고 가야 할 길이 더욱 멀게 느껴지곤 한다. 먼저 이런 상황을 해결하기 위해서는 "자신에 대한 신뢰"를 회복해야 한다. 한마디로 이런 어려운 상황을 극복하고 해결할 수 있다는 "자신감"을 가질 수 있어야 한다. "아니, 말이 쉽지, 뭐가 잘 돼야 자신감도 생기지" 이렇게 냉소적으로 생각할 수 있다. 물론 마인드 콘트롤로 자신감을 회복하는 방법도 있지만, 실질적인 자신감을 회복하기 위해서는 몇 가지 사항이 필요하다. 아래에서 살펴보겠다.

바로 첫 번째로 "문제점을 정확하게 알아야 한다."

보통 현재 사업자들이 힘들어하는 경우는 "매출이 하락하는 이유나 정체되는 이유"인 즉, 문제점을 모르기 때문이다. 어떤 사업이든 문제점을 가지고 있다. 하지만 이런 문제점을 잘못 알고 있는 경우가 많고 엉뚱한 곳을 수정하거나 보완하려고 한다. 역시나 원인이 바뀌지 않기 때문에 결과는 바뀌지 않는다. 바로 이 시점이 사업자 스스로 자신감을 잃어버릴 수 있는 상황이다. 문제점만 정확하게 객관적으로 파악할 수 있다면 충분히 해결하려는 의지가 생길 수 있다.

두 번째는 "문제점을 해결하는 해결책"이다.

블랙코어가 쇼핑몰, 소상공인 자영업 및 프랜차이즈 컨설팅, 프로젝트를 진행하면서 빈번하게 발생하는 문제점은 "핵심적인 문제"를 본질적으로 해결하기보다는 부분적인 수정, 개선 정도로만 실행하는 것이었다. 예를 들어, 회사의 상품이나 브랜드부터 시작이 잘못되었는데 매장 내부의 인테리어나 분위기만을 전환하려고 하는 경우, 전혀 의미 없는 마케팅 포지셔닝을 위해 고객에게 받아들여지지 않는 엉뚱한 마케팅을 하는 경우, 소비자들을 전혀 신경 쓰지 않아 소비자 니즈에 부합하지 않는 상품개발, 아이템 소싱, 서비스 개발 등 결국 고객들에게 와 닿지 않는 브랜드, 상품, 서비스가 많았다. 이런 문제점 대부분이 결국 소비자 구매 욕구, 본질과 핵심에 근접하지 못한 경우였다. 헛다리를 짚었다는 표현이 맞을 것이다. 아무리 열심히 노력하고 성실해도 결국 그 모든 것은

"본질과 핵심"에 근접할 수 있어야 한다. 사업의 업태 및 업종마다 소비자들이 원하는 본질과 핵심은 모두 다르다. 트렌드에 따라서도 형질은 수없이 변하기도 한다. 이전의 비즈니스 성공 사례나 마케팅 성공 사례가 현재는 통하지 않는 이유이기도 하다.

마지막 세 번째는 "검증과 확신"이다.

정확하고 핵심에 근접하는 해결책을 시도했을 때 결국 성과가 나와야 진정한 자신감을 회복할 수 있다. "우리 회사도 할 수 있구나, 이제 무엇이 잘못되고 어떻게 해결을 해야 하는지 알겠다"라는 자신의 확신이 생겨야 한다. 물론 이렇게 확신이 생길 때까지 실행과 검증을 반복해야 한다. 사실 비용을 최소로 하면서 실행과 검증을 반복할 수 있는 전략은 무궁무진하다. 그리고 이런 검증을 통해서 생긴 자신감은 우리 회사만이 가질 수 있는 경험과 노하우가 된다. 바로 이때부터 누군가에게 알려주기 싫은 비밀 노하우와 진정한 실력, 역량이 생기게 된다.

이렇게 3가지를 정확하게 실천할 수 있어야 "진정한 판매의 자신감"을 회복할 수 있게 된다. 보통은 이런 프로세스를 거치지 않고 마인드 컨트롤로만 자신감을 회복하려고 하는 경우가 많다. 하지만 현재 사업에 대한 진정한 자신감을 갖기 위해서는 사업자 자신의 철저한 검증과 확신이 있어야 한다. 상황이 잘못 흘러가고 있다면 왜 이렇게 흘러가고 있는지 파악할 수 있어야 매출이 정체되거나 하락하더라도 충분히 극복할 수 있는 현실적인 자신감이 생길 수 있다. 항상 판매와 마케팅, 사업운영은 현실적인 확신 속에서 진행되어야 한다. 판매나 사업이 제대로 돌아가려면 "현실적인 자신감"이 가장 필수요소이다. 잊지 마라. "통장 잔고가 0원이 되더라도 자신감은 이전과 동일하게 유지되어야 한다."

너무 빠른 성공을 부러워할 필요도 없고 자신의 너무 느린 성공을 안타까워할 필요도 없다. 어차피 인생에서는 누구나 몇 번의 기회를 맞이하게 된다. 그 시기가 빨리 오느냐 늦게 오느냐의 차이가 있을 뿐이다. 지금 당장 수익을 얼마나 내는 것이 중요한 것처럼 보이겠지만 전체의 인생과 사업의 지도를 펼쳐 본다면 아직 제대로 된 때와 시기가 오지 않았을 뿐이다. 걱정, 고민, 불안이 있다면 오롯이 나 자신으로 서서 미리 걱정하지 말고, 멀리 보고, 바로 오늘 해야 할 일에 먼저 집중하길 바란다. 과정에서 하나씩 결과물이 쌓이면 자연스럽게 해결이 될 것이다. 아래의 말을 기억하라.

"판매자들이 초석을 쌓지 않고
뜬금없는 요행을 찾기 때문에
오랜 성공이 어려운 것이다."

2부

실패

단지 소수만이 많은 위기 상황 속에서도

의지와 열정이 꺾이지 않고 계속 전진해서

결국 승리자가 될 것이다

판매의 현실

온라인 판매자들은 다양한 판매 사업에서 도전적인 상황을 맞닥뜨리게 된다. 판매 사업에 속한 판매직원, 마케팅을 하는 마케터, 사업을 영위하는 사업자들까지. 모두 똑같이 자신의 임무와 일에 대해서 자신이 꼭 해내야 할 막중한 과제와 사투를 벌이곤 한다. 하지만, 그것을 넘어서지 못해 의지와 의욕이 꺾여 버린다면, 설령 판매 경쟁에서 지더라도 계속 맞붙어서 이겨내려 하지 않는다면 이미 그 전투의 승패는 결정되었다고 봐도 과언이 아닐 것이다. 넘치는 의욕과 열정으로 많이 판매하려고 노력했지만, 생각보다 잘 안 돼서 정신적으로 힘들었던 적도 많았을 것이다. 어떤 일을 하건, 그 무엇을 하더라도 잘 안될 것 같다는 마음이 차츰 생겨나면서 처음 시작했던 마음과는 다르게 자신감을 점차 낮아지는 일도 있었을 것이다. 그렇다. 위에서 언급한 상황들은 대부분 모든 판매자가 겪는 공통된 모습일 것이다. 단지 소수만이 많은 위기 상황 속에서도 의지와 열정이 꺾이지 않고, 계속 전진해서 결국 쾌거를 이룬 박수 받을 만한 승리자가 될 것이다. 몇 번 시도하다가 쉽게 안 된다고 자포자기하거나 일찍 단념한다면 결국 성과는 존재하지 않는다. 어떤 일을 시작하더라도 어려움과 위기, 고난은 당연히 따라올 것이고 이를 스스로 극복해내지 못하면 다음 단계는 존재하지 않는다. 당연히 처음부터 빛나는 성과를 보이는 판매자들은 많지 않다. 블랙코어 또한 10여 년 전 이미 같은 상황을 겪었었고, 이를 집요하게 파고들어 결국 판매의 성공 법칙을 알아낸 것뿐이다.

아무리 천부적인 재능을 가진 사람들도 재능만 믿고 노력을 게을리한다면 매일 부지런히 집요하게 파고드는 사람과 상대가 되지 않는다. 판매 사업 역시 아무리 자신의 안목과 감각, 실력이 뛰어나다고 하더라도 뛰어나게 잘 해내려 하는 마음이 없거나, 앞서나가려 하는 노력을 게을리한다면 어차피 상황은 반복될 것이다. 블랙코어가 가장 좋아하는 격언이 있다. "안 되면 되게 하라"이다. 그리고 이 말을 판매 사업을 시작한 뒤로 이렇게 부르게 되었다.

"안 팔리면 팔리게 하라"

언론에서는 전체 온라인 판매자의 90% 이상이 1년 안에 폐업한다고 얘기하지만, 블랙코어가 지금까지 컨설팅하며 분석한 바로는 경쟁이 치열한 온라인 의류업의 경우 평균값을 고려한다면 경쟁률이 기본 500대 1 정도에 육박한다. 즉 99.8%가 6개월 안에 폐업한다는 말이다. 400명 이상은 몇 번 하다가 포기하는 사람들로 이루어져 있고 나머지 100명 정도만 제대로 하려고 하는 사람들인데 이마저도 결국 실력과 생각지 못한 위기 상황에 부딪혀서 실패를 맞이하는 판매자들이다. 여기에서 끝이 아니다. 단지 1차 관문을 넘어섰을 뿐이고, 막강한 실력과 자본력을 가진 경쟁자들을 넘어서야 하는 2차 관문이 상위 판매자로 되기 위한 필수 관문이다. 그리고 이 수치는 매년 점점 더 올라가고 있다. 이미 온라인 판매 시장 자체가 과포화 상태이기 때문이다. 위에서 언급한 500명 중 499명을 제칠만큼 엄청난 노력을 기울여야 하는 것이 현실이다. 바로 이게 온라인 판매업의 진짜 현실이다.

앞서 현재 온라인 판매업의 현실에 대해 알아봤다. 그렇다면 온라인 창업의 현실은 어떨까? 이미 사업을 영위하고 있는 판매자들은 창업희망자들을 위한 아래의 내용에 백번 공감할 것이다. 쇼핑몰 제작을 위해서는 독립 몰로 할 것이냐 임대형 쇼핑몰로 할 것이냐, 임대형 쇼핑몰이라면 어떤 것을 선택할 건지, 시장조사, 마케팅, 쇼핑몰 컨셉 기획, 상품을 매입해서 시작할 건지 아니면 자체 제작 상품으로 시작할 것인지, 도메인 구매, 쇼핑몰 촬영, 디자인 편집, 어드민 관리, 통신판매업 신고, PG사 연동, 로고 제작, 포장지, 박스 등 결정해야 할 것들이 많다. 게다가 수도 없이 반복되는 업무의 종류와 양까지.... 무작정 만들고 시작하는 것이 아니라 시작하기 전에 현실적인 요소를 알고 최대한 반영해야 한다. 미리 알고 접근하는 것과 모르고 접근하는 것은 천지 차이다. 쇼핑몰을 시작하기 위해 이 책을 보고 계신 독자라면 아래 온라인 판매의 잔혹한 현실 10가지를 꼭 알고 시작하기를 바란다.

온라인 판매의 잔혹한 현실 10가지

1. 생각보다 업무량이 많다. 24시간이 모자랄 수도 있다.

2. 쇼핑몰은 부업으로 운영하기 어렵다.
   (하루 8시간 이상 투자해야 하기 때문이다.)

3. 매일 반복되는 쇼핑몰 업무에 대해서 능숙해져야 한다.

4. 쇼핑몰 운영은 생각보다 따분하고 단조로운 업무가 많다.

5. 처음부터 매출을 발생시키기는 쉽지 않다.
   (즉, 일정 이상 시간이 지나도 매출이 나오지 않을 수도 있다.)

6. 쇼핑몰 운영은 앉아서 상품을 업데이트하는 것만이 전부가 아니다.
   뭐든지 현장에 있다. (활동적인 직업이다.)

7. 고객과 비대면이라고 해서 서비스 퀄리티를 낮춰도 된다는 것은
   아니다. (바로 이것이 장점이자 단점이다.)

8. 판매자는 재무관리, 영업, 판매, 마케팅, 사진 촬영, 디자인 편집
   등을 할 줄 알아야 한다.

9. 고객에게 좋은 상품을 공급하는 것만이 전부가 아니다.

10. 소비자들의 문의 및 클레임을 매일 매시간 감당해야 한다.

보통 처음에는 쇼핑몰 운영이 자신과 잘 맞는다고 생각한다. 하지만 그것도 잠시, 시간이 지나면 엄청난 업무량을 견디지 못하고 지칠 대로 지친 현실 속에서 계속해야 할지 말아야 할지 갈팡질팡하는 모습을 볼 수 있다. 누군가는 쇼핑몰 운영이 생각보다 어렵지 않다고 말하기도 한다. 하지만 그 사람은 쇼핑몰을 제대로 운영해보지 않았을 확률이 높다. 쇼핑몰 업무는 알면 알수록 고된 일이기 때문이다. 현실을 아는 사람은 아무리 오랫동안 쇼핑몰을 운영해왔더라도 쉽다고 말할 수 없다. 또 누군가는 자신의 성공비법을 전부인 양 말하곤 한다. 하지만 창업 전에 위의 10가지 현실을 직시하고 자신이 극복할 수 있는지부터 생각해보는 것이 시작이다. 정작 현실을 이겨내지 못하면 아무리 탁월한 감각이 있고 쇼핑몰 운영 경험이 많고 교육을 많이 받았다고 해도 소용없다. 블랙코어는 판매자가 해당 영역과 잘 맞지 않다는 생각이 들면 일찍 다른 길로 가는 편이 좋다고 말한다. 돈이 된다고 무조건 뛰어들지 말고 거짓 열정과 자기기만에서 벗어나 제대로 생각해봐야 한다. 냉정하게 자신이 잘 해낼 수 있는지, 그리고 오랫동안 계속할 수 있는지 생각해보길 바란다. 그리고 뛰어들었다면 제대로 한 우물만 파고 올인해야 한다. 어떠한 핑계나 변명, 머뭇거림 없이 매일 24시간을 수년 동안 한 곳만 보고 가야 한다.

어떤 일이든 자신의 성향과 적성에 잘 맞는 일이 존재하며 만약 그 일 자체가 자신과 맞지 않는다고 생각이 들면 한 번쯤은 제3자의 눈을 통해 객관적으로 볼 필요성도 있다. 블랙코어가 오랜 시간 동안 마케팅, 쇼핑몰 교육, 컨설팅, 프로젝트를 진행하며 온라인 판매 성향 및 적성 기준을 정리해보았다. 스스로 온라인 판매와 잘 맞는지 맞지 않는지 아래 적성 테스트를 기준으로 체크해보길 바란다. 이 10가지 질문은 초보 창업자뿐만 아니라 현재 온라인 판매와 쇼핑몰을 운영 중인 사람들도 하나씩 체크해 보면 도움이 될 것이다.

온라인 판매 적성 테스트

1. 활동적인 것보다 사무실에 앉아서 차분히 일하는 것을 좋아한다.
2. 낯을 가리고, 처음 본 사람에게 먼저 다가가는 것을
   많이 어려워한다.
3. 혼자서 하는 일을 좋아하고 같이 일하는 것을 좋아하지 않는다.
4. 판매의 경험이 있거나 오프라인 판매해 본 적이 있다.
5. 온라인 쇼핑 및 모바일 쇼핑에 평상시에도 관심이 있다.
6. 잘 팔리는 상품을 보면 해당 상품을 판매해보고 싶다고 느낀다.
7. 온라인 판매와 쇼핑몰 운영을 하고 싶은 첫 번째 이유가 오로지
   돈을 많이 벌고 싶어서다.
8. 한곳에 몰두하거나 지독한 독종이라는 소리를 들어본 적이 있다.
9. 스스로 사업가보다 장사꾼에 가깝다고 생각한다.
10. 판매 감각과 마케팅 실력이 있는 편이다.

1번 질문과 같이 사무실에 앉아서 일하는 것을 좋아하는 사람의 경우에는 온라인 판매의 적성과 어느 정도 적성이 맞다 할 수는 있다. 다만 창업 초기에는 아이템 사입부터 온라인 판매 및 전반적인 업무를 준비해야 하는 상황이기 때문에 보다 적극적으로 활동해야 한다. 차분하게 앉아서 일하는 것을 좋아하는 성향은 몰입하는 시간을 증대시켜 주기 때문에 유리한 성향이다.

2번 질문, 온라인 판매 특성상 불특정 다수를 상대해야 하므로 얼굴이 보이지 않더라도 게시판 답글 혹은 유선상으로 통화를 자주 해야 한다. C/S 담당 직원이 없는 이상은 사업자가 직접 통화해야 하므로 낯을 가리지 않고 적극적으로 임하는 외향적 성향이 좀 더 유리하다. 반대로 내향적인 성향이라면 좀 더 적극성을 발전시켜야 한다.

3번 질문은 온라인 판매나 쇼핑몰 운영할 시에 혼자서 일을 하는 성향이 과연 유리한가에 대한 질문이다. 마치 혼자 무슨 일이든 다 할 수 있을 것 같아도 혼자서 하는 일의 한계가 있다. 혼자는 초창기에만 가능하다. 배송 건수가 많아지고 C/S 처리 건 이외에도 디자인, 사진 촬영 등 업무가 많아질수록 직원들과 분담을 하지 않으면 일 진행이 안 된다. 가장 중요한 건 모든 일을 할 수 있다고 믿는다고 하더라도 여러 명과 커뮤니케이션 하는 능력을 갖추어야 좀 더 발전된 쇼핑몰 사업 시스템을 이뤄나갈 수 있다는 점이다. 즉 독단적인 성향보다는 협조적이며 협력적인 성향이 중요하다. 앞으로는 업무 분담을 하며 같이 일하는 것에 집중해야 한다.

4번 질문은 오프라인 판매 경험의 유무이다. 만약 오프라인 판매를 해봤다면 유리하다. 가장 위험한 건 오프라인 판매든 온라인이든 어떤 상품에 대한 판매 경험 없이 온라인 판매를 쉽게 보는 자세이다. 이전에 온라인 판매를 해본 적이 있어서 감이 있다면 모르겠지만 그렇지 않다면 처음 하는 온라인 판매나 쇼핑몰 운영에서는 크게 판매를 이뤄내기가 쉽지 않을 것이다. 예를 들어 가지고 있던 중고 상품을 온라인에서 다른 사람에게 자주 팔았던 경험도 도움이 된다. 온·오프라인을 떠나서 누군가에게 내가 가지고 있던 상품을 팔았던 경험은 언제나 의미가 있다.

5번 질문은 온라인 쇼핑 및 모바일 쇼핑을 평상시에도 자주 관심이 있게 지켜봤는지다. 온라인 쇼핑에 평상시에도 관심이 많다는 것은 그만큼 고객 관점에서 경험치가 높기에 고객의 심리를 더욱 잘 알고 있을 확률이 높다. 어떤 상세페이지가 흥미를 끄는지, 구매 욕구를 자극하는지 소비자 관점에서 경험을 많이 하므로 유리하다. 여러 상세페이지를 보며 무의식적으로 쌓은 안목과 경험은 결코 무시할 수 없다.

6번 질문은 온·오프라인 판매자에게 모두 해당이 된다. 상품을 판매해보고 싶다는 생각이 들지 않으면 고객의 마음을 흔드는 것에 실패할 것이다. 그 이유는 상품에 쏟는 관심, 애정이 생기지 않으면 소비자들에게 판매자의 상품의 매력이 정확하게 전달이 되지 않기 때문이다. 즉 MD 코멘트의 경우에도 판매자가 아무리 인위적으로 쓰더라도 "이 상품이 정말 갖고 싶다. 혹은 괜찮은 상품이다"라는 순수한 욕망을 전달할 수 없기 때문이다. 그러므로 "진정으로 내가 이 제품을 판매하고 싶다"라는 생각이 드는지 스스로 질문해봐야 한다.

7번 질문은 당연한 질문이기도 하지만 한편 의미심장한 질문이기도 하다. '돈을 벌고 싶다.'는 당연히 목적이자 전제로 깔리긴 해야 하지만 돈을 버는 것에만 집중하는 판매자는 아이러니하게도 오래 못 간다. 항상 보는 시야가 돈 버는 것에만 집중이 돼 있으므로 매출의 상승과 하락에 따라 감정 기복이 심하게 생기기 때문이다. 파는 것 자체에 즐긴다는 의미를 두지 않기 때문에 인내심이 약해져서 조금만 판매가 안 되면 쉽게 포기하게 된다. 즉, 오랫동안 판매하기 어려운 성향이 되는 것이다. 온라인 판매와 쇼핑몰 운영은 장기간 할 수 있는 마인드와 능력이 중요하다. 그래야 문제점을 모두 보완해서 결국 잘 파는 판매자가 될 수 있기 때문이다.

8번, 어려움이 생겨도 처절하게 한곳에 몰두할 수 있는 성향인지에 대한 질문이다. 블랙코어가 앞에서도 강조했지만, 사업이나 판매를 하다 보면 피치 못할 주변의 안 좋은 상황 즉, 어려움, 고난을 극복해야 하는 상황이 발생한다. 언제나 꽃길이 주어지지 않는다. 그렇기에 어려움을 이겨낼 수 있는 강한 정신력이 필요하다. 언제든지 포기할 준비가 돼 있는 판매자는 그 어느 상품도 오랫동안 판매할 수 없을뿐더러 금방 실패하게 된다.

9번, 본인이 사업가나 장사꾼 중 어느 쪽의 성향에 가까운지에 대한 질문이다. 매출이 어느 정도 이상 상승하려면 일반 판매 마인드로는 한계가 생긴다. 즉 장기적인 시야와 안목이 필요하다. 사업가의 마인드를 갖추면 단기적으로 많이 파는 것이 아닌 장기적인 판매 시스템 구축, 직원 관리, 브랜드 이미지 관리, 추가 판매, 사업 확장 등 단계별로 접근할 수 있는 안목이 생긴다. 당장은 단기적인 장사꾼 판매 마인드로 접근하더라도 향후 사업가의 안목과 시야를 갖는 것은 필수이다.

10번, 판매에 필요한 감각과 마케팅 실력을 갖추고 있는지의 여부이다. 마케팅 실력자인 직원도 있고 사업자 본인이 판매 감각이나 마케팅 실력이 있다면 판매에서도 더욱더 많은 기회가 존재한다. 이유는 마케팅을 잘하는 판매자와 그렇지 않은 판매자의 매출 차이는 생각보다 크기 때문이다. 보통 마케팅 역량이나 판매 감각이 얼마나 더욱 많은 판매에 영향을 미치는지 잘 모른다. 하지만 판매 감각에 마케팅 실력이 더해진다면 대형 몰로서의 성장이 가능하다. 소형 몰에서 중·대형 몰로 성장하려면 판매 감각과 마케팅 실력은 필수이다.

판매자로서 성향과 적성이 좀 맞는가? 다시 한번 말하지만, 현실을 직시하고 성향과 적성을 객관적으로 판단해 이 길이 아니다 싶으면 다른 길을 찾기를 바란다. 많은 창업자가 인터넷을 통해 이런저런 지식을 접하기도 하고 주위 지인, 혹은 인맥을 통해 조언을 구하기도 하고, 책도 보고 각종 강연을 다녀보기도 하며 온라인 쇼핑몰을 시작하곤 한다. 물론 시작하기 위한 이런 모든 노력은 좋다. 다만 경계해야 할 점은 "자기기만과 자만심"이다. 자기기만과 자만심은 창업하면서 잘못된 정보와 지식을 흡수하는 것만큼 위험하다. 현실을 외면하기 때문이다. 대표적인 착각과 자만심, 자기기만을 알아보자.

본인만 "좋은 거래처"를 가지고 있다는 착각

온라인 사업자에게 "좋은 거래처"란 제조업체부터 도매업체, 유통업체, 딜러까지 누구든 퀄리티 좋은 상품을 제작 혹은 보유하고 있는 업체이다. 물론 좋은 거래처를 보유하고 있다는 것은 좋은 일이다. 하지만 일반적으로 모든 판매자, 사업자들은 자신이 거래하는 거래처가 가장 좋다고 생각한다는 것이 문제이다. 그 거래처의 상품이나 서비스의 성능, 기능, 퀄리티가 최고라고 생각한다는 것이다. 하지만 이는 흔한 착각 중 하나이다. 좋은 거래처를 갖고 있다고 말하는 사람치고 쇼핑몰이나 온라인 판매에서 성공하거나 두각을 드러낸 사람은 거의 없다. 성공의 요인은 좋은 거래처만이 전부가 아니기 때문이다. 오히려 거래처만 믿고 쇼핑몰을 운영한 사람들은 실패한 사람이 많았다. 왜 이런 현상이 발생하는 걸까? 거래처의 상품이 좋다고 해서 자신의 판매 능력과 마케팅 능력까지 향상되는 것은 아니기 때문이다. 자신이 판매하는 쇼핑몰의 컨셉, 스타일, 모델 등이 거래처의 상품과 잘 맞지 않을 수도 있고 자신이 보는 안목이 소비자들의 기준보다 높지 않을 수도 있기 때문이다. 또한 이미 시장에 많이 풀린 흔하디흔한 제품들을 판매하는 경우일 수도 있다. 사람마다 가진 퀄리티의 기준이 다르다는 것도 한몫한다.

"경험에 대한 자만심"

해당 업종에서 오랜 기간 일을 했거나 경험이 풍부하다고 해서 온라인 판매와 쇼핑몰을 성공시킬 수 있는 것은 아니다. 블랙코어도 그렇지만 블랙코어의 지인, 인맥 중에는 오랫동안 의류 사업 및 도매 사업에 종사한 경험이 있는 사람이 많다. 그들이 온라인 판매 사업에 뛰어들었을 때 공통으로 한 말이 있다. "오프라인 도매 및 매장에서도 매출이 높고 상품을 많이 잘 팔고 있으니 잘 될 거야." 하지만 이런 부분은 기본으로 업종 이해에 대한 필요사항일 뿐이지, 성공의 보장은 아니다. 하지만 많은 경력과 경험이 있으니 반드시 성공할 거라는 자만심에 들떠있는 경우가 많다. 이런 경우 자신의 직감과 경험을 믿다가 큰 낭패를 볼 수 있다. 이런 분들은 가장 먼저 "자신의 그릇된 편견과 시각"을 깨는 일이 급선무이다.

"본인의 능력"에 대한 기만

본인이 옷을 잘 입는다거나 해당 업종의 일을 하고 싶고, 좋아해서 온라인 판매 사업에 뛰어들었다는 얘기를 자주 듣곤 한다. "센스 넘치게 옷을 스타일링하고 코디도 잘하니까 성공할 수 있어!" "그리고 무엇보다도 나는 옷을 좋아해" 옷을 좋아하고 코디, 스타일링 잘하는 건 의류 쇼핑몰 하기에 유리한 조건이다. 하지만 의류 쇼핑몰 창업을 하는 사람들 대부분은 "옷을 잘 입고 옷을 좋아하는 사람들"이다. 그것이 꼭 유리한 조건이 되진 않는다. 이 역시 흔한 착각 중 하나일 뿐이다. 지금은 무수히 많은 쇼핑몰과 상품이 넘쳐흘러 고객들의 선택 피로도가 높은 시대이다. 그래서 아예 선택을 포기하거나 이슈가 되는 쇼핑몰에나 호기심을 갖곤 한다. 온라인 판매에 대한 이해와 제대로 된 마케팅과 판매가 뭔지 모르면 아무리 옷을 잘 입고 코디, 스타일링을 잘해도 성공할 수 없다.

이 밖에도 모델이 출중하거나 뛰어난 마케터, 광고 대행사 직원을 보유하고 있다고 반드시 성공을 보장해주진 않는다. 위의 착각과 자만심에 관한 이야기를 꼭 기억하길 바라며 무엇이 핵심인지 정확하게 파악하길 바란다.

경기불황이 지속되다 보면 소비자의 심리는 위축되어 소비를 줄인다. 그러다 보면 "어떤 사업과 마케팅이 요즘 트렌드더라, 광고매체 ○○이 요즘 잘나간다더라"라는 말들이 사업자들과 마케터들의 귀를 쫑긋하게 한다. 그 말을 듣고 창업하기도 하고 마케팅을 성공시키기 위해 해당 플랫폼에 글과 이미지를 올려보기도 한다. 하지만 어떤 사업이든 마케팅이든 일정 시간과 노력, 정성을 필요로 하는 법인데, 뭐든 하자마자 반응을 기대하고, 이내 반응이 없으면 또 다른 매출 상승 비법과 마케팅 해법을 찾아다닌다. 바로 이런 과정이 대부분의 모습이다. 반대로 기본기와 정석을 찾아다니는 사람들은 찾기 힘든 편이다. 이유인즉슨 기본기와 정석으로 매출을 달성하기까지 시간이 오래 걸린다고 생각하기 때문이다. 블랙코어는 매출이 나오지 않거나 처음 인큐베이팅 하는 업체에 이렇게 주문한다. **"지금부터 자신이 원하는 상품을 단 1개라도 제대로 판매할 수 있도록 노력해보시길 바랍니다. 만약 판매하고자 하는 상품이 아닌 다른 상품이 팔렸을 때는 그것이 팔린 이유를 되돌아보고 그것이 어떤 가능성과 의미를 가졌는지 곰곰이 생각해보시길 바랍니다."** 원하는 상품을 단 1개조차 판매하지 못했거나, 판매하고자 하는 상품이 아닌 다른 상품이 팔렸을 때 그 이유와 의미를 찾지 못한다면 다음에 팔려는 상품도 역시나 판매하기 어려울 것이다. 소비자의 심리를 파악하지 못했다는 말이기 때문이다.

사업에 있어서 "현실 직시"는 매우 중요하다. 현재 자신이 어떤 상황에서 창업하는지, 자신의 감각과 경험, 역량은 어떤 수준인지 객관적으로 판단해야 한다. 자신이 가진 역량을 현실보다 높게 평가해서도 안 되고 낮게 평가해서도 안 된다. 평가 후에는 있는 그대로 객관적으로 받아들여야 한다. 누군가는 이렇게 얘기할 수도 있다. "이제 막 시작하는 쇼핑몰에서 1개의 상품이 팔리는 것은 흔한 일이 아니냐?"고. 소비자들이 돈과 시간이 남아돌아서 구매하는 것이 아니다. 신중하게 살지 말지 수십 번의 고민에 고민을 거듭하고, 이렇게 저렇게 비교한 후에야 지갑을 연 것이다. 판매자의 입장에서는 판매라는 단순한 결과만 보이기 때문에 쉽게 생각할 수도 있지만 절대 쉽게 주문이 들어온 것이 아니란 사실을 알아야 한다. 쇼핑몰이 클수록 단 하나의 작은 문제가 큰 파장을 일으킨다. 팔리지 않는 이유, 매출이 떨어진 이유를 파악하지 못한 채 여전히 자신의 쇼핑몰에 대한 거품을 빼지도, 인정하지도 못하는 것은 오만이자 기만이다. 블랙코어가 강조하는 말이 있다. **"사업자는 오만함을 경계해야 한다"**이다. 충분한 실력과 역량, 경험이 있다면 다행이지만 자신을 부풀리고 과장해 생각하는 것보다 실패를 빨리 불러들이는 것은 없기 때문이다. 이얘기를 받아들이느냐 받아들이지 않을 것이냐도 사업자의 몫이다. 자존심은 지금 내세울 때가 아니다. 기분이 나빠도 할 수 없다. 자존심 때문에 이런 현실을 받아들이지 못해 결국 사업이 실패하는 것이 더욱 창피한 일이다. 핵심이 무엇인지 정확하게 알기를 바란다. 겉치레하는 말들, 자신의 직함, 명예, 모든 것을 내려놓길 바란다. 자존심 때문에 더 큰 것을 잃지 말길 바라며 자존심은 문제를 해결한 다음에 챙기길 바란다.

전세계에는 수없이 많은 온라인 샵, 쇼핑몰이 있다. 그리고 수많은 샵과 온라인 쇼핑몰은 90% 이상이 1년 안에 없어지고 또다시 생기곤 한다. 우리는 이쯤에서 의심을 해봐야 한다. 수십 년 이상 어떻게 폐업률이 동일하게 지속될 수 있을까? 그동안 폐업률을 낮추기 위해 혁신적으로 변한 온라인 시스템이나 시장 혁신 등은 찾아볼 수 없는가? 물론 온라인뿐만 아니라 오프라인 시장도 마찬가지다. 오프라인 시장은 오히려 더욱 악조건인 상황이다. 오프라인 고객조차 온라인과 모바일 쇼핑 고객으로 이동해서 백화점이나 아울렛, 몰들조차 어려운 상황이다. 내수시장의 경기 악화와 부동산에 돈이 묶여 생활비조차 빠듯한 사람들은 꼭 필요한 곳에만 돈을 쓰려고 한다. 판매자, 사업자들은 현재 이런 상황에 처해 있다. 마치 위의 상황만 보면 탈출구는 없는 것처럼 보이기도 한다. 어떤 업체는 경기불황에는 세일 전략만이 살길이라며 더욱 세일 전략에 목을 매기도 한다. 하지만 이것도 잠시 폐업을 보류하는 임시 방지책일 뿐, 두세 번 하다 보면 무뎌져서 더이상 반응은 일어나지 않는다. 그렇다면 도저히 방법은 없는 걸까? 온라인 쇼핑몰 사업자, 판매자에게 기회는 없는 걸까? 단호하게 얘기하자면 "전체에게 기회는 없다. 단, 10%에 속하는 사람들에게는 기회가 있다." 무슨 소리인지 갸우뚱할 것이다. 말 그대로다. 1년 안에 실패하는 90%에게 성공할 수 있는 확률은 없다. 이미 실패가 정해져 있다는 것이다. 그들은 처음부터 다른 길로 가야 하는 사람들이다. 처음부터 타고난 것을 무시할 수는 없다. 사람은 자신이 뭐든지 잘 해낼 수 있다는 긍정적인 마인드를 내려놓고 현실을 직시할 때 현명해지곤 한다.

실제로 긍정적인 마인드를 가지고 있는 사람은 생각보다 많지 않다. 오히려 긍정적인 허상에 빠져서 현실을 직시하지 못하거나 "나태함, 게으름, 불성실함, 오만함, 무감각, 인내심의 부재"에 속하는 사람들이 더욱 많다. 현실을 부정하려고 해도 안타깝지만 사실이다. 90%에 속한 모든 사람이 그런 것은 아니지만 위에 해당하는 쇼핑몰 사업자나 판매자들은 90%에 속할 확률이 높다. 물론 노력하는 사람은 충분히 바뀔 수 있다. 하지만 사람은 쉽게 바뀌지 않는다. 그리고 역사는 되풀이된다. 지금까지 몇십 년 동안 이어진 전자상거래의 역사도 그렇게 반복이 된다. 성공하는 사람은 소수이다. 90%를 제외한 10%는 성공할 가능성이 있다 뿐이다. 이점을 받아들이고 인정해야 한다. 우선 본인 스스로 실패하는 90%에 속하는지, 성공하는 10%에 속하는지 알아야 한다. 그걸 모르면 시간과 비용만 날리게 된다. 모든 사람은 모든 영역에서 유능할 수 없다. 온라인 판매 영역에서 가능성이 작다면, 업종이 나와는 맞지 않는다면 혹은 오프라인이 더 잘 맞는다면, 사업이나 장사가 어렵다면, 잘 맞는 직장을 찾는다거나 다른 길을 찾는 편이 수월하다. 자존심 때문에, 자기기만으로 한 영역에서 실패했다고 모든 것을, 인생 전체를 실패라고 여기지 않길 바란다. 판매자 중에 사업이나 장사를 하면 안 되는 사람들도 분명 존재한다. 그 판매자들은 안타깝게도 다른 길을 찾아야 한다. 다시 한번 말하지만, 온라인 판매를 시작하기 전에, 사업을 시작하기 전에, 스스로 판단해야 한다. 수많은 돈을 쓰기 전에 이 길이 나와 맞지 않는다면 다른 길을 찾아야 한다. 시행착오도 물론 좋다. 하지만 시행착오를 감당할 수 있는 마인드와 정신력이 없다면, 그것으로 인해 무너질 수밖에 없다면 신중하게 자신과 적합한 길로 가는 편이 좋다. **만약 그래도 그 길로 굳이 가고자 한다면, 안되는 것을 되게 하고, 불가능을 가능으로 만들려면, 천 배, 만 배 이상은 노력할 준비가 되어있어야 한다.**

순리도 중요하게 여기지만 사실 안된다고 해서 끝까지 해보려 하는 마음 없이 일찍 포기해버린다면 판매에서 제대로 되는 일은 하나도 없을 것이며 매출 상승과 성취를 이뤄내는 일은 존재하지 않을 것이다. 특히 온라인 판매에 있어서 안 팔리면 거기에서 맥없이 자포자기하는 판매자들이 많다. 그것도 아주 빠르고 신속하게. 재능이 아니라면 일찍 그만두는 것도 맞지만 일정 이상 해보지 않고 그만두는 일이 문제이다. 안 팔리면 어떻게든 집요하게 노력해서 왜 안 팔리는지 알아내야 하고 그 이유를 충분히 알았다면 계속해서 집요하게 파고들어 판매가 되게끔 만들어야 한다. 그렇지 않고 적당히 하다가 안 되니까 적당히 포기해야지라는 말로 마무리가 될 것이다. **안 팔리면 팔리게끔 만들어야 한다. 당연히 그 이유를 알아내는 일이 쉽지 않을 것이다. 하지만 집요하게 파고들어 결국 그 이유를 알아낸다면 세상 그 어떤 그 무엇보다 바꿀 수 없는 소중한 가치를 얻어낼 수 있다.** 그리고 그 가치는 평생에 걸쳐서 귀중한 자산이 되어 자신이 목표로 한 길을 밝혀 주게 된다. 쉽게쉽게 이뤄낼 수 있는 일은 존재하지 않는다.

판매에서 못 파는 일이란 존재하지 않는다. 단지 적게 파느냐 많이 파느냐만 존재할 뿐. 어떤 상품도 팔리게 만들 수 있다고 확신하고 끝없이 발전해 나갈 수 있어야 한다. 그러기 위해서는 자신의 고정관념이나 생각의 한계에서 벗어나야 한다. 특히 판매의 목표 개수, 목표매출에 대한 한계, 본인의 판매 실력에 대한 한계성 모두 충분히 극복해내고 넘어설 수 있는 장애물들에 불과한 것이다. 이 일을 해야 할지 말아야 할지 우유부단하게 고민, 걱정, 근심하는 판매자와 이 일에 성공에 대한 확신으로 뭉친, 그리고 설령 안된다고 하더라도 끝까지 가려는 판매자와의 차이는 분명하다. 그저 묵묵히 인내하며 참을성 있게 전진해야 한다. 도중에 어떤 위기가 설령 자신을 방해하더라도 이에 휘둘리거나 영향받지 않고 끝까지 전진하길 바란다. 결국, 모든 건 결과로서 증명될 것이다.

실패의 원인

계속 언급하고 있지만, 일반적으로 판매자가 운영하던 10개 중 9개 이상의 온라인 몰은 6개월~1년 이내에 실패를 맞이하곤 한다. 실패의 고비 속에 들어서면 실패를 그냥 받아들이고 폐업의 길로 가야 할지, 아니면 다른 업종으로 다시 시작할지 사업자들의 고민은 한층 더 깊어진다. 블랙코어 역시 아끼던 첫 쇼핑몰을 폐업해야 하는 상황에 직면한 적이 있었다. 그때는 말로 할 수 없을 정도로 안타까운 마음이었다. 지금 여기에서 무너질 수는 없다는 생각과 폐업하고 다시 시작하면 잘될까에 대한 고민과 염려가 동시에 마음속에서 일어나고 있었다. 여하튼 이러고 고민만 하고 있으면 안 되겠다는 생각에 현실을 냉철하게 직시하며 왜 실패했는지 정확하게 원인분석을 해보았다. 그때의 블랙코어 쇼핑몰 매출은 어느 정도 유지되고 있었지만 남는 마진이 별로 없었다. 매출이 늘어나는 만큼 노동량이 증가했지만, 얼마 안 되는 마진으로는 인건비를 더

늘릴 수 없던 상황이었다. 소비자들을 위한다고 최소 마진을 책정한 것이 화근이었다.

주변에서는 쇼핑몰의 겉만 보고 매출이 잘 나오고 있는 상황인데 굳이 왜 폐업을 고민하냐고 했었다. 미리 말하자면 결국 실패할 수밖에 없는 구조였기 때문이었다. 그대로 가다간 종국엔 자금만 소진하고 빈털터리 상태로 접게 될 것이었다. 그때 운영했던 쇼핑몰은 스스로 흥미를 느끼는 업종이 아니었다. 단지 돈만 많이 벌면 된다는 생각을 하고 있었다. 속 빈 강정처럼 겉으로는 매출이 오르고 있었지만, 날이 갈수록 몸만 고되고 순이익은 많이 남지 않은 현실을 마주하고 보니 안 그래도 좋아하던 업종이 아닌데 즐겁게 일하기는커녕 쇼핑몰 업무는 쳐다보기 힘든 상황까지 갔었다. '과연 이 상태로 지속할 수 있을까? 그렇다면 지금이라도 가격을 올리면 쇼핑몰을 살릴 수 있을까? 그리고 그 가격으로 기존 고객들 혹은 신규 고객들이 지속해서 사줄까?'란 고민이 이어졌다. 이때 가장 절실히 깨달은 점은 "쇼핑몰이 생존해야 고객을 위할 수 있다."라는 것이다. 아무리 좋은 쇼핑몰도 소비자들에게 이익만 제공하고 정작 우리 쇼핑몰이 생존할 수 없는 구조면 결국 가치와 이익을 주고 싶어도 줄 수 없다.

여러 가지 이유로 폐업의 갈림길에 선 사업자들이 많다. 매출이 잘 나오지 않거나, 자금을 많이 소진해서일 수도 있고 블랙코어의 첫 쇼핑몰

같이 매출은 나오는데 순이익이 적어서 폐업을 고민할 때도 많다. 특히 순이익 부분은 객단가가 낮은 잡화 쇼핑몰이나 박리다매 의류 쇼핑몰, 해외 구매대행 같은 쇼핑몰에서 조심해야 할 부분이다. 이렇게 물어볼 수도 있다. "그렇다면 객단가를 올리면 되지 않나요?" 물론 가능할 수도 있고 가능하지 않을 수도 있다. 쇼핑몰의 컨셉에 따라, 소비자들이 쇼핑몰을 어떻게 인식하고 있느냐에 따라 가능할 수도 가능하지 않을 수도 있다. 기존 소비자의 무의식 속의 인식까지도 고려해야 한다. 마케팅에서는 이런 무의식 속의 인식을 가장 주의해야 한다. 소비자들의 기억을 새롭게 하려면 많은 리소스가 들어간다. 차라리 쇼핑몰 브랜드, 컨셉 기획을 싹 바꿔 처음부터 다시 하는 것이 더 나을 때도 있다. 하지만 매출이 나오지 않아 새롭게 창업을 하거나 다른 업종으로 갈아타려 해도 과감하게 실행하기는 어렵다. **기존 쇼핑몰의 실패 요인을 정확하게 모르기 때문에 당연히 새롭게 시작하는 것도 확신이 없기 때문이다.** 블랙코어가 쇼핑몰 프로젝트나 컨설팅 할 시에 중요하게 보는 것은 매출 대비 순이익이 어느 정도 나오고 있는가이다. 즉, 현재 쇼핑몰이 마진을 적절하게 가져가는 구조인지 아닌지부터 체크한다. 사업계획과 재무제표, 자금 관리까지 체크해서 당장 잘 팔리는 것뿐만 아니라 사업의 지속가능성까지 세심하게 살피는 것이다. 쇼핑몰의 폐업 원인은 수백 가지가 넘는다. 결국, 실패하게 되는 구조인지 아닌지, 오히려 지금 실패를 경험 삼아 새로운 쇼핑몰로 기회를 창출할 수 있을지 잘 연구해야 한다.

위의 사례 외에도 온라인 판매 사업의 실패는 판매 실력이나 역량 문제를 따지기 전에 판매자의 정신력, 마인드의 문제가 크다. 온라인 판매 사업을 시작했다면 최소 3년이라는 시간을 할애해야 한다. 하지만 대부분의 창업자가 자신과 맞지 않는다고 판단하는 시기는 보통 6개월~1년 사이이다. "생각보다 쉽지 않네" "어렵고 힘들다" "판매가 빨리 안 이루어지는 걸 보니 나와는 맞지 않는 것 같은데 다른 거 알아볼까?" "나같이 뛰어난 사람이 왜 판매가 안 될까?" "다른 거 하면 더욱 잘할 수 있을 거야!" "차라리 빨리 포기하고 다른 일 찾아보는 것이 훨씬 효율적일 거야! 긍정적으로 생각하자" 하지만 이렇게 생각하다가도 미래를 생각하면 막막해질 뿐이다. 이 시기를 버티지 못하는 이유는 그저 나약하고 나태한 정신 상태 때문이다. 그 이외는 모두 핑계와 변명일 뿐이다. 모든 영역이 그렇겠지만 온라인 판매업 역시 선천적으로 재능과 적성을 타고난 사람은 소수에 불과하다. 나머지는 후천적으로 판매 감각, 역량, 실력을 쌓게 된다. 자신의 재능과 실력, 내실을 제대로 쌓아보기도 전에 미리 절망하거나 인내심 없이 포기하는 것은 습관이다. 나중에 또 다른 무엇인가를 시작하더라도 똑같이 이어지게 된다. 자신이 걸어온 길을 돌아봤을 때 자신은 어떤가? 블랙코어가 쇼핑몰 문제점 진단을 하다 보면 평범한 기준에 빗대어 봐도 일반적인 인내심과 노력과 성실함이 보이지 않던 온라인 판매자들이 많이 보인다. 그들에게 자주 했던 얘기가 있다.

"아직 준비만 하고 시작은 안 하신 거죠?"

앞에서 상당 부분의 지면을 할애하며 외쳤던 인내심과 성실함은 기본이다. 굳이 기본도 안 되어있는 쇼핑몰에 어떤 직접적인 문제점을 거론할 필요가 있을까? 블랙코어에게 쇼핑몰 문제점 진단을 의뢰한 사이트는 1년, 2년, 3년을 단위로 다시 체크 한다. 생존해 있는지, 아니면 없어졌는지 그리고 없어졌다면 이유가 무엇인지. 정확한 이유를 파악함으로써 다른 회원들이 시행착오를 겪지 않게 하기 위해서다. **단, 1년 미만은 제외한다. 1년 미만은 온라인 판매 사업을 운영하는 최소 기간이라는 기준에 미달되기 때문이다. 1년 미만은 온라인 판매 및 쇼핑몰을 운영했다고 볼 수 없다.** 한마디로 발만 담갔다가 뺀 정도라고 보면 된다. 그러므로 실패한 이유 역시 운영 기간 미달이다. 제대로 무엇인가를 시작했다는 노력의 흔적이 없기 때문이다. 남들 쉬는 휴일이라고 쉬고, 피곤하다고 쉬고, 머리 아파서 쉬고, 컨디션이 안 좋아서 쉬고, 경조사라서 쉬고, 머리 식히거나 힐링하려고 쉬고.

다 좋다. 블랙코어 역시 쉴 땐 쉬고 일할 땐 일하는 방식을 좋아한다. 푹 쉬었는가? 그렇다면 이제 제대로 일에 집중해야 할 때다. 쉬는 날이 많으면 사업자나 판매자가 나태해지거나 게을러지기 쉽다. 판매가 잘된다면 판매가 잘 되는 만큼 미래를 위해 준비해야 하고, 판매가 부진하다면 부진한 이유를 찾고 분석해서 바로 잡아야 한다. 그렇지 않다면 90% 이상의 판매자들과 다른 게 없을 것이다. 누누이 말하지만, 마인드부터 달라야 한다. 다른 사람이 나태함에 허우적거릴 때도 우리는 계속 앞으로 나가야 한다. 휴일에도 열심히 노력하고 학습하는 습관은 몇 년 후에 더 달콤한 휴식과 금전으로 보상을 받을 것이다. 쉬는 것과 나태함은 다르다. 너무 쉽게 포기하는 습관과 나태함을 버리길 바란다.

이처럼 블랙코어는 뜨거운 도전과 열정의 낭만도 존중하지만 가차 없는 냉정한 현실을 더욱 중요시하게 여긴다. 이유는 뜨거운 도전과 열정의 낭만이 가끔은 진정한 현실을 보지 못하게 만들기 때문이다. 아마 '머리는 차갑게, 가슴은 뜨겁게'라는 말을 많이 들어봤을 것이다. 가슴의 뜨거운 피가 머리까지 뜨겁게 만들어버린다면 지나치게 감성적이 된다거나, 감정적이 되어버린다. 그런 감성이나 감정은 나중에 성공하고 느껴도 충분할 것이다. 온라인 판매에서 매출을 올리려면, 진짜 성공을 거두려면 우리는 "도전"보다 "성공"에 집중을 해야 한다. 가끔 어떤 판매는 블랙코어에게 이렇게 얘기한다. "저는 실패하더라도 항상 도전하고 열정적이고 싶습니다." 그러면 아래와 같이 대답한다.

"실패에 대해서 긍정적이시군요. 하지만 계속 실패하더라도 괜찮으시겠습니까?"

꿈과 희망의 긍정적인 마인드와 생각은 때로 사람을 편안하게 만들어 주고 기분 좋게 해준다. 하지만 그 생각이 끝나는 순간 다시 냉혹한 현실이 기다리고 있다. 성공이 목적이지, 도전이 목적이 아니다. 계속 실패한다면 아마 그 긍정적인 마인드와 생각도 더 이상 남아있지 않을 것이다. 예를 들어 온라인 판매에서 새로운 도전을 했을 때 실패확률이 높은 아이템이거나 아직 시장이 형성되지 못했다면 해당 아이템으로 판매를 하거나 창업을 하는 것을 심각하게 고려해야 한다. 하지만 이를 고려하지 못하고 도전의식과 열정의 감성에 도취 됐을 때, 그저 새로운 아이템을 만났다는 것에 즐거워하고, 흥분하며 도전하는 자신을 발견하게 된다. 단지 성공과 관계없이, 실패와 상관없이 도전하는 나 자신이 기특하고 대견스러운 생각만으로 가득 차서 말이다.

바로 그 순간에 실패의 그림자가 스며들게 된다. 그리고 실패하고 나서 깨닫게 된다. "내가 도전과 열정에만 집중했구나, 성공할지와 상관없이…." 이렇게 처음에 느꼈던 도전의식과 열정은 온데간데없이 사라지고 슬럼프 시기가 찾아오며 탄식하는 기간은 길어져만 간다. 특히 온라인 창업을 하는 사람들의 일부는 온라인 판매를 하는 회사나 쇼핑몰에서 근무한 직원들이 포함되어 있다. 디자이너, 포토그래퍼, 모델, MD, 개발자 등 자신의 전문분야, 기술직에서 오랫동안 일해왔던 사람들 말이다. 이들 대부분은 본인이 온라인 판매 회사에서 경험도 풍부하고 성공에 기여를 했다고 생각하기 때문에 자부심과 자신감, 열정이 좋다. 하지만 그런 자부심, 자신감, 열정은 때로 머리를 마비시키고 뜨거운 열정과 도전의식으로 최면과 환상에 빠지게 한다. "나는 쇼핑몰에서 오랫동안 근무했기 때문에 어떻게 성공하는지 알고 있어" "성공한 게 다 누구 덕분인데! 직원으로 내가 언제까지 계속 있을 것 같아?" "내가 온라인 판매를 직접 하면 이것보다 잘 할 텐데" 이런 식의 근거 없는 환상과 최면에 빠지곤 한다. 하지만 여기에서 도전과 열정의 감성을 잠시 가라앉히고 현실을 자각하고 냉정하게 생각해 볼 필요가 있다. 우선 현재 온라인 판매를 하면서 아래 10가지 체크리스트를 참고하길 바란다.

온라인 판매에서
실패를 방지하는 10가지 질문

1. 열정이 없어진 상태에서도 온라인 판매나 쇼핑몰을
   계속 운영할 수 있는가?

2. 자신의 경험과 커리어가 현재 창업하는 쇼핑몰 업무나
   온라인 판매 성공에 얼마나 도움이 되는가?

3. 만약 성공에 부족한 실력과 판매 역량이 있다면
   이를 지속해서 보완할 수 있는가? 서포터 해 줄 직원이 있는가?

4. 전에 일하던 판매 회사에서 성공한 원인에 대해서
   분명하게 알고 있는가? 이를 분명히 인지하고 있는가?

5. 온라인 판매 창업을 한다면 성공하기 위한
   어떤 유리한 상황과 요소들이 준비되어 있는가?

6. 만약 5번에서 유리한 상황과 요소들이 준비되어 있지 않다면
   어떤 방법으로 보완할 것인가?

7. 현재 트렌드에서 어떤 아이템을 취급해야 할 것이며,
   취급하지 말아야 할 아이템에 대해서 알고 있는가?

8. 소비자들이 좋아하는 쇼핑몰 컨셉은 무엇이며
   이를 기획할 수 있는 능력이 있는가?

9. 8번에서 기획한 쇼핑몰이나 온라인 판매 채널을
   목표 가치에 따라 어떤 타임 스케줄과 전략으로 실행할 것인가?

10. 9번의 실행에 따른 모든 자금과 예산에 대한 계획이
    얼마나 철저하게 준비되어 있는가? 얼마나 유지할 수 있는가?

위의 10가지를 하나씩 천천히 체크한 이후에도 판매자 본인의 열정과 도전의식이 멈추지 않고 더 끓어오르게 만든다면 간단한 축하의 인사를 드릴 수 있을 것이다. 도전과 열정을 뛰어넘는 현실적인 성공을 위한 첫 발걸음이 이제 막 시작됐기 때문이다. 위의 10가지는 온라인 판매에서 실패를 미연에 방지하기 위한 시작단계의 최소 기준이다. 만약 현재 창업을 하면서 혹은 회사를 운영하면서 위의 10가지조차 제대로 준비되어 있지 않다면 아마 도전의식과 열정은 빠르면 1개월~6개월 안에 모두 식어버릴 것이다. 현실적인 충분 요건이 받쳐줄 때 도전의식과 열정도 살아 있을 수 있기 때문이다.

이렇듯 판매자들이 실패하는 주된 원인은 실패의 원인을 제대로 분석하지 않고 방치했기 때문이다. 실패의 원인은 막상 그 상황이 닥치면 저절로 알게 된다. 다만, 이미 늦은 후다. **성공했을 때는 왜 우리가 성공했는지 정확하게 알아야 하고, 실패했을 때는 우리가 왜 실패했는지 알아야 한다.** 그렇지 못하고 계속 전진만 하고 열심히만 하는 방식은 또다시 실패를 가져다주게 된다. 또한 잘나갈 때는 허점과 약점이 보이질 않으니, 기어코 위기와 실패의 순간이 임박해서야 주변을 살필 수 있고, 뒤돌아본 후는 이미 늦은 후다. 건물이 무너질 때는 징조가 보인다. 마찬가지로 사업 역시 무너질 때는 징조가 보인다. 하지만 이런 징조를 무시하고 "열심히 하지 않아서 그런 거겠지"라고 생각하며 더욱 열심히만 하려고 한다. 특히 1인 창업자, 판매자일수록 이런 함정에 빠져들기 쉬운데 가장 위험한 건 스스로 이런 상태를 인지하지 못하기 때문이다. 보통, 자신의 감정과 시야에 빠져 있을 때가 "슬럼프"에 빠져 있을 때다. 이 "슬럼프"를 통해 실패를 벗어날 수 있는 돌파구를 찾아내는 자에게는 기회가 될 수도 있지만, 이 "슬럼프" 속에서 빨리 빠져나오려 허우적거리며 조급하게 방법을 찾아다니는 사람에게는 더욱 큰 "위기와 실패"가 찾아오게 된다. 이런 중요한 얘기를 하는 이유는 지금까지 판매와 사업에서 실패한 사례들이 대부분 이런 경우였기 때문이다. 자, 그렇다면 이런 "실패의 슬럼프"를 극복할 수 있는 방법에 대해서 궁금할 것이다. 아래는 블랙코어가 직접 이런 "실패의 슬럼프"를 극복한 방법이다.

"실패의 슬럼프"를 극복하는 5가지 방법

1. 처음 일을 시작했던 마음가짐으로 돌아간다.

- 지나치게 일을 즐기지 못하고 스트레스받고 있지는 않은지 체크한다.
- 생각이 너무 많아서 정확한 판단을 할 수 없는 상태인지 체크한다.
- 매출이 하락하거나 나오지 않아 조급한 마음을 가진 건 아닌지 체크한다.
- 피곤한 걸 당연히 여기고 건강상의 적신호를 무시하고 있진 않은지 체크한다.
- 컨디션을 무리하게 회복하려고 하진 않은지 체크한다.

2. 매출 상승에 대한 조급함을 버린다.

- 매출은 조급하다고 해서 오르지 않는다. 욕심을 버려야 한다.
- 봄, 여름, 가을, 겨울같이 시기의 순리를 통해서 매출이 상승하는 것이 정석이다.
- 무리한 목표 매출액을 설정하지 말고 작은 목표부터 시작한다.

3. 너무 자신을 과신하지 않는다.

- 지나친 자신감은 자신을 잘못된 길로 유인할 수 있다. (잘못 설정된 방향)
- 제3자의 관점에서 장단점 모두 찾아본다.
- 가장 위험한 순간은 혼자만의 시야에 갇혀있을 때다. 뭐든지 스스로 다 하려는 생각은 버린다.

- 직원이 있다면 직원과 문제점에 대해 터놓고 이야기하는
  시간을 가진다.
- 자신만 옳다는 독단적인 생각을 하고 있다면 위험하다.
  전문가에게 의견을 구한다.

4. 일 때문에 사적으로 문제를 키우지 않는다.

- 일에서 슬럼프가 올 때는 사적으로도 문제가 일어날
  확률이 높다. 최대한 자제하고 자중해라.
- 일과 자신을 분리해서 일이 끝나면 다른 생각하지 말고
  취미생활을 통해 마음을 여유롭게 한다.
- 일이 세상의 전부가 아니다. 일 때문에 진정으로
  소중한 것을 잃어버리는 실수는 하지 않는다.
- 자신의 감정이 컨트롤 되지 않는다면 경계해야 한다.
  (제2차, 3차적인 문제가 발생할 수 있다.)
- 마음이 힘들 때는 작은 것도 더 크게 보이기 마련이다.
  (감정이라는 함정에 빠지지 않으려고 노력해야 한다.)

5. 결과보단 과정에서 즐거움을 찾는다.

- 우리는 너무 결과에 집중하곤 한다. 다시 한번 말하지만,
  성공은 쉽게 찾아오지 않는다.
- 빠른 결과에만 집중하게 되면 쉽게 지칠 수밖에 없다.
- 그날 하루, 순간에 최선을 다한다.
  (결국, 작은 것이 모여 큰 것을 이룬다.)
- 막상 성공의 기쁨은 오래 지속되지 않는다. 인생은 과정이
  90% 이상이다. 10%의 결과 때문에 진을 빼지 마라.

- 과정을 즐기면 결과는 자연스럽게 좋을 수밖에 없다.
  과정을 최대한 즐기고 집중한다.

위에서 언급한 5가지는 블랙코어가 사업자분들에게 자주 언급하는 얘기다. 실제로 어떠한 결과가 발생했을 때 그 결과에 대한 잘못된 판단을 내리기 때문에 더욱 큰 악순환의 고리에 빠지게 된다. 사람은 이성이 아닌 감정에 의해 판단을 내리고 결단을 내리게 된다. 이는 세월이 흘러도 변하지 않는다. 하지만 지나친 감정에 의한 판단은 옳은 방향으로 가지 못하게 한다. 특히 슬럼프에 빠져 있을 때는 최대한 감정을 배제해야한다. **슬럼프라고 하는 것은 "감정의 늪"에 빠져 있는 순간이기 때문이다. 지나치게 무력감을 느끼거나 자신감이 잃어버리거나, 모든 것이 귀찮을 때가 바로 "슬럼프"가 찾아오는 순간이다.** 누구나 이런 "슬럼프"의 순간이 찾아오고 겪을 수밖에 없다. 성공은 소수의 것이고, 실패는 다수의 것이 된다. 그만큼 어려움과 슬럼프를 극복한다는 것은 쉽지 않은 일이기 때문이다. 블랙코어 또한 무수히 많은 실패의 "슬럼프"가 있었고 그것을 극복하는 일 또한 쉽지 않았다. 하지만 그 실패의 "슬럼프"를 극복한다면 이전보다 더욱 깊은 통찰과 지혜, 신선한 영감, 그리고 강한 정신력을 얻을 수 있을 것이다. 또한 더 좋은 새로운 기회를 맞이할 수 있다. 슬럼프의 순간에도 무던하게 계속 전진하길 기원한다.

3부

생존

사업의 밑바닥,

즉 "고통"을 감당하고 견뎌낼 수 없다면

생존도 없다

정신 무장

세상을 살아가다 보면 때로는 위로나 격려가 도움이 되기도 하지만 일시적일 뿐이다. 오히려 현실적인 조언이 더 도움이 될 때가 많다. 물론 사람인 이상 어려운 상황이거나 힘이 들 때는 누구나 똑같이 힘들다. 다만 그 힘든 시기를 어떻게 받아들이냐는 사람에 따라 천지 차이다. 블랙코어는 감정의 기복이 없는 상태를 최우선 사항으로 여긴다. 하지만 이는 훈련이 안 되어있는 사람에게는 버거운 일이다. 하루에도 수십 번씩 감정을 요동치게 하는 불청객들이 많기 때문이다. 물론 사람에 따라서 이런 외부적 요인을 어떻게 컨트롤할 것이냐에 대한 방식과 전략이 다르다. 이를 능숙하게 컨트롤할 수 있을수록 정신적인 피로도는 급감하게 된다. 앞서 매출의 흐름에 따라 자신의 감정 상태가 자주 바뀌는 상태는 경계해야 할 점이라고 했다. 이유는 어차피 걱정과 고민, 불안을 가져봤자 현재와 미래는 변하지 않기 때문이다. 감정이란 것은 깊은 호수와도 같기 때문에 자신의 감정에 빠져 허우적거리게 되면 진실과 현실을 파악하지 못하고 큰 그림 또한 못 보게 된다. 마치 자신이 이 세상에서 가장 슬픈 영화의 주인공이 되었다고 생각하게 된다고나 할까. 물론 사람의 컨디션은 항상 좋을 수 없다. 마냥 기분이 좋을 날도 있고, 괜스레 기운 없이 축 처지는 날도 있다. 간혹 컨디션이나 감정의 기복이 없는 사람도 있지만 이런 사람들은 자신의 편안과 안정감을 위해 어떠한 도전도 하지 않고 있을 가능성이 크다. 대다수는 힘이 들 때 주변 상황이나 누구도 보이지 않게 된다. 자, 바로 이 순간이다. 실패자와 성공자의 차이를 가르는 현실적인 지점. 어떤 사람은 계속 혼자서 가만히 움츠러들어 현실을 회피한 채 뒤로 후퇴한다. 반대로 상상할 수 없는 고통과 마음의 짐을 갖고 있지만 한 발짝씩 전진하는 사람이 있다.

컨디션 좋고, 기분이 좋을 때 한 발짝씩 전진하는 것과 고통으로 심장이 찢길 때 전진하는 것은 천지 차이다. 바로 이 고통이 정신과 심장을 파고들 때 묵묵히 앞으로 나가는 사람을 "독종"이라고 한다. 컨디션이 좋고 감정적으로 편한 상태에서는 누구나 쉽게 나아갈 수도 있고 힘도 덜 든다. 하지만 어렵고 힘든 현실적인 상황에서야 그 사람의 진가가 나온다. 정신력이 약해져 무너지게 되면 사람은 누구나 혼란에 휩싸이게 된다. 물론 무너지지 않게 페이스를 조절하는 능력도 중요하지만, 정신력이 무너진 상황에서 견디는 능력이 더욱 중요하다. 판매 사업이 잘 안되는 이유로 우리의 판매 능력과 자본 상황 같은 내부요인 외에도 직원,

가정, 친구, 지인 등의 어려운 환경 탓도 있을 것이다. 하지만 그런 어려운 상황을 감당하고 앞으로 나아갈 것이냐, 감당하지 못하고 회피할 것이냐 결국에는 본인의 선택이고 책임이다. **어려운 상황에서 뒤로 물러서게 되면 습관이 된다. 하지만 고통 속에서도 온몸과 온정신을 다잡으며 견디고 전진하는 습관을 지니면 진정한 "독종"이 된다.** 안타깝게도 오랜 뒤에 성공은 "독종"에게만 주어진다. "독종"은 가장 마지막 순간에 최후에 살아남는 자들이고, 오늘 쓰러져도 내일 다시 일어서는 자들이다. 앞이 보이지 않는 요즘 같은 시기는 한 편으로는 좋은 기회다. 자신이 실패하는 "가짜 독종"인지 성공하는 "진짜 독종"인지 알 수 있기 때문이다.

매출을 지속해서 상승시키려면 아무리 판매 실력이 출중해도 "인내심"과 "성실함"이 없으면 안 된다. 물론 일을 즐기는 것이 최상이긴 하지만 시도 때도 없이 계속되는 위기와 고난에는 일을 즐기라는 말이 들리지 않는다. 지극히 현실적인 벽 앞에서 "인내심"과 "성실함", "끈기"만큼 사업자를 든든하게 지탱해주는 것도 없다. 정확하게 인지해야 한다. 현실의 벽을 뚫고 극복하는 현실적인 힘은 바로 판매자의 "인내심"과 "성실함", "끈기"에서 시작이 된다. 끈기와 인내심은 강한 정신력, 마인드로부터 시작된다. "이 정도로는 흔들리지 않는다." 혹은 "이 정도의 고난과 역경은 당연하다. 제대로 해보자"와 같은 마음가짐이 없다면 사실 끈기와 인내도 그냥 버티는 수준일 수밖에 없다. 어려움을 마주했을 때 그것을 적극적으로 수용하고 당연하게 받아들이는 능동적인 태도와 그저 가만히 걱정과 근심으로 하루를 무기력하게 보내는 수동적인 태도. 이 두 가지 중 어떤 것을 택해야 할까? 성공한 사람들의 비하인드 스토리를 들어보면 공통적인 요소들이 있다. 바로 '어두운 시절'이 있다는 것이다. 누구든 이런 어두운 시절을 겪을 수밖에 없다. 아무리 운이 좋아 성공 가도를 달린다고 하더라도 '어두운 시절'의 가혹한 역경과 혹독함을 이겨낸 "강한 정신력"이 뒷받침되지 않는다면 언제든지 무너질 수도 있다. 어두운 시절을 겪으면서 이겨낸 어려움과 시련은 곧 자신의 "실력"과 "역량"으로 성숙해지게 된다. 하지만 대부분의 사람은 한 번의 혹은 두 번째 닥친 어려움과 시련에서 무너진다.

어려움을 많이 겪은 사람일수록 삶에 담백한 자세를 취한다. 오늘은 웃어도 내일은 어려움이 닥칠 수도 있고, 오늘은 최정상의 자리에 있어도 내일은 가장 밑바닥으로 내려앉을 수 있다는 것을 알기 때문이다. 사업이나 인생에서 어려움과 고비들을 겪는 것은 사실 당연하다. 어떻게 좋은 일만 생기고 내가 원하는 대로 모든 일이 이뤄질 수 있을까? 만약 쇼핑몰을 시작하면서부터 매출이 일어나거나 어려움 없이 중·대형 쇼핑몰까지 가게 된다면 누구나 성공할 것이다. 하지만 현실에서 그런 일은 거의 일어나지 않는다. 어려움, 시련과 고비는 '질 좋은 경험'이다. 이런 질 좋은 경험은 강한 정신력이 뒷받침돼야 이겨낼 수 있다. 그리고 이런 질 좋은 경험을 많이 극복하면 극복할수록 더 "강한 정신력"이 만들어지게 된다. 선순환되는 것이다. 반대로 극복하지 못하면 평생 트라우마 혹은 한계가 된다. **판매나 사업에서 어려움을 겪게 되었을 때 금방 포기하는 사람은 사실 다른 곳에서도 쉽게 포기하는 성향을 갖고 있을 확률이 높다. 어려움과 고비가 싫어 이쪽저쪽 옮겨 다니는 것이다.** 하지만 되돌아보면 계속 그 자리에 머물러 있었다는 사실을 알 수 있다. 만약 이 말이 못마땅하거나 자극이 된다면 자신이 그런 성향을 가진 건 아닌지 생각해 볼 필요가 있다. 실패한 사람의 대부분은 자신의 정신력과 역량에 대해서 되돌아보지 않고 주변 상황에 대해서 불만을 가지곤 한다. 모든 것을 남 탓, 상황 탓을 한다면 그때는 편할지 모른다. 하지만 가장 중요한 스스로 나아지는 부분이 전혀 없다는 것이다. 어려움과 고비를 극복하면 극복할수록 정신력은 강해진다. 만약 지금 온라인 판매나 사업하면서 어려움과 고비를 겪고 있다면 당연한 수순이라고 받아들여 보길 바란다. 그때부터가 변화가 시작되는 순간이니까. 잊지 말자. "강한 정신력"이 없다면 "뛰어난 판매 실력"도 무용지물이다. 끝까지 포기하지 않는 "강한 정신력"을 겸비했을 때 뛰어난 실력도 빛을 발할 수 있다. 현재 상황에 닥친 어려움과 고비를 하나씩 뛰어넘어 보길 바란다. 결국 판매 사업의 성공도 눈앞에 다가올 것이다.

> ### "내가 포기하지 않는 한
> ### 아직 끝나지 않았다."

　사업을 할 때는 수없이 많은 고비와 고난을 맞닥뜨리게 된다. 그중에서도 육체적으로 고되면 누구나 어느 정도는 극복할 수 있지만 망가진 사업 마인드와 약해진 정신력은 복구하는데 시간이 오래 걸린다. 보통은 사업을 하다가 힘이 들거나 지치면 "편법, 술, 도박, 유흥" 같은 가장 쉬운 길을 택하곤 한다. 블랙코어 역시 사업에 잘 풀리지 않을 때 혹은 힘에 부칠 때 유혹에 흔들리기도 했지만, 유혹에 빠지는 것을 경계해야 한다. 한번 유혹에 빠져버리면 평온함과 평정심을 잃어버리는 일이 많기 때문이다. 블랙코어는 사업이나 일이 잘 풀리지 않을 때 주로 운동을 즐기곤 하는데 주로 "격투기"를 한다. 물론 헬스, 구기 종목, 골프, 수영 등 여러 가지 레져 활동도 즐기지만 "격투기"의 매력은 어떤 운동보다 몰입할 수 있고 강한 정신력을 만드는 데 도움이 된다는 점에서 매력적이다. 실제 운동의 강점은 최상의 마인드를 만드는 요소 중 첫 번째인 "흔들리지 않는 강한 정신력"을 만들 수 있다는 것이다. 정신이 나태해지거나 유혹에 흔들릴 때 술을 찾거나 유흥을 하게 되면 계속해서 정신이 나약해지고 나태해질 수밖에 없다. 하지만 힘든 상황에서도 더욱 힘든 운동을 통해서 강한 정신력을 키울 수 있다. 더 중요한 건 정신력이 나약해질 때 정신 단련의 효과를 준다는 것이다. 격투기와 같이 몰입해야 하는 운동은 힘들다고 생각한 상황을 언제 그랬냐는 듯이 가볍게 뛰어넘게 만들어 준다. 만약 힘이 든다고 생각할 때는 이처럼 더 힘들고 어려운 일을 찾아 "현재 상황이 생각보다 힘들지 않은 상황"이라고 인식을 바꿔주는 것이 좋다. 그렇지 않으면 자신의 생각 안에서 헤어 나오지 못하고 별로 힘들지 않은 작은 상황도 확대되어 힘들다고 느끼기 때문이다.

즐겁게 몰입할 수 있는 운동은 최상의 마인드를 만드는 두 번째 요소인 "잡념과 생각을 비워냄"에 도움을 준다. 특히 정신노동이 많은 사업자들은 운동을 하고 난 다음 날 몸이 피곤하더라도 충분히 즐거운 컨디션을 유지할 수 있다. 사실 고민을 해결하고 생각을 정리하는 데 도움이 되는 것은 "계속 생각하는 것"보다 "모든 것을 비워냄"에 있다. 그렇기 때문에 몰입할 수 있는 운동이나 명상 같은 취미생활을 찾는 것이 중요한 이유이다. 격투기를 하다 보면 "지옥훈련"이라는 운동 단계가 있다. 모든 것을 쏟아붓는 단계인데 숨이 차서 폐가 터질 듯이 체력단련을 하는 것이다. 그렇게 되면 쓸데없는 잡념과 고민거리가 한순간에 없어지고 오로지 본능에 충실하게 된다. 한마디로 잡생각 없이 오로지 "생존력"을 키우는 것이다. 생존력은 사업에도 가장 중요한 부분이다. 사업자가 리더로서 어려운 상황에서도 이겨낼 수 있어야 회사도 오랫동안 살아남을 수 있는 것이다. 대기업들이야 워낙 탄탄한 시스템으로 운영되고 있지만, 소상공인이나 중소기업의 오너들은 언제든지 쉽게 무너질 수 있는 상태이기 때문에 이처럼 "생존력"을 키우는 것은 중요하다.

마지막으로 격투기와 사업의 공통점에 대해 말하고 싶다. "부드러울수록 강하다"이다. 머리를 쓰는 일이나 몸을 쓰는 일에서 가장 경계해야 할 점은 "힘을 주는 것"이다. 힘을 주게 되면 자연스럽게 몸에 힘이 들어가게 되어 과도한 욕망과 집착에 시달리게 된다. 결국, 잔뜩 힘이 들어간 이후에는 패하게 될 확률이 높아진다는 말이다. 실제 격투기 스파링을 할 때도 힘이 들어가면 빨리 지치고 호흡이 흐트러진다. 그것은 약점이 되어 상대방의 약한 펀치나 공격에도 쉽게 흔들리게 된다. 결국, 강한 것은 쉽게 부러질 수 있다는 얘기다. 아무리 상대방이 덩치가 좋고 힘이 좋다 하더라도 상대방보다 더욱 부드럽게 허점과 약점을 파고들어 한순간에 맥을 끊어 버린다면 게임은 끝나게 된다. 비단 격투기뿐만 아니라 복싱, 유도, 합기도, 검도와 같은 실제 시합에서도 동일하게 적용된다. 사업의 공통점도 여기에 있다. 때와 시기를 냉정하게 판단하고 기다려 잘나가던 경쟁자가 고전하고 있거나 빈틈을 보일 때 바로 역전할 기회를 만들어 낼 수 있다. 반대로 덩치가 큰 대기업이라 하더라도 유연하지 못한 일방적인 전략만을 고수한다면 한순간에 시장에서 퇴출당할 수 있다.

한치의 앞을 알 수 없는 요즘 같은 상황에서 과도한 욕망과 집착은 쓸데없이 힘이 들어가게 만들어 실패할 확률을 올라가게 한다. 실제로 자신이 약하다고 생각할 때 보다 강하다고 생각할 때가 가장 위험한 순간이다. 주변의 위험과 위기를 느끼지 못하기 때문이다. 실제로 자신이 진정 강자라면 "있는 그대로의 자신으로 있는 그대로의 상황을 마주하는 일"이 해야 하는 일의 전부이다. 하지만 자신을 있는 그대로 보지 않고 과장하거나 허세를 부린다면 진정한 자신과 멀어질 뿐이다. 그래서 블랙코어는 마인드 컨트롤의 본질에 대해서 이렇게 얘기한다. "본래의 자신으로 돌아가는 일"이라고 말이다. 실제로 멘탈이 무너지거나 정신력이 흔들리는 상황은 거의 "자신이 생각하고 있는 선과 경계"가 무너지고 있다는 뜻이다. 그러므로 있는 그대로의 자신을 수용하고 자신답게 생활하고 사업한다면 흔들릴 일은 없다.

　사람들은 잔혹한 현실을 마주하고 열정이 사그라지는 현실을 보고 이내 자신에 대한 신세 한탄을 시작한다. 자신의 정신력에 대한 나약함이 문제인지, 의지박약인지, 자신감이 없어서인지, 열정이 줄어들어서인지. 여기에 현실의 걱정거리와 근심거리를 등에 업고 무거운 발걸음을 내디딘다. 열정이라는 것은 사실 눈에 보이지 않아 어떤 날은 컨디션이 좋아서 열정이 넘치는 것으로 착각할 수도 있고 또 어떤 날은 컨디션이 난조라서 모든 것이 귀찮고 하기 싫을 때도 있을 것이다. 열정도 감정 중에 하나이다. 열정이란 어느 날 생겨났다가 또 갑자기 없어져 버리곤 한다. **하지만 블랙코어가 말하는 진정한 열정이란 "일정한 흐름"이다. 자신의 감정 기복에 따라서 혹은 컨디션의 흐름에 따라 바뀌는 것이 아닌 "일정한 자신의 흐름"을 이어가는 것이 바로 진정한 열정이다.** 물론 진정한 열정에 대해서 다르게 생각하는 사람도 있다. 활력이 넘치고 기력이 넘치는 매일매일을 생각할 수도 있고, 폭발적인 아드레날린 분비라고 생각할 수도 있다. 하지만 그런 감정들이 진정으로 지속되는 열정이라고 보기는 어렵다. '진짜 열정'은 자신의 기분이 좋지 않거나 감정이 가라앉은 상태에서도 조금씩 올라와 자신을 일으켜 세우는 역할을 한다. 이 말을 꼭 기억하라. "열정이 곧 의지고 의지가 곧 열정"이다.

판매업이 단순히 물건을 가져와서 판매하는 것으로 생각하는 사람들이 많다. 또한, 자금력이 충분하고 사업 운영 전략이 뛰어나다면 쉽게 중·대형 사업체로 성장할 수 있다고 생각한다. 하지만 그렇지 않다. 중·대형 사업체로 성장하려면 일반 영세 가게가 아닌 시스템을 갖춘 기업체가 되어야 한다. 쉽게 말해서 일반 동네 장사가 아니라 고객 지향적인 사업 시스템을 갖춘 기업형 온라인 사업체가 되어야 한다는 말이다. 물론 여기에는 내실을 제대로 다지고 차별화된 컨셉을 구축하는 등 기본과 정석이 전제되어야 한다.

블랙코어가 사업 기획부터 기업 경영 전략, 컨셉, 판매 감각, 마케팅과 광고전략 등을 컨설팅하기 전에 언급하는 것이 있다. 그건 바로 사업자의 "마인드"이다. 블랙코어가 사업자의 마인드에 대해서 강조하는 이유는 사업자의 "마인드" 없이 자본금, 전략, 기술적인 방법만으로는 사업의 매출 볼륨을 키우거나 사업체를 키우는 데 한계가 있기 때문이다. **온라인 판매 사업은 계단식으로 성장한다. 그 말은 단계별로 성장할 수 있는 한계와 타이밍이 절대적으로 존재한다는 말이다. 그 타이밍에 사업자가 어떤 "마인드"를 가졌는지에 의해 실행하는 전략과 전술이 그 상황에 맞게 떨어져야 온라인 판매 사업의 매출을 상승시키고 한 단계 높게 성장할 수 있다.** 그렇기에 사업자의 마인드가 중요하다. 그런 기회가 1~5년 정도에 한두 번 오긴 한다. 단순히 운이 좋아서 일수도 있지만, 운으로 오는 성장의 기회나 타이밍은 알아채기가 쉽지 않다. 계속 트렌드, 문화, 시장의 변화를 반영하여 도전과 혁신을 추구하고 있어야 기회나 타이밍이 왔을 때 알아채고 잡을 수 있다. 알아채는 것도 능력이고 준비가 되어있는 사람만이 가능하다는 이야기이다. 또한, 내 회사의 브랜드를 지속해서 키워나가고 있어야 기회가 왔을 때 성장이 가능하다. 분명 기회는 찾아온다. 몇 번씩이나 말이다. 또한, 제대로 모든 것을 걸어야 하는 타이밍과 시기도 분명히 찾아온다. 그걸 성장의 발판으로 만드느냐 만들지 못하느냐는 사업자의 마인드에 달려있다.

보통은 매출이 오르면 "내 쇼핑몰이 지속해서 성장하고 있네? 이 정도면 이제 손을 놓아도 알아서 성장하겠지"라고 안심하기 시작한다. 그러면서 "이제 광고와 마케팅도 그만하고 이대로 계속하면 되겠지"라고 생각한다. 하지만 그 순간 사업이 성장궤도에 올라타지 못하고 바로 쇠퇴기로 진입하거나 성숙기의 마지막을 달리게 된다. 매출이 더 높아질 수 있음에도 불구하고 더 이상 성장은 어렵게 된다. 성장은커녕 매출이 유지되지도 않을 것이다. **"온라인 판매 사업이 성장할 수 있는 한계는 사업자가 생각하는 최종 목표와 비전, 마인드, 전략에 따른 실행 리소스의 투자범위"라고 보면 된다.** 그렇기 때문에 달성하고자 하는 목표와 비전을 정하고, 현실을 최대한 고려하고 반영해 마인드를 다잡아야 한다. 시간과 자금, 노력과 실행을 어떻게 적절하게 투입할지 오롯이 사업자가 결정해야 한다.

104

물론 어떤 회사라도 자금뿐만 아니라 시간, 인력 등 리소스는 항상 충분하지 않다. 리소스 투자범위는 상품기획, 회계, 재무, 광고, 마케팅, 인력 등 쇼핑몰에 관한 모든 부분이다. 자금력이 관건인 광고비 같은 투자에는 자금을 동원할 수 없다면 사업자 자신이 3배~5배 이상의 실질적인 노력을 기울여야 한다. 예를 들자면 유입수 1만 명을 만들어야 한다 치자. 포털 사이트 광고나 구글 GDN, 제휴 마케팅 광고 같은 유료광고에 투입할 자금이 없다면 자발적으로 플랫폼을 만들어 내야 한다. 온라인 판매자 스스로 카페, 블로그, 페이스북, 인스타그램 같은 SNS를 이용해서라도 쇼핑몰 방문자를 일정 이상 만들어야 한다는 이야기다. 또한, 촬영, 이미지 편집, 콘텐츠 제작, 마케팅 등에 대해서도 역시 충분한 자금을 투자하기 어렵다면 사업자가 직접 3배~5배 이상의 노력을 기울여서 일을 진행해야 한다. 매일 24시간씩, 며칠 내내 잠을 자지 않고서라도 말이다. 자금력이 안 된다면 그만큼 직접 노동력을 투입해야 하는 것은 물론이고 갭을 메우기 위해 엄청난 노력을 해야 한다. 결국 온라인 판매를 6개월에서 1년 하다가 지쳐서 진지하게 그만두는 것을 고민하게 되는 것이다. 자금력도 안 되고 노력을 하는 것도 지치거나 하기 싫어서 말이다. 반대로 자금력이 충분하다 해도 판매자의 노력 없이는 안 된다.

"자금 투자 능력이 되는지, 안된다면 300% 이상의 노력을 리소스에 투자할 수 있는지" 이제 심각하게 고민해야 할 차례이다. 대형쇼핑몰 중 돈 한 푼 안 쓰거나 노력을 기울이지 않은 쇼핑몰은 없었다. 대형쇼핑몰로 성장하고 싶은 사업자들, **다시 한번 확실히 기억해야 한다. 마케팅과 상품 퀄리티, 사진 촬영, 화려한 UI, UX보다 더 중요한 점은 판매자의 마인드라는 것을. 그리고 마인드의 기반은 강인한 정신력이다.** 어떤 안 좋은 상황과 불행이 닥치더라도 흔들리지 않고 앞으로 묵묵히 전진할 수 있는 강한 정신력이면 어떤 고난과 역경도 이겨낼 수 있다. 게다가 셀러들은 특히 서로 터놓고 얘기할 수 있는 인맥이나 네트워크가 제대로 형성돼 있지 않다. 그렇기 때문에 항상 고독하고 외롭다. 고독과 외로움은 해소되는 것이 아니다. 사업자라면 계속 안고 가야 하는 숙명이다.

누구나 힘든 시기가 찾아온다. 그게 언제인지는 아무도 모른다. 다만 그 힘든 시기와 위기를 기회로 바꿀 수 있냐는 오로지 자신의 몫이다. 현재 잘나가고 있다고 해도 자만하면 안 된다. 반대로 상황이 힘들고 어렵다고 해서 위축될 필요도 없다. 모든 것은 인생이라는 긴 여정 중 하나의 이벤트에 불과하기 때문이다. 기존에 없던 컨셉의 쇼핑몰, 창조적인 마케팅전략, 점점 빠른 속도로 생겨나는 플랫폼, 애플리케이션 등 세상은 시시각각 변하고 변화 속도 또한 빨라지고 있다. 하지만 나약해져 있다면 이런 변화 속 기회들이 눈에 보이지 않는다. 마음이 힘들다면 잠시 쉬어가도 괜찮다. 다만 그 시간을 앞으로 힘차게 전진할 수 있게 회복할 수 있는 시간으로 만들어야 한다. 잊지 마라. 위기 속에 기회가 창출된다.

특히 새해가 되면 사람들은 새로운 마음가짐으로 다시 열정을 불태우며 새로운 사업에 뛰어들거나 다시 한번 기회를 만들어보기 위해 고군분투한다. 하지만 그것도 잠시, 매출은 정체되거나 하락하고, 매일 고객들과 실랑이를 벌이고, 지친 심신을 한잔 술로 달래보지만, 그것도 하루 이틀, 작년과 변함없는 자신을 발견하고 한없이 작아지고 무기력해지곤 한다. **다시 한번 강조하지만, 사업이나 일을 하면서 가장 중요한 것은 "정신 무장"이다. 그것도 흔들리지 않는 "강한" 정신 무장이, 강철 마인드가 필요하다.** 사업자가 실패하는 근본적인 이유는 자포자기하고 또다시 나약해진 자신을 자책하기를 반복하기 때문이다. 이제는 달라져야 한다.

진부한 소리라고 그냥 책을 덮는 사람들도 있을 수도 있겠지만 대부분은 스스로 되돌아볼 거라 믿는다. 사업이 잘 안 되는 이유는 썩어빠진 정신력과 마인드 때문이라고 직설적으로 말할 수밖에 없다. 원래 도움이 되는 말일수록 쓰다. 이 글을 쓰는 본인 역시 지금까지 사업을 운영하면서 세상의 혹독함과 냉정함을 받아왔다. 다만 다른 사람과 다른 것은 진부하다고, 뭘 모르는 소리 하지 말라는 등 부정적인 시각으로 조언들을 내치지 않고 객관적인 시선으로 받아들여 부족한 부분은 채울 수 있도록 노력해왔다는 것이다. 갈 곳 없는 청년층, 고령층 및 퇴사자들과 직장인들의 투잡 열기로 자영업 및 온라인 판매 창업은 늘고 있다. 하지만 폐업률은 여전히 그대로이다. 계속해서 폐업률을 강조하는 이유는 무엇일까? 현실을 망각하면 안 된다는 메시지를 전달하기 위해서다. 일반 자영업이나 프랜차이즈 창업의 경우는 자본금이 어느 정도 필요하지만, 온라인 판매나 쇼핑몰 창업은 자본금이 500만 원~1천만 원 미만이 대다수고 2~3천만 원 정도가 그다음일 정도로 진입장벽이 워낙 낮으므로 성급하게 시작하고 또 불과 6개월~1년 사이에 90% 이상이 폐업한다. 하지만 쇼핑몰을 제대로 운영할 마인드를 갖추지 못하면 500만 원이던 1억 원이던 자본금은 그저 휴짓조각일 뿐이다.

지난 15년 동안 수없이 많은 쓰러진 사업자들을 보면서 근본적이고 기본적인 문제를 해결하지 못하면 앞으로의 미래도 그리 달라질 것이 없다고 생각하게 되었다. 쇼핑몰 운영에서 정신 무장과 마인드, 태도는 가장 기본이다. "대충 사이트 만들어 놓고, 빨리 상품 촬영해 올리면 3개월 안에도 충분히 성과가 나오겠지"라는 생각을 하는 사업자가 있는 반면에 "내 인생, 내 모든 것을 쇼핑몰 운영에 걸겠다."라는 생각을 하는 사업자가 있다. 누가 성공할 확률이 높을까? 또한, 쇼핑몰 내실구축을 하고 아무리 교육을 많이 받았다고 하더라도 운영하다 힘들다고 자포자기 해버리면 현재 내실구축과 판매 감각은 낮아도 꾸준히 노력해서 업그레이드하는 사업자보다 못하다는 건 누구나 다 알 것이다. **한마디로 피땀 흘리면서 배우고 매사 노력하는 자세를 가지고 있는 사업자는 자본금만 많고 학습을 게을리하며 정신이 나태한 사업자를 이길 수 있다는 말이다.** 자신의 현재 역량과 여유 있는 자금만을 믿고 제대로 운영하지 않았던 쇼핑몰들은 지금까지 90% 이상이 실패했다. 또한, 매출 조금 나온다고 오만해진 사업자들도 마찬가지로 중형쇼핑몰 정도까지 키우다 폐업한 사례도 부지기수이다.

일반 마케팅회사나 광고대행사는 사업자들에게 솔직하고 객관적으로 조언을 해줄 수 없다. 혹여 기분 나쁘다고 타 업체로 광고 대행을 변경하거나 광고를 끊어 버리면 손해가 크기 때문이다. 그렇기 때문에 제대로 된 조언을 하기 꺼린다. 일반 마케팅회사, 광고대행사 직원들도 알고 있다. 이런 식으로 계속 운영하면 앞으로 매출 상승은 물론 성공하기 어렵다는 사실을. 하지만 언급하지 않는다. 많은 사업자가 도움이 되는 말을 해도 자존심 상해하고 받아들이지 않는다는 것을 알고 있기 때문이다. 만약 쓰디쓰지만 올바른 조언을 하는 회사와 일하고 있다면 다행스러운 일이다. 예전에 광고대행사 근무하던 시절에 광고주가 했던 말이 생각난다. "광고만 추천하지 말고 쇼핑몰에 도움이 되는 얘기 좀 해 달라"고 말이다. 그 당시에는 개인성과에 따른 회사 인센티브에 눈이 멀어, 정작 도움이 되는 얘기를 해주지 못했다. 하지만 이런 식으로 가다가는 끝이 보인다는 사실을 서로 너무나도 잘 알고 있었다. 지금의 블랙코어가 존재하는 이유이기도 하다.

블랙코어는 현실적이고 구체적으로 어디까지 쇼핑몰을 인큐베이팅해야 하느냐, 상품 사입은 어떤 것을 해야 하고 소비자들이 원하는 핵심이 무엇이냐, 어떤 식으로 우리의 강점을 만들 수 있느냐, 사이트 컨셉은

109

어떻게 만들어야 하고, 초반 6개월~1년 동안 어떤 전략으로 갈 것인가, 이후 사업 진행은 어떻게 해야 하느냐 등 철저하게 현재 사업자의 편에서 알려주는 쪽에 속한다. 하지만 제대로 운영할 생각이 없거나 남의 밥상에 숟가락만 얹어서 운영하려는 게으른, 나태한 사업자에겐 어떠한 조언과 코멘트도 해주지 않는다. 경청하지 않는, 겸손하지 못한 사업자도 마찬가지이다. 누가 갑이냐 을이냐가 중요한 게 아니다. 체면치레하다가 이 상태로 실패하고 폐업하면 끝이기 때문이다. 핵심은 온라인 판매 사업의 생존이다. 바로 "죽느냐, 사느냐?"이다. 누군가에게 사업은 가장으로서, 자식으로서 가정을 지키고 자식들을 먹여 살리고 부모를 부양해야 하는 생업이다. 그냥 대충하다 바쁘고 힘들면 때려치워도 되는 투잡이 아니다. 전자상거래의 현재 상황에서는 "빈익빈 부익부" 상태가 지속될 것이다. 이미 초반에 제대로 시작한 사람들은 계속 잘나가고 그렇지 않은 사업자는 실패만 겪다 문 닫을 확률이 높아진 것이다. 모든 사업이 그렇겠지만 온라인 판매 사업은 특히 제대로 운영할 생각이 없다면 차라리 일찍 그만두는 편이 낫다. 자신부터가 제대로 할 생각이 없는데 사이트에서 매출 상승은커녕 회원가입이 일어나겠는가? 쉽게 생각하고 정신 무장 없이 대충대충 운영하다간 지금까지 모아놓은 "피 같은" 돈을 한순간에 날릴 수 있다.

고민하고 또 고민해야 한다. 이 사업이 일생의 마지막 기회라 여기고 최선을 다해서 내 온라인 판매 사업에 올인해야 한다. 온라인 판매 사업은 이것저것 신경 쓸 일이 많은 바쁜 사업에 속한다. 특히 창업 초기에는 절대적으로 많은 시간이 필요하다. 한시도 다른 생각할 겨를이 없다. 그래서 항상 블랙코어는 강조하는 것이다. 정신 무장을 하고 그다음에 성실함, 인내 그 후에 기술, 노하우, 마케팅이 존재한다는 사실을 말이다. 어떤 뛰어난 마케팅, 좋은 아이템도 사업자의 "정신 무장"이 뒷받침되어야 한다. 제대로 할 건지, 안 할 건지는 오로지 사업자의 몫이다. 이제 아래 블랙코어의 "블랙 마인드"로 흔들리지 않는 강한 정신력으로 무장해서 사업과 일에서 성공을 거두길 바란다.

블랙 마인드 (Black Mind)

1. Real Confidence (진정한 자신감)

인생은 항상 역경과 고난으로 둘러싸여 있다. 그리고 이 어려움을 극복하는 것은 자신의 몫이다. 어려움에 굴복할 것인가, 이겨낼 것인가? 의지도 마음가짐에 달려있다. 또한, 진짜 자신감이 있어야만 수많은 어려움을 뛰어넘을 수 있다. 직접 부딪히고 실패하는 경험에서 교훈을 얻고 자신에 대한 확신으로 생긴 진정한 자신감이 없는 사람들은 바로 무너지게 돼 있다. 내면의 불안함까지 자신을 속일 수는 없기 때문이다. 특히 사업을 하다 보면 자신을 뛰어넘어야 하는 순간이 수도 없이 찾아온다. 사업이든 일이든 내면에 "진정한 자신감"이 없다면 흔들리고 또 흔들려서 결국 다시 일어서기 힘들어진다. 진정한 자신감을 갖고 싶다면 자신을 있는 그대로 인정하고 어려움 속에서도 자신을 의지하며 정면으로 부딪쳐야 한다. 현재를 바로 응시하고 지금 눈앞에 있는 역경과 고난을 정면으로 바라봐야 한다. 확신에 의한 진정한 자신감만이 과감함, 돌파력을 만들어 낸다. 진짜 나 자신이 됨으로써 겉이 아닌 마음속 깊은 곳에 있는 진정한 자신감을 찾자.

2. Last Responsibility (마지막 책임감)

힘들고 어려운 일이 있을 때마다 지금껏 어떻게 행동했는가? 스스로 한 치의 거짓도 없이 당당했다면 바로 이 질문에 부끄러움 없이 대답할 수 있을 것이다. 하지만 자신을 기만하고 핑계와 합리화로 비겁하게 도망친 자신을 발견했다면 이제 더는 자신에게 하는 거짓말을 그만둬야 할 때다. 언제까지고 자신을 핑계와 합리화로 보호할 셈인가? 어려움과 고난이 올 때마다 자신에게 주어진 과제를 회피하면서 변명하느라 바빴던 자신에게 솔직해질 시간이 왔다. 인생과 사업에는 쉬운 일이란 존재하지 않는다. 스스로 책임감을 갖고 행동하는 사람은 어려운 일이 다가와도 피하거나 핑계와 합리화하는 대신 묵묵히 책임감을 갖고 업무를 수행한다. 순간순간이 나에게 주어진 마지막이라고 받아들이고 마지막까지 책임감을 갖자.

3. Jump Weak (나약함을 뛰어넘자)

만약 지금 힘든 순간을 겪고 있다면 이 사실만 분명히 기억하자.

지금 힘들다고 굴복하고 물러서면 나중에도 뛰어넘을 수 없다는 사실을 말이다. 사업적이든 육체적, 정신적으로 힘든 사람들이든 마찬가지다. 자신이 극복하지 못한 일은 아무리 생각하지 않으려고 해도 머릿속에서는 계속 맴돌 것이다. 선택은 두 가지뿐이다. 뛰어넘든지 그 자리에 가만히 있든지. 분명한 것은 뛰어넘지 못하면 항상 그 자리에 머물 것이라는 점이다. 그 사실이 잔인하게 들릴 수밖에 없을 것이다. 이번에도 나약하다면 내년에도, 미래에도 계속 그 자리일 것이다. 순간의 행동에 따라 결과가 달라진다. 당신이 지금 가진 순간의 망설임과 나약함은 당신의 자존심과 자긍심에 큰 상처를 입힐 것이다. 현재 자신의 나약함을 잠시 외면할 수는 있어도 영원히 피할 수는 없다.

4. Enjoy Hardship (위기와 고난을 즐기자)

대부분 사람은 잘나가거나 좋은 상황일 때는 최상의 컨디션을 자랑한다. 하지만 악조건인 상황이거나 힘든 상황이 닥쳤을 때 비로소 그 사람의 진가가 발휘된다. 특히 사업자일 경우에 이런 차이가 극명하게 드러나곤 하는데 위기 속에서 과연 자신이 어떤 태도를 취하는지를 돌아봐야 한다. 좋은 상황일 때는 즐길 수 있지만 안 좋은 상황까지 즐기는 마인드를 겸비한 사람은 보기 드물다. 인생과 사업에는 곳곳에 함정과 방해 요소들이 존재하기 마련이다. 하지만 이를 친구로 여기고 위기와 고난조차 즐길 수 있다면 험난한 인생에서 당신의 정신과 내면을 흔들 수 있는 위협적인 것은 그 어떠한 것도 존재하지 않을 것이다. 사업뿐만 아니라 인생에서 가장 중요한 "위기와 고난을 즐기는 태도"를 견지하도록 하자.

5. Recognize Me (자신을 받아들이자.)

허풍 떨거나 허세가 있는 사람은 스스로 자신을 받아들이지 못한 것이다. 진정으로 자신을 받아들이지 못한 사람들이 다른 사람이 부럽다고 다른 사람들을 따라 하면 오히려 그나마 있던 자존감을 잃어버리거나 현실감각을 잃어버릴 수밖에 없다. 강한 정신 무장을 위해서도, 한층 더 성숙해지기 위해서라도 현재의 자신을 있는 그대로 받아들일 수 있어야 한다. 그렇게 된다면 자신의 주변 상황까지도 자연스럽게 받아들여져 자신의 마음과 역행하는 오류를 범하지 않을 수 있다. 비로소 이때 진정한 내적 자신감을 가질 수 있게 되고 현실을 정면으로 응시할 수 있게 된다. 스스로 있는 그대로를 인정할 수 있을 때 진정으로 강한 마인드와 정신력이 내면으로 스며들 수 있다. 자신에 대해 과장하거나 부풀리지 않고 솔직하게 인정하자.

6. Start to Finish (시작했으면 끝을 본다.)

누구나 처음에는 열정적으로 시작할 수 있다. 끝까지 갈 수 있느냐는 강한 정신 무장이 관건이다. 혹시 현재 나약한 마음을 가지고 언제든지 포기할 자세가 되어있다면 아예 시작도 하지 않는 게 맞다. 어떤 일이든 시작을 했다면 끝장을 볼 생각을 가져야 한다. 대부분 사람이 일을 끝까지 완수하지 못하거나 미루는 등의 습관으로 실패를 겪곤 한다. 일이 힘들어서 그만두는 경우도 있지만, 스스로에 대한 관대함으로 "이게 잘 안되거나 힘들면 다른 것 해야지"라는 무의식이 자신을 통제하고 있기 때문이다. 성과를 만들거나 성공을 하려면 강한 정신 무장이 필요하다. 그리고 시작했다면 끝장을 보려는 의지와 정신력을 갖추고 있어야 한다. 나약한 사람들이 도중에 다른 일을 하면서 자신에게 핑계를 대곤 한다. 하지만 자신만은 달라야 한다. 끝장을 볼 생각으로 시작한다.

7. Right My Duty (자신의 본분을 잊지 않는다.)

사람 대부분은 다른 사람들의 시선을 의식하는 경우가 많다. 그리고 다른 사람들의 기대와 필요에 따라 움직이면서 자신이 할 일을 못 하곤 한다. 그들이 나의 인생을 대신 살아주는 것은 아니다. 자신의 할 일에 집중할 필요가 있다. 다른 사람들의 눈을 의식한다면 진정한 내적 자신감을 가지지 못했을 확률이 높다. 또한, 자신의 할 일에 집중하지 못한다는 것은 주변 사람들에게 휘둘리거나 쉽게 흔들리는 가벼운 내면을 반영하는 것이기도 하다. 자신의 본분이 무엇인지 잊지 말고 내 할 일부터 충실하게 하자.

8. Silent Control (조용히 내면을 바라본다.)

시끄러운 세상에 같이 섞이게 되면 자신을 잃어버릴뿐더러 진정으로 자신의 내면이 원하는 것을 바라보지 못하게 된다. 친구들, 지인들과 어울리기 좋아하고 혼자 있는 것을 참지 못하는 사람일수록 자신의 내면을 바라볼 시간이 없다. 물론 사람인지라 외로움과 고독의 시간을 혼자 견뎌내는 것이 어려울 수도 있을 것이다. 하지만 자신의 과업을 탁월하게 성취하기 위해서는 자신의 내면을 바라볼 수 있어야 한다. 자신에 대해 많이 아는 사람일수록 자신이 원하고 바라는 성공에 가까워질 수 있다. 강한 정신 무장을 위해 조용히 내면을 돌아보고 가꾸는 자가 결국 성공한다.

9. Unnecessary Power (필요 없는 곳에서 힘을 뺀다.)

정신 무장이라고 했을 때 자주 볼 수 있는 오류가 있다. 그건 바로 정신 무장이라고 하면 강하게 의지를 다스려 끝없이 자신을 놓치지 않고 완벽을 기하는 것이라는 생각이다. 만약 그게 사실이라면 자신과의 싸움만 계속하다 스스로 지쳐 나가떨어질 수밖에 없다. 원하는 일을 성취하기 위해서는 자신과 힘들게 투쟁하는 일을 그만두고 자신의 내면이 원하는 것을 인지해 힘을 쏟아야 한다. 그렇지 못하면 필요하지 않은 곳에 힘을 다 써서 정작 내 의지가 필요한 곳에 힘을 쓰지 못하게 된다. 일상 중에서 내 기력이 가장 소모되는 지점이 어디인지 정확하게 알아내야 한다. 그곳이 자신에게 정말 필요한 영역일 수도 있고 필요하지 않은 영역일 수도 있다. 필요하지 않은 곳에 힘을 많이 빼고 정작 내 할 일을 못 하고 있다면 지금이라도 필요하지 않은 곳에서 힘을 빼야 한다. 강한 정신 무장은 꼭 필요한 곳에 꼭 필요한 힘을 쏟을 때 가능하다.

10. Only Action (묵묵히 행동으로 보여줄 뿐이다.)

블랙코어가 말하는 마지막 10번째 강한 정신 무장 항목은 행동에 대한 부분이다. 사람들은 좋은 아이디어가 있거나 탁월한 교육을 받아도 생각으로만 그치는 경우가 다반사다. 아무리 좋은 음식도, 좋은 지식과 지혜도 먹지 않고 행하지 않으면 소용없다. 만약 마지막 블랙코어의 10번째 항목을 보고 당연한 것 아니야? 하고 빨리 넘기려고 했다면 반성해야 할 시점이다. 조금 알아도 행하는 자와 많이 알아도 행하지 않는 자의 차이는 시간이 지날수록 분명하게 드러난다. 자꾸 나약해지거나 바뀌지 않는 자신을 탓하고 핑계와 합리화로 자신을 방어한다면 내일도, 다음 달도, 내년도 똑같을 것이다. 마음속 짐과 죄책감은 지금껏 행동으로 제대로 옮기지 못한 자신을 발견했기 때문이다. 이제 더 이상의 좋은 방법은 없다. 그저 묵묵히 조언 9가지를 10번째 조언같이 단지 행동으로 옮기면 된다. 당신 곁에는 마침내 강한 정신력과 승리, 행운만 남을 것이다.

판매 생존

블랙코어는 판매, 마케팅 사업 관련된 궁금증을 많이 해소해주는 편이다. 그중에서 지속해서 컨설팅 의뢰와 논의를 많이 하는 주제는 "자금 압박과 매출부진"이다. 대부분의 소상공인과 중소기업 사업자들의 형편이 넉넉지 않다는 사실은 누구나 알 수 있다. 코로나 19 팬데믹이나 장기 경기침체가 예고되어 있는 지금 같은 상태에서 정상적으로 사업을 영위해도 되는지, 빚만 있고 수익이 없는 상태에서 신상품을 발굴하고 직원을 충원하거나 마케팅 비용을 늘리는 것이 맞는 건지 또한 내부 직원들과의 의견충돌, 경쟁사의 견제와 비방, 물류와 배송 관리, 신제품 출시 문제 등 비단 마케팅뿐만 아니라 실제 사업 현장에서 이루어지는 모든 프로세스가 거론된다. 마케팅이 효과를 제대로 발휘하려면 블랙코어가 항상 언급하는 "잠재적인 사업 내부요인"을 해결해야 한다. "사업의 내부요인"은 보통 "사업 외부요인"과 직접 연결된 부분이 많다. 사업을 하면서 느끼는 사업자의 고민(실적 부진, 매출 압박, 고독, 외로움, 슬럼프, 감정 기복 등), 건강 문제, 가정 문제, 지인과의 문제, 직원과의 문제 등이다.

사회는 사업자들에게 열정, 혁신, 도전, 패기를 보여주라고 하는데 기계가 아닌 이상 사람에게는 컨디션과 감정의 높낮이가 존재할 수밖에 없다. 기계가 아닌 "인간"이기 때문이다. 열심히 하고 싶어도 건강상 몸이 따라주지 않는 경우도 있고, 몸은 따라주지만, 역량이나 사업수완이 제대로 발휘되지 못해서 답답한 경우 등 사업 컨설팅, 마케팅 프로젝트를 진행하다 보면 참 다양한 상황을 볼 수 있다. 사실 이런 얘기들은 "비하인드 스토리"에 속한다. 그중에서 가장 많이 보는 경우는 바로 위와 같이 사업이나 마케팅의 실패가 아닌 대부분 "사업자 본인의 감정과 태도, 자세"로 인해 앞으로 나가지 못하는 상황이다. 소상공인이 중소기업이 되고 중견기업이 되려면 "사업자의 마인드와 태도"에 달려있다. 자금이 많고 직원들의 실력이 아무리 출중한들 배를 움직이는 선장이 방향을 잘못 잡았거나 갖춰야 할 마인드가 없거나 옳은 그릇이 되지 못한다면 앞으로 나아가기는커녕 정체돼 있거나 모든 것이 잘못돼서 법의 심판을 받는 일조차 생기기도 한다. 그렇기 때문에 사업자가 마인드와 태도를 올바르게 하는 것에 집중하지 않는다면 언제든지 잘못된 길로 빠져 고통에 빠져들 확률이 높다. 이때 필요한 부분이 "자제력"이다. "자제력"이 없다면 사업이든 사생활이든 언젠가는 문제가 생긴다. 돈이 되는 길이라면 잘못된 길이라도 마다하지 않거나 사생활에서 문제를 일으켜 사업을 운영하기 어려워지곤 한다. 인간사에는 다양한 사건 사고들이 존재할 수밖에 없다. 그리고 위와 같은 사건 사고들로 사업에서 실패했다고 말하기도 한다. 위와 같은 불상사를 막기 위해서는 "자제력"이 필요하다. 이런 사실을 블랙코어는 너무나도 잘 알고 있기 때문에 애초에 잘못된 길로 빠지지 않도록 옆에서 아낌없는 조언을 드리곤 한다.

물론 사업자의 소신 있는 결정과 주장도 중요하지만 "자제력"이 필요한 상황에서 주변을 둘러보고 여유를 갖지 않는다면 많은 위험과 뒷감당을 짊어져야 하는 상황이 발생하기 때문이다. 본질적인 목표는 사업자가 이런 "잠재적 내부요인"을 해결해서 "사업 내부요인"에 모든 집중을 기할 수 있게 하는 것이다. 아무리 뛰어난 실력 있는 직원들과 사업 감각, 판매 역량, 자금력을 보유하고 있어도 (극단적인 예이긴 하지만) "보이스 피싱" 회사나 도박과 같은 올바르지 않은 사업을 운영한다면 언젠가는 상응하는 대가를 치르게 된다. 위의 회사들 말고도 고객을 기만하는 "저 퀄리티 상품 혹은 낮은 서비스"를 제공한다면 이 또한 사업은 일정 이상 커질 수 없다. 위의 얘기한 것들은 당연한 이치고 상식이다. 하지만 자제력을 잃게 된다면 이 당연한 것들은 한순간에 잘나가는 회사를 무너뜨리고 모든 소비자를 등 돌리게 만든다. 어제 다르고 오늘 다른 게 사업의 현실이다. 현재 사업에서 전진하지 못하는 이유가 혹시 위에 해당하는 것들이 아닌지 전진하기 전에 이런 요인들을 꼭 체크해보길 바라며 무조건 순간적인 열정과 감정에 휩싸이기보다는 냉정하게 판단해보길 바란다. 만약 "자제력"이 없다면 브레이크 없는 차를 운전하는 길이 될 수도 있다. 아래 말을 기억하라.

> ### "사업에서는 오늘만이 날이 아니다.
> ### 자제력만 있다면 오늘 무너져도
> ### 내일 다시 하면 된다."

몇몇 사업자들은 한때 자제력이 부족해 어려움에 빠진 과거에 대해서 밝히는 것을 꺼리곤 한다. 힘들었던 과거를 밝히기 부담스럽기도 하지만 그 당시 바닥을 경험했던 순간을 떠올리면 지금도 아찔하기 때문이다. 실제로 이런 아찔한 바닥의 경험을 들려주는 사업자들은 흔하지 않다. 그렇다면 '사업의 밑바닥'이란 어떤 의미일까? **'사업의 바닥'은 일명 Death Valley 즉, '죽음의 계곡'에서 헤어 나오지 못하고 있는 상태이다. 이때는 사업에서 가장 힘든 시기로 자칫하면 실패와 폐업의 나락으로 떨어질 수 있는 상태이다.** 이때는 보통 인생의 위기도 함께 찾아오게 된다. 행복하고 태평하기만 보였던 일상생활과 희망은 사라진 채 절망과 고독에 휩싸이게 된다. "친구, 가족 혹은 지인의 재난", "가족의 불화", "재산의 탕진" "사업의 실패" 등 여러 가지 혹독한 상황에 처해진다. 누구의 말도 들리지 않고 사업자 스스로의 고통과 고뇌에 갇혀있는 상태이다. 아무리 스스로 괜찮은 척을 해도 헤어 나올 수 없는 상태, 아무에게라도 도움의 손길을 내밀지만, 손을 잡아주는 이가 없는 상태, 블랙코어가 갑자기 왜 이런 말을 하는지 궁금해할 것이다. 내색하고 있지 않지만 지금 같은 경기불황에는 이런 어려운 상황에 있는 사업자들이 많다. 아무리 눈을 가리고 좋은 것만 보고 싶어도 세상은 "빛"과 "어둠"이 동시에 존재한다. 좋은 상황에 있더라도 자칫하면 어려운 상황에 처하기 마련이다. 그렇기 때문에 사업자는 "안 좋은 상황"을 보면서도 "좋은 상황"을 볼 수 있어야 하고 "좋은 상황"을 보면서도 "안 좋은 상황"을 볼 수 있어야 한다. 희망찬 사업의 꿈과 비전 그리고 많은 돈과 성공을 위해서 사업을 시작하는 사람들은 필히 "좋은 상황"뿐만 아니라 "안 좋은 상황"의 현실까지 항상 보고 있어야 한다. 물론 생존을 논하기에는 블랙코어 역시 할 말이 많지만, 이것 하나만은 분명히 알고 있다. **사업의 밑바닥, 즉 "고통"을 감당하고 견뎌낼 수 없다면 생존도 없다는 사실을 말이다.** 하지만 수많은 사람이 사업을 시작하면서 이런 부분에 대해 대수롭지 않게 생각하곤 한다. 그리고 어려움이 닥쳤을 때 정면으로 맞서서 "고통"과 "고뇌"를 감당해 이겨내지 않고 피하려고 뒷걸음치다가 결국 두려움과 절망에 굴복해서 결국 생존하지 못한다는 사실이다.

사업뿐만 아니라 인생에서의 생존은 "힘든 순간"을 극복하는 일이다. 현재의 소상공인 혹은 영세사업자, 중소기업의 사업자들이 아는 것이 많고 실력이 뛰어나더라도 결국 회사가 커지거나 생존하지 못하는 이유는 결국 **"어려움을 극복하지 못하고 버티지 못했기 때문"이다.** 쉽게쉽게 성공을 할 것 같으면 누가 성공을 못할까. 가끔 뉴스에서는 사람들에게 사기를 친 일당들이 검거됐다는 소식을 전할 때가 있다. 그것을 보며 "정직한 방법이 아닌 방식"으로 돈을 버는 사람들은 언젠가는 대가를 치른다는 사실도 다시 한번 새삼 느낀다. 언제나 노동에 대한 대가는 합당하다. 노동에 맞지 않는 대가는 언젠가는 모두 회수된다. 만약 사업의 밑바닥, 즉 "고통"과 "고뇌"를 받아들이지 않고 돈을 쉽게 벌려고 자꾸 불법 꼼수나 정직하지 않은 방향으로만 몸을 기울이고 진정한 생존방식인 "인내심과 성실함"을 잊어버린다면 단기 성공은 가능할지 모르지만 언젠가 거기에 합당한 벌을 받을 준비를 해야 할 것이다. 이처럼 사업과 인생의 밑바닥에 있다면 "자신의 내면과 본질을 지속해서 갈고닦는 것"이 중요하다. 아무리 자기 PR 시대라고는 하지만 요즘 자신의 유명세와 역량을 과대 포장 하는 것을 빈번하게 볼 수 있을 것이다. 자신의 위치에서 조용하게 자신의 할 일과 제 몫을 다하는 사람이 더 빛나는 법이다. 보는 사람이 없더라도 조용히 자신의 내면과 실력, 역량을 갈고 닦다 보면 그것이 장기적으로는 성공의 원천이 된다. 지금 현재의 수익에 너무 연연할 필요는 없다. 사람은 때가 있고 사업 역시 때가 있다. 그때를 위해서 지금 내실과 내면을 다지는 것은 의미가 있다. 자신의 위치에서 조용하게 제 할 일을 다 하는 것이 결국 진정한 내면과 내실을 갈고 닦는 일이다.

정상으로 가는 길은 아직 여전히 멀고도 험하다. 하지만 사업의 가치가 "소비자들"에게 도움이 되는 가치가 아니라 "회사의 이익"에만 국한된다면 사업하는 의미가 없다. 또한, 적극적으로 사업자가 주위의 견제에도 아랑곳하지 않고 직접 고통과 밑바닥을 경험해서라도 "진정한 가치"를 줄 수 있을 때 비로소 그때 성공도 함께 찾아온다고 굳게 믿는다. 블랙코어 역시 직접 경험해본 결과, 그리고 수많은 사업자에게 도움을 제공한 결과 결국 그렇다는 것을 알 수 있었다. 마지막으로 이렇게 얘기하고 싶다. "현재의 고통을 당연하게 받아들이면 사업과 인생의 밑바닥에서 치고 올라갈 수 있다." 만약 현재 밑바닥에 있다면 아래 오랫동안 생존하는 판매자의 10가지 공통점을 꼭 기억하라. 고통과 밑바닥에서 나오려고 발버둥 치지 말고 침착하게 고통과 바닥의 심연을 느끼며 박차고 올라갈 준비를 해보길 바란다.

오랫동안 생존하는 판매자의 10가지 공통점

1. 사업자 자신의 일상 과제를 해결한다.

사업 외적으로 이런저런 생각과 고민에 빠진 사업자들이 은근히 많다. 일상생활의 문제, 가정 문제, 사회관계 문제 등 다양한 경로에서 오는 문제를 해결하지 못하고 중심을 잡지 못하는 것이다. 판매 사업을 영위하려면 복잡한 일상생활의 사소한 문제들을 스스로 극복해나가야 한다. 또한, 스스로 만들어 낸 열등감으로 부정적인 생각을 하고 있다면 꼭 극복해나가야 한다. 현재 가진 사업자 개인의 과제를 먼저 해소하자.

2. 자신이 좋아하는 업종을 택한다.

사실 어떤 업무든 비슷하겠지만 온라인 판매 업무만큼은 진정으로 좋아서 하는 일이 아니면 빨리 지치기 쉽다. 지금껏 블랙코어가 운영한 쇼핑몰 중에서 가장 성과가 높은 쇼핑몰도 진정으로 일을 즐겼던 쇼핑몰이다. 블랙코어가 인큐베이팅한 업체 중 일을 가장 즐겁게 운영하던 쇼핑몰 또한 매출 성과와 매출 상승률이 가장 높았고 오랜 기간 수치를 유지하며 운영하고 있다. 현재 진정으로 쇼핑몰 업무가 재밌는지 스스로 되물어야 한다. 실제로 쇼핑몰을 일로 생각하지 않고 즐기고 있다면 최상이다.

3. 고객으로부터 쌓인 스트레스를 풀어야 한다.

가장 스트레스가 없는 상태는 무념무상의 상태다. 현재 자신의 상태가 어떤지는 사업자 스스로만 알 수 있다. 직원들은 사업자의 마음을 알 수가 없다. 쇼핑몰 업무를 제대로 즐기지도 못하고 난데없는 고객 클레임에 시달리고 있어서 스트레스가 최고치에 있다면 아무리 매출이 높다 해도 언젠가는 폭발할 수밖에 없다. 더군다나 매출은 높은데 순 마진이 적은 업종의 판매자들은 고객을 상대하기 귀찮은 존재로 생각하기 마련이다. 마진이 별로 많지 않기 때문에 딱 그만큼만 고객을 대하는 것이다. 고객이 전화하던 게시판에 글을 남기던 고객이 반갑게 느껴지지 않으면 스트레스가 높은 상태이다.

4. 여가생활 없이는 사업도 즐기기 힘들다.

아무리 사업자 스스로가 좋아하는 일이라도 매일 24시간 동안 즐기기는 어렵다. 또한, 일이 잘 풀리지 않을 때 사업에만 몰두하게 되면 아무리 체력이 좋은 사람이라도 금방 지치게 된다. 그런 사실을 인정하고 여가생활과 취미생활을 만들어서 마음과 머리가 쉴 수 있는 시간을 가져야 한다. 다만 불편한 마음을 버리고 편안하게 즐길 수 있는 여가생활이어야 한다. 여가생활과 취미생활은 사업자에게 꼭 필요하다. 여유를 만들면 쇼핑몰 업무를 할 수 있는 에너지가 생기고 즐길 수 있게 된다.

5. 돈만 좇지 말고 소소한 흥미를 찾는다.

분명 돈을 많이 버는 것도 쇼핑몰 사업을 시작한 이유가 된다. 하지만 돈만 벌기 위한 온라인 판매 사업은 오래 지속시킬 수 없다. 돈이 벌리지 않으면 바로 흥미가 떨어지기 때문이다. 많은 사업자가 오래 가지 못하고 폐업을 한 이유도 바로바로 원하던 수익이 안 나오니 지치고 흥미를 잃어버렸기 때문이다. 온라인 판매 업무에서 최대한 사소한 것까지 즐겁게 할 수 있는, 자신이 좋아하는 부분을 찾는다. 그렇게 된다면 자연스럽게 매출은 따라올 것이다.

6. 지금 바로 진정한 휴식을 즐긴다.

온라인 판매 사업이 커지거나 매출이 상승하면 행복감도 올라가는 것도 사실이다. 하지만 우리는 돈을 버는 기계가 아니다. 매일같이 열심히 일하는 것도 인생을 즐기기 위해 투자하는 것이다. 하지만 원하던 그때가 언제 올지는 모른다. 불타는 열정도 6개월 이상 가기 힘들다. 온라인 판매 사업을 즐기는 방법은 아이러니하게도 사업에 부담감을 가지지 않는 것이다. 지금 나에게 필요한 건 지금껏 열심히 뛰어왔던 나에게 주는 선물이다. 내일이 아니라 바로 오늘, 지금 5분 만이라도 나에게 진정한 휴식을 선물하자. 복잡한 잡념이 사라지고 사업을 즐길 수 있게 될 것이다.

7. 서두르면 온라인 판매 업무를 못 즐긴다.

일반적으로 쇼핑몰은 준비 기간부터 오픈까지 시간이 오래 걸리지 않는 편이다. 그렇기 때문에 대한민국 사업자들이 좋아할 만하다. 금방 성과가 눈에 보이고 신속하게 진행할 수 있기 때문이다. 하지만 서두를 때 문제가 생긴다. 온라인 쇼핑몰 구축시 고객이 원하는 정확하게 올바른 방향으로 하나씩 차분하게 공을 들이면서 내실구축을 해나가지 못하면 어떤 것이 문제점인지 정확하게 알지 못하고 잘못된 방향으로 갈 확률이 높다. 특히나 1인 사업자라면 특히 조급함과 서두름을 조심해야 한다.

8. 정신도, 몸도 건강해야 오래 운영한다.

사람은 누구나 천하무적이 아니다. 우리는 사업을 전쟁으로 비유하곤 한다. 하지만 분명 생존은 해야 하지만 전쟁에서 이기는 것만이 목표가 아니라 최종적으로는 인생을 행복하게 살려고 일을 하는 것이라는 사실을 인지해야 한다. 이 부분을 망각하고 열심히 하는 것에 중독되고 이기는 것에만 몰두하다 자신의 정신적, 체력의 한계를 넘어서는 경우가 있다. 사업자는 직장인이 아니므로 일이 끝난다고 해서 업무를 멈출 수도 없다. 무리하면 분명 두통, 소화불량, 피로 같은 몸의 이상 증상이 나타난다. 일정 이상 무리하지 말아야 한다. 오늘만 사업하고 그만둔다면 모를까. 정신도, 몸도 건강해야 쇼핑몰 사업도 오래 운영할 수 있다.

9. 온라인 판매 사업 시스템이 만들어지는 과정을 즐긴다.

우리는 때로 완벽한 결과를 추구하곤 한다. 특히나 온라인 판매 사업에서 더 철저한 완벽을 추구하다 보니 작은 불완전함조차 용납하지 못하거나 숨 쉴 수 있는 틈조차 주지 않는다. 이런 태도는 사업자 스스로 즐길 수 있는 여유를 빼앗아 간다. "이렇게 완벽하게 만들었으니 매출이 나와야 해."라고 생각하고 무리해서 무조건 빨리 결과를 얻으려고 하는 태도와 마인드로는 매출도 안 나올뿐더러 만들어가는 과정의 뿌듯함과 즐거움을 얻을 수 없다. 온라인 판매 사업 시스템이 만들어지는 과정이 즐거우면 결과도 즐겁다.

10. 인생의 전부는 사업이 아니다.

안타깝게도 온라인 판매 사업을 성공시켜도 진정 인생을 즐기는 사람을 보기는 힘들다. 현재 단순히 매출이 많이 나온다고 해서 그게 인생의 가장 큰 즐거움을 가져다줄까에 대해 곰곰이 생각해 보면 이유를 알 수 있다. 큰 그림을 봐야 한다. 사업 역시 인생의 일부분이라는 사실을 말이다. 주위에 있는 가족, 친구, 연인 등의 고마움과 일상생활의 소소한 소박한 즐거움을 모르면 사업도 역시 영혼 없는 돈 버는 온라인 플랫폼이 지나지 않는다. 돈을 많이 벌어서 혼자 느끼는 즐거움도 모두 한때에 불과하다. 인생의 전부는 돈도, 사업의 성공도 아니다. 그저 온라인 판매 사업 역시 인생을 편안하게 보내기 위한 하나의 수단일 뿐이다.

4부

성공

"그때 조금만 더 고객의 얘기를 경청했다면"

"그 당시에 판매 시장이 원하는 것을 더 살폈다면"

"변화의 시점에서 사소한 변화라도 실행했다면"

성공의 비밀

　앞서 생존하는 방식에 대해 살펴봤다. 그렇다면 생존을 넘어 성공의 요인은 무엇일까? 결론부터 말하자면 온라인 판매의 성공에는 제대로 기본과 정석, 내실을 다지는 것이 가장 중요하다. 블랙코어가 지금껏 직접 쇼핑몰을 운영하고, 온라인 판매 마케팅 컨설팅을 해오면서 얻은 경험이 있다. 생존과 성공의 갈림길 속에 성공으로 가는 방향은 어떤 꼼수와 지름길이 아닌 "기본과 정석"이라는 것이다. 블랙코어가 쇼핑몰 컨설팅을 하면서 가장 많이 듣는 말은 열심히 하는데도 매출이 나오지 않는다는 말이다. 하지만 그 실체를 파헤쳐 보면 열심히 하기에 유지는 할 수 있지만 성공할 수 있는 조건이 안 되어 있는 경우가 대다수였다. 사실 온라인 판매에서 판매할 준비도 안 됐는데 팔려고 하는 것 자체가 욕심이다. 단기간에 승부를 보려고 하는 것이다. 이것도 습관이다. 오프라인이건 온라인이건 마찬가지이다. 아무리 마케팅을 잘해도 기본이 안 돼 있는 쇼핑몰은 매출을 나오게 하기 힘들다.

실제로도 지난 2004년도부터 2022년까지 18년 동안 봐온 실패하는 쇼핑몰들의 공통점은 거의 동일하다. 한마디로 기본부터가 안 돼 있는 판매자이자 쇼핑몰이었기 때문이다. 블랙코어가 정석을 항상 강조하는 이유는 현실 때문이다. 기본을 먼저 다진 다음에 마케팅이나 광고도 존재한다. 쇼핑몰에 유행과 트렌드를 아무리 반영해도 기본이 안 돼 있으면 끝이다. 지금껏 마케팅과 광고에만 치중했다면 쇼핑몰의 가장 중요한 기본 즉, 내실을 쌓는 것을 0순위로 해야 한다. 기본인 내실을 쌓을 때까지는 인내심이 필요하다. 기본인 내실이 없어 매출이 안 나오는 상황인데 대다수의 사업자가 자꾸 마케팅과 광고를 통해서 매출을 올리려고 한다. 아무리 지금 매출이 안 나오는 답답한 상황이라도 천천히 그리고 탄탄하게 쇼핑몰 내실을 다져나가야 한다. 다른 잘나가는 쇼핑몰과 비교하지 말고 내 쇼핑몰이 판매할 준비가 되었는가를 먼저 생각해보길 바란다. 잘나가는 쇼핑몰이 쌓은 내실을 정확하게 살펴봐야 한다. 내실을 다지면 중간 이상은 간다. 마음이 급한 건 블랙코어도 알고 있다. 하지만 조급해하지 말아야 한다. 조금 늦더라도 제대로 그리고 탄탄하게 내실을 다지면서 쇼핑몰을 구축해야 한다. 꼭 잊지 말아야 한다. 온라인 판매 사업은 끈기와 인내심이 많이 필요하다. 시간이 걸려도 끝까지 내실을 다지는 것에 집중하길 바란다.

이제 내실에서 중요한 부분을 말하겠다. 내실에서 가장 중요한 점은 "인(人)"이다. 아무리 마케팅으로 큰 성공을 거두거나 운이 좋아서 매출 상승이 된다고 하더라도 그 뒤에 "인"의 요소가 없다면 오래 가지 못할뿐더러 한순간에 무너질 수 있다. 소비자가 구매할 것이냐 말 것이냐는 "인"의 요소에 따라 결정되기 때문이다. 고객의 마음은 무의식적으로 결정된다. 그래서 온라인에서 판매할 때는 항상 "고객의 마음"을 움직이게 하고 있는지, 소비자의 입장에서 내 쇼핑몰을 객관적으로 봐야 한다. 쇼핑몰이 회원, 비회원들에게 긍정적인 영향을 주고 있는지, 혹은 부정적인 영향을 주고 있는지 객관적으로 정확하게 판단해야 한다는 말이다. 예를 들어서 메인, 상세페이지, 코멘트, 콘텐츠의 신뢰성과 공감대, Q&A 게시판, C/S 응대 등 이 쇼핑몰에서 구매할지 말지 무의식적으로 판단하고 결정하게 되는 소비자 접점 부분에서 객관적으로 정확하게 판단해야 한다.

보통 소비자들이 온라인 쇼핑몰에서 체류하는 시간이 평균 10초 미만이라는 사실을 알고 있다면 그 찰나의 순간을 더욱 소중하게 생각할 수밖에 없다. 사람과 사람 사이에서 느낄 수 있는 공감대를 형성하고, 감정을 쌓는 것에 집중해야 한다. 구체적으로 말하자면 들어오면 저절로 기분이 좋아지는 쇼핑몰, 어떻게 내 마음을 이렇게 잘 알아주나 싶은 쇼핑몰, 구매하고 싶게끔 모니터 너머로 유혹하고 있는 듯한 느낌, 메인 페이지와 상세페이지만 보더라도 형성되는 공감대, 신경 쓰고 걱정하기 전에 한발 앞서서 연락해주는 친절한 쇼핑몰, 당장에 손해 보더라도 하나라도 더 챙겨주려는 따뜻한 마음이 느껴지는 쇼핑몰, 말도 안 되는 억지여도 교환·반품 끝까지 다 해주는 쇼핑몰 등 고객 한 명이라도 제대로 감동하게 해주는 쇼핑몰이라면 지금 당장 속도는 느리지만 성장할 것이다. 소비자의 마음을 가장 잘 이해하기 때문이다. 이보다 더 좋은 마케팅은 없다. 결국, 마케팅도 사람의 마음을 잡으려는 것이다. 마케팅을 아무리 못해도 "인"의 요소로 신뢰를 많이 쌓은 쇼핑몰과 회사라면 저절로 입소문이 나서 자연스레 성장하고 매출 성장도 이룰 것이다. 실제로 블랙코어 쇼핑몰과 컨설팅해준 업체도 마찬가지였다. 잘되는 쇼핑몰과 마케팅에는 항상 "인"의 요소가 있었다. 항상 사람 대 사람으로서 판매와 구매가 이루어진다는 점을 명심하면 마케팅도 자연스럽게 돼서 사업도 번창할 것이다. 온라인 판매에서 "인"을 쌓는 일은 어떤 마케팅보다도 효과가 오랫동안 지속된다. 블랙코어가 실제로 쇼핑몰을 컨설팅하며 봐온 성공한 사업자들이 잘하고 있는 공통된 사항을 정리해 봤다.

성공한 판매자의 6가지 공통점

첫 번째, 충성고객과 마니아를 지속적으로 만족시킨다.

무엇을 하더라도 긍정적으로 생각하고 고객을 팔기 위한 수단으로 보지 않는다. 어떻게 하면 고객을 만족시킬 수 있을까? 혹은 어떤 가치를 줘야 다시 오게끔 만들 수 있을까?를 고민한다. 결과적으로 마니아와 충성고객이 만들어진다. 마니아와 충성고객이 결국 지속적인 매출을 만드는 비밀이라는 것을 알고 있었다.

두 번째, "끈기와 인내심"이 아주 탁월했다.

대부분의 역량은 교육과 실무경험을 통해 익힐 수 있지만, 끈기와 인내심은 쉽게 만들 수 있는 부분이 아니다. 끈기와 인내심을 갖고 노력하는 사업자들은 짧게는 3개월부터 길게는 1년 안에 결국 성과를 만들어 냈다.

세 번째, "한 가지"에 집중하고 전문성을 갖고 있었다.

욕심을 갖고 이것저것 시도해보는 것은 좋지만, 한 가지에 제대로 집중하는 쇼핑몰이나 온라인 판매 사업자들이 더욱 뛰어난 두각을 드러냈다. 한마디로 종합쇼핑몰보단 전문 쇼핑몰이 실패하는 횟수도 낮았고 매출도 더욱더 높았다. 전문적인 사이트라 해도 여러 개를 동시에 운영하는 것보다 하나에 올인하고 있는 쇼핑몰이 매출이 높았다.

네 번째, "말을 주의 깊게 경청하는 판매자"가 있었다.

아무리 좋은 컨설팅과 마케팅 교육이 이루어진다고 하더라도 독선적으로 생각하거나 잘못된 점을 말해줘도 고치지 않으면 나아질 수 없다. 블랙코어가 쇼핑몰 교육과 컨설팅을 진행하면서 보는 사업자들은 2가지 형태로 나누어졌다. "경청을 하지 않는 사업자"와 "경청을 하는 사업자". 경청을 하는 사업자들은 잘못된 점을 과감하게 고칠 수 있었기 때문에 새로운 전환점을 만드는데 성공했다. 한마디로 매출이 급격하게 상승하였다.

다섯 번째, 쇼핑몰 내실구축이 잘 되어 있다.

각종 마케팅 기법을 동원해 유입수를 늘리더라도 페이지뷰와 체류시간, 회원 가입률이 높아지지 않은 케이스는 쇼핑몰의 내실이 구축되지 않은 쇼핑몰이었다. 반대로 당연한 이야기겠지만 첫 고객 방문 후 주목과 관심 끌기에 성공한 업체들은 페이지뷰와 체류시간이 월등히 높았고 회원 가입률도 높았다. 주목과 관심을 이끌어낸다는 것은 결론적으로 내실구축이 잘 되었다는 것이다. 내실구축은 뒤에 자세히 살펴보도록 하겠다.

여섯 번째, 높은 신뢰성을 가지고 있다.

쇼핑몰은 신뢰가 가장 중요하다. 고객과 연락이 잘 안 되고 약속을 빈번하게 깨는 즉, 신뢰감을 형성하지 못한 사업자들은 마찬가지로 쇼핑몰 고객들에게도 클레임에 시달리고 있었다. Q&A 게시판에 답변이 늦고, 연락도 안 되거나, 배송이 늦으면 늦는다고 얘기해주지 않는 등의 쇼핑몰들은 고객의 불만이 높았다. 잘나가고 있는 쇼핑몰이 불만 고객들의 입소문으로 몇 달 만에 매출이 1/10로 줄어든 사례도 있었다. 가장 기본적인 신뢰인 C/S 부분에 관한 문제는 결국 충성고객과 마니아층도 등 돌리게 한다. 반대로 C/S에서 신뢰감을 제대로 주는 쇼핑몰들은 긍정적인 리뷰와 후기를 남기는 고객들이 월등히 많았다. 이 마지막 부분이 가장 중요한 부분이다.

블랙코어가 실제로 500개 이상의 쇼핑몰을 컨설팅하며 봐온 성공한 사업자들이 잘하고 있는 공통된 사항을 살펴봤다. 어떤가? 왜 블랙코어가 처음부터 판매자의 마인드와 태도, 정석에 대해 말했는지 이제는 이해가 되는가? 계속되는 경기불황, 높아지는 쇼핑 지식을 갖춘 고객 등 현재 온라인 쇼핑몰 업계는 쉽지 않은 상황이다. 하지만 이런 상황에서도 기본에 충실한 업체들은 여전히 소비자를 지속해서 확보하고 높은 매출을 유지하고 있었다. 제발 현실적인 이유 때문이라도 꼼수를 찾는 대신 기본과 내실을 다지는 정석으로 판매하도록 하자.

판매자들은 온라인 판매 사업을 하면서 수없이 많은 테스트를 거치게 된다. 그리고 그 테스트는 혹독하게 치러진다. 진짜 실력과 마인드를 갖추지 못한 판매자들은 자리에서 물러나게 하고 그와 반대인 판매자들에게는 결국 찬란한 영광을 주곤 한다. 덤으로 그 안에서 판매의 경험과 지혜를 선물 받기도 한다. 블랙코어 역시 지금껏 판매와 마케팅을 하면서 얻은 쓸모 있는 경험과 지혜가 있다. 그건 바로 "하지 말아야 할 것과 꼭 해야 하는 일을 구분하는 일"이다. 특히나 하지 말아야 할 것을 구분하는 일은 수없이 많은 도전을 요구받는 이 세상에서 필요하지 않은 것처럼 보이기도 한다. "계속 도전해라, 멈추지 말고" "용기를 갖고 무엇이든 도전해라, 모두 그것은 경험과 재산이다." 세상은 이렇게 말하곤 한다. 그 말을 듣고 우리는 사업이든 일이든 모든 지 부딪혀보고 거침없이 전진하곤 한다. 앞뒤 재지 않고 투쟁하는 용감한 전사처럼. 도전하는 것에 집중한 나머지 일의 정교함과 섬세함, 예리함을 잃어버린 상태에서. 마치 우리는 해낼 수 있는지가 중요하기보다 도전 그 자체에 의미를 두고 있는 것처럼 보인다. 그러다 우리는 실패를 맛보곤 한다. 세상은 이렇게 말한다. "실패했어도 또 도전해라. 포기하지 않는다면 실패가 아니다." 그 말을 듣고 또 용감하게 도전을 한다. 내가 하는 일이 마치 승리하기 위함이 아닌 마치 도전과 투쟁을 증명하려는 것처럼. 나의 열정이 사그러들지 않는다는 것을 보여주려는 노병처럼. 또 얼마 지나지 않아 실패를 겪게 된다. 어느덧 5년~10년이 지나가 있는 상태다. 위와 같은 패턴은 흔히 코로나 19 같은 세계적 팬데믹 시기나 장기적 경제침체 시기에 더욱더 큰 문제를 야기한다.

무엇이 문제일까? 잠깐 생각해보면 답은 금방 나온다. 그렇다. 우리는 승리보다 도전에 너무 많은 힘을 들이고 있다. 마치 목표가 뒤바뀐 것처럼 말이다. 도전이 더욱 가치 있고 빛나려면 그것을 성취하거나 승리, 즉 작은 성공이라도 거둘 수 있어야 한다. 수없이 많은 도전을 아무리 아름답게 미화하려고 해도 결국 돈을 벌지 못하거나 작은 성공이라도 거머쥐지 못하면 성공할 수 없다. 실패하면 도전도 할 수 없는 것이다. 이는 성공이라는 본질에 다가서지도 못할뿐더러 위기도 극복하지 못하게 만든다. 도전이라도 했으니 스스로 괜찮다고 최면을 거는 일뿐이다. 하지만 도전 그 자체가 영광을 주진 않는다. 세상은 1등이나 금메달을 딴 사람은 기억하지만 3등, 4등, 5등을 기억해 줄 만큼 관대하진 않다. 온라인 판매

업계에서 더욱 두각을 드러낼 필요가 있다. 그럴듯한 정도가 아니라 경쟁자가 완전히 범접할 수 없을 정도로 잘 해낼 필요가 있다. 블랙코어가 말하고자 하는 핵심은 간단하고 명료하다.

> *"꿈과 환상을 버리고*
> *성공할 가능성이 높은 것에 도전한다."*

자신이 할 수 있다고 믿는 것은 자기 최면이 아니라 현실적인 자신의 재능과 실력, 마인드가 어느 정도 수준인지 알아차리는 것에서 시작된다. 도전하기 전에, 시작하기 전에 유행이라고, 돈이 된다고 시작하려는 습관부터 버려야 한다. 또한, 자신의 재능이 있음에도 불구하고 그걸 활용하지 못함을 경계해야 한다. 우리는 스스로에게 이렇게 되물어야 한다.

> *"경쟁자보다 압도적으로 판매할 수 있는가?"*

거짓 열정과 가짜 자신감으로 자신을 속이지 말고 조금이라도 자신에게 의심이 든다면 더 철저하게 준비하는 편이 때로는 시간과 비용을 절감하게 해준다. "하면서 어떻게 되겠지"라는 생각은 버려라. 처음부터 성공할 가능성이 몇 %인지, 어느 시기에 성취할 수 있을지 냉철하게 판단하는 것이 중요하다. 자신을 속이지 않고 하지 말아야 할 도전을 하지 않는 것만으로도 성공에 조금 더 가까워질 수 있다. 사업, 판매, 마케팅 모두 도전이 목표가 아니라 성공하는 것, 즉 압도적으로 많이 판매하는 것이 목표이다. 이제 여기까지 오게 되면 모든 판매자들이 가장 궁금해 할 질문이 있다. 바로 "온라인 판매자, 쇼핑몰로서 성공하는 방법이 무엇인가요?"이다. 물론 성공적인 기법이나 전략, 노하우 정도나, 부가적인 성공 요인을 지속적으로 언급할 수 있지만, 이 질문의 핵심과 본질에 근거한 대답을 한마디로 하자면 아래와 같다.

> **"소비자들이 간절하게 원하는,**
> **다른 곳에는 없는 컨셉과 제품으로**
> **경쟁자보다 압도적으로 많이 팔면 됩니다."**

이렇게 대답하면 어떤 판매자들은 이렇게 반문한다. "아니, 그런 기본을 모르는 사람이 있나요?" 그러면 블랙코어는 온화한 미소를 띠고 이렇게 대답한다. "네, 그런 기본을 모르는 사람이 생각보다 많기 때문에 90% 이상이 실패하는 것입니다." 너무 포괄적으로 대답해서 이해가 안 될 수도 있다. 좀 더 확실한 대답을 원했다면 실망할 수도 있다. 하지만 사업의 성공이나 판매 성공에 대한 핵심 본질은 변하지 않는다. 어떤 판매자는 이렇게 말한다. "저는 매일마다 열심히 하고 있습니다. 하지만 아무리 노력해도 매출이 안 나오고 이제 더이상 할 의지와 열정을 잃어버리고 있어요."

그렇다, 90% 이상의 판매자들이 이렇게 똑같은 패턴으로 실패의 길로 접어든다. 블랙코어는 항상 매년 이런 광경을 안타깝게 멀리서 지켜본다. 쇼핑몰을 무료로 문제점을 진단해줄 때부터 지금까지, 불타오르는 열정과 경험이 많아서 자신감이 넘치는 판매자들, 누군가의 조언을 그저 지나가는 말로 생각하는 판매자들, 자본력과 예산이 풍부한 판매자들, 마케팅과 광고전략에 똑똑하고 현명한 판매자들, 탁월한 판매전략을 자랑하는 판매자들 등 주마등처럼 스쳐지나 간다. 하지만 안타깝게도 그들은 전자상거래 업계에서 찾아볼 수 없다. 그들은 현재 무엇을 하고 있을지 가끔 의문이 든다. 분명히 경험과 아는 것도 많았고 자신감과 열정도 넘쳤고, 스스로 마케팅도 뛰어나다고 자부했는데 왜 실패했을까? 아마 이 질문은 위에서 블랙코어가 답변한 대답에서 찾을 수 있을 것이다. 그들은 시장에서 원하는 데로 가야 할 길로 제대로 가지 않았기 때문이다. 아무리 실력이 뛰어나고 판매 전략이 좋고 열정과 자신감이 넘쳐도 방향이 잘못되면 모두 무용지물이다. 블랙코어는 판매자에게 맞는 올바른 방향을 가장 중요하게 여긴다. 올바른 방향 안에는 소비자 수요에 따른 마케팅 시장 분석, 차별화 컨셉 기획, 상품의 강점, 브랜드, 회사의 비전, CEO 마인드 등이 모두 포함된다. 각자의 중요한 요인들이 모두 하나의 명확한 길로 가야 한다. 판매의 초보든, 고수든, 가고자 하는 방향에 따라서 실패할 수도 있고 성공할 수도 있다. 이는 적절하고 올바른 방향에 대한 학습을 받지 못해서 일어나는 일이다. 우리는 때로 우리의 판단이 정확하다고 생각할 때가 많지만 세월이 지나고 뒤돌아봤을 때 그 판단이 틀린 것임을 깨닫고 우리의 마음을 괴롭힐 때가 있다.

"그때 조금만 더 고객의 얘기를 경청했다면"

"그 당시에 판매 시장이 원하는 것을 더 살폈다면"

"변화의 시점에서 사소한 변화라도 실행했다면"

후회는 늦고 시간은 돌이킬 수 없다. 온라인 판매자들은 열심히 달려가면서도 항상 눈을 크게 뜨고 주변을 살펴보며 방향 설정을 잘해야 한다. 아무리 온라인 판매 교육을 잘 받는다고 해도 자신의 그릇된 판단과 시야는 진실을 왜곡시키고 실패의 길로 접어들게 한다. 블랙코어가 판매자들과 사업자들에게 항상 언급하는 말이 있다. "자신이 항상 옳다는 그릇된 판단을 경계하시길 바랍니다." 일반적으로 사람은 자신이 보는 모든 것이 옳다고 판단한다. 반대로 자신의 의견과 다르다고 생각하면 그것은 이미 수용할 수 없는 것으로 치부되어 버린다. 하지만 자신도 실수할 수 있다는 것을 받아들일 수 있는 리더이자 판매자일 때 더욱 성장할 수 있는 발판이 마련된다는 사실을 인지해야 한다. 특히 온라인 판매사업을 영위하고 있다면 급변하고 있는 빠른 트렌드 속에서 흐르는 물과 같은 유연함을 가지고 있어야 현재 시대에 맞게 판매사업을 성공시킬 수 있다. 결국, 그 시대에 맞는 판매자가 승리하게 된다는 것이다. 판매자들의 방향이 잘못되거나 그릇된 시야를 가지고 있다면 아무리 실력이 뛰어나고 자금력이 많더라도 언제든지 실패의 위기에 빠질 수 있다. 90% 이상의 판매자들은 잘못된 방향으로 갔기 때문에 실패했다. 그리고 10%만이 올바른 성공의 방향으로 갔을 뿐이다. 지금까지 너무 열심히만 하고 있다면 잠시 멈춰 서서 주변을 살펴보길 바란다. 올바른 길이 아니라면, 다시 방향을 바꿔 올바른 길로 가야 한다.

이제 판매자의 성공요인에 대해서 더욱 궁금해질 것이다. 블랙코어가 정의하는 판매자의 성공 방식에 대해서 주목해야 한다. 타 카페나 대형 호스팅사에서 주최하는 판매자 교육에서 말하는 성공하는 방법에 대한 정의가 나름 있겠지만 온라인 판매는 마케팅 하나만 잘해서는 소용이 없다. 현재 온라인 판매에서 상품을 판매하고 있고 더욱 많은 판매를 이루려면 아래 요소가 필요하다. 자, 쇼핑몰을 성공시키는 5가지 요소를 주목해 보자. 아래에서 언급할 쇼핑몰 성공을 위한 5가지 필수요소는 현재 쇼핑몰 매출을 높이거나 인큐베이팅을 하는데 필수요소이다.

판매자로서 성공하기 위한 5가지 요소

1. 차별화된 판매 포지셔닝

차별화된 판매 포지셔닝은 이전에서도 언급했지만 다른 판매자몰에서는 볼 수 없는 고유한 판매 전략과 이미지 메이킹, 포지셔닝, 독창적인 컨셉으로 소비자의 뇌리에 잊혀지지 않게 각인할 수 있는 차별화된 판매 컨셉을 가진 쇼핑몰이다. 1회성 구매와는 다르게 재구매 고객의 확보로 많은 충성 고객들을 보유할 수 밖에 없어서 지속적으로 매출이 상승될 수 밖에 없다.

2. 제품 본연의 절대적 가치
(내실구축, 희소성, 신선함, 뛰어난 퀄리티)

제품에 대한 본연의 절대적 가치에 대해서는 제품의 품질이나 희소성, 신선함 등이 포함된다. 이미 판매자의 몰에서 제품을 경험한 고객은 다른 판매자의 몰에서는 경험하지 못한 절대적 가치와 이용 경험을 가지고 있기에 다른 판매몰에 비해 경쟁적 우위를 가질 수밖에 없다. 비슷하게 컨셉이나 포지셔닝, 판매전략을 갖고 있어도 소비자의 고유한 절대적인 제품 경험은 다른 경쟁자들이 따라 할 수 없는 상태로 오로지 판매자가 제공하는 제품에만 매력을 느끼는 상태다. 블랙코어가 빈번하게 강조하는 3번, 4번의 기본 판매 실력과 마케팅 실력은 기본이다.

3. 뛰어난 판매 감각
(어떤 제품도 판매하게 만드는 경험, 기법, 노하우 포함)

판매 감각은 이전에도 언급했듯이 감각 자체가 뛰어난 판매자들은 경쟁자들과 동일한 제품을 판매해도 내공이 높기 때문에 더 먹음직스럽게, 더 좋아 보이게, 더 갖고 싶게끔 제품에 소유욕을 만들어 내기 때문에 더욱 소비자들이 자연스럽게 선호할 수 밖에 없게 만든다.

4. 마케팅 실력

(상품을 가치 있게 만드는 포장 능력과 구매를 유도하는 능력)

마케팅 능력은 뒤에서도 자세히 언급하겠지만 마케팅이 필요 없게끔 만드는 능력이 바로 마케팅 능력이다. 판매 자체가 자연스럽게 컨셉을 만들어 내기 때문에 굳이 마케팅으로 과대 포장할 필요가 없는 상태다.

5. 최적의 광고전략

광고전략 역시 높은 매출을 발생시키기 위한 최적의 광고효율과 광고문구, 이미지를 세팅하는 것이다. 이제 소비자들도 높은 기준을 갖고 있기 때문에 마케팅 포지셔닝이나 사진촬영과 디자인 편집만 그럴듯하게 해 포장만 잘하는 것만으로는 교환, 반품 건이 많아지거나 소비자들에게 불만, 항의를 받을 결과를 얻는다. 결국, 낮은 리뷰 점수, 비판 글, 클레임 등 바이럴 공격을 당하기 십상이다. 1980~2000년대 초반 제품 광고에만 집중해도 충분했던 시절에 비해 제품의 본연의 가치에 충실하지 않으면 일정 이상 성장을 이룰 수 없게 되었다. 이 부분을 명확하게 인지해야 한다. 다만 현실적으로 매출 성장을 하려면 그만큼 우리 제품에 관심이 있는 기본 방문자와 최적의 광고전략이 필요하다.

판매 내공

처음 블랙코어에 컨설팅을 받거나 인큐베이팅 프로젝트에 참여하는 판매자들에게 쇼핑몰 문제점 진단을 진행하며 단점에 대해서 비평하면 "너무 안 좋은 얘기만 하는 것 아니냐", "긍정적인 얘기도 해 달라"고 한다. 하지만 블랙코어 역시 무수히 많은 실패와 고난을 통해서 성공이 쉽지 않다는 것을 배웠기 때문에 현실적인 얘기를 할 수밖에 없다. 많은 사람이 쇼핑몰 창업의 낮은 진입장벽 때문에, 소비자로서 많이 접하는 업종이기 때문에 쉽게 도전을 하고 창업을 한다. 해당 업종에 대한 경험도 없는 사업자들이 돈을 쉽게 벌 수 있을 거라는 오만함으로 사무실도 좋은 것을 얻고 빚을 내서 인력도 구하고 광고비를 쓴다. 하지만 현실을 정확하게 직시하지 않으면 모든 것들이 핵심에서 벗어나게 될 것이다. 오만이나 허황한 생각을 버리고 진정으로 1개가 왜 팔렸는지만 되돌아보면 답은 나올 것이다. 창업을 하지 말라는 이야기는 아니다. 예비 창업자들도 진정한 판매 실력을 기른다면 만만치 않은 경쟁 구도와 소비심리 위축으로 인해 어려운 시장이지만 초반부터 두각을 낼 수 있을 것이다. 단 진정한 판매 실력을 길러야 한다는 전제가 필요하다.

판매 증대에 있어서 중요하면서도 간과하기 쉬운 요인은 판매자의 안목과 감각이다. 온라인 판매몰을 운영하는데 중요한 감각에는 2가지가 있다. 하나는 판매에 대한 감각, 나머지 하나는 매력적인 요소를 만드는 감각이다. 판매 감각은 타고나지 않더라도 장사와 영업을 경험하다 보면 쌓을 수 있다. 하지만 매력적인 요소를 만드는 감각은 선천적으로 어느 정도 타고나야 하는 부분이 있다. 상품을 더욱 매력적으로 돋보이게 하는 데는 예술적 감각과 센스가 필요하기 때문이다. 물론 후천적으로 키울 수는 있지만, 꽤 오랜 시간이 걸려도 안 되는 경우도 있다. 결론적으로 쇼핑몰 운영자의 판매 감각과 매력을 만드는 감각이 뛰어나다면 결국은 경쟁사보다 더 많이 팔 수 있다. 판매뿐만 아니라 컨셉 기획도 판매자의 감각이 있느냐 없느냐에 따라 차이가 크다. 판매자의 판매 감각, 매력 요소를 만들어 내는 감각에 따라 상품의 연출력과 매력 어필이 결국 큰 격차를 만들어 매출 성과의 승패가 갈리게 된다. 똑같은 거래처에서 똑같은 상품을 가져와서 비슷한 느낌으로 연출하고, 사진 촬영하고, 비슷비슷하게 판매한다면 소비자들이 우리가 파는 제품을 선택할 이유는 없을 것이다. 이미 판매가 많이 되거나 신뢰가 쌓인 검증된 다른 경쟁사를 선택할 것이다.

온라인 판매를 하다 보면 한계가 보이곤 한다. "다른 업체는 잘나가고 있는데, 우리는 왜 이 정도밖에 안 될까?"라는 생각으로 그들의 노력과 인내를 보지 못하고 단순히 보이는 결과로만 많은 시기와 질투를 하곤 한다. 사실 경쟁업체가 잘나가는 것도 매출이 높은 것도 다 이유가 있다. 단순히 운이 좋은 게 아니다. 그들이 성공을 목표로 하는 하나의 기준을 충족시키기 위한 피땀 흘린 노력이 있기 때문이다. 자 그렇다면, 이제 우리가 해야 할 일은 무엇일까? 시기와 질투심? 고객으로 가장해서 경쟁자를 깎아내리는 혹은 비하하는 공격? 무력감을 가지고 아무것도 할 수 없다는 태도? 아니면 상대방이 인정할 수밖에 없을 정도로 "판매 내공"을 키우는 것? 선택은 자신의 마인드와 태도가 어느 정도 준비됐느냐에 따라 달라질 것이다. 탑 셀러들이나 대형 쇼핑몰들도 처음에는 모두 위기와 고난을 겪었다. 이점은 지극히 자연스러운 순리이다. 처음부터 잘하는 사람은 없다. 하지만 한번 해보겠다고 마음을 먹었다면 판매가 잘 안 되는 상황에도 끝까지 해결책을 찾아서 해보겠다는 태도를 갖겠다고 스스로 다짐해야 한다. 소비자들이 아무렇지 않게 지갑을 여는 시대는 지났다. 꼭 필요한 곳에, 가치가 있는 곳에, 꼭 열망하고 갖고 싶은 것에만 지갑을 연다. 이런 상황에서 판매자들이 소비자가 원하는 기대와 욕구를 충족시키려면 판매자 스스로가 높은 기준을 충족시켜야 함이 맞다. 물론 거기에 맞는 진정한 판매 실력과 내공을 겸비해야 하는 것은 당연하다.

실력이 엇비슷하거나 대등하면 감히 한번 해볼 만하다고 생각하는 것이 인지상정이다. 하지만 어느 일정 기준이 넘어가면 도저히 따라갈 수 없는 "판매 내공"의 차이를 느끼곤 한다. 일정 기준을 뛰어넘는 "탁월함"을 가졌다고 생각하면 결국 경쟁자들도 순순히 인정하게 된다. "도저히 따라잡을 수가 없네, 보통 실력이 아니구나, 어떻게 이런 판매 실력을 갖추었지?"라고 할 정도로 혀를 내두르게 만들 수 있어야 해야 한다. 그러면 자연스럽게 소비자들도 인정하는 판매자가 될 수 있다. 한 가지도 제대로 하지 않고 돈이 된다고 이쪽저쪽 넘보기 전에 한 가지라도 제대로 해서 최고가 될 때까지 노력하는 것이 맞다. 경쟁자들은 지금도 당신이 빨리 실패하기를 원하고 있다. 빨리 바닥으로 내려앉기를 원한다. 하지만 우리는 경쟁사의 바람과는 달리 더욱더 높은 판매 내공으로 끝까지 포기하지 않는 집요함을 보여줘야 한다. 진정한 "판매 내공"을 쌓으면서 탁월함을 갖춰 누구도 넘보지 못하는 판매자, 유일무이한 판매자가 되길 바란다. 경쟁자를 무력화시키는, 따라잡을 수 있는 생각조차 할 수 없게끔 만들어야 한다. 시작했으면 끝을 봐야 한다.

최근 10년간 폐업률 수치를 보면 90% 이상의 판매자들은 6개월 이상을 버티지 못했다고 계속 이야기했지만, 왜 6개월일까? 직장에 취업해도 6개월 이상 버티는 경우는 많은데도 말이다. 블랙코어가 매년 여는 마케팅 세미나에 참여하는 사업자 중 지극히 현실적인 문제 의식을 갖고 있는 판매자들은 방향과 목표를 어떻게 하면 정확하게 잡을 수 있는지, 어떻게 하면 처음부터 제대로 키울 수 있을지, 그리고 실패하는 판매자와 성공하는 판매자의 차이는 무엇인지 많이 궁금해한다. 4시간 동안 전체 시장의 움직임과 흐름, 그리고 상위 쇼핑몰들의 매출 하락의 이유, 핵심적인 문제점과 하지 말아야 할 마케팅 전략, 꼭 필요한 판매 내공과 내실 구축 등의 핵심에 대해 여러 이야기를 한다. 세미나를 여는 이유는 나 또한 오랫동안 실패하지 않는 판매자가 되기 위해서이다. 그리고 최대한 시행착오를 줄이고 뜬구름 같은 단기 편법 꼼수에 의한 단기 매출 상승이 아닌 성실함과 노력을 바탕으로 오랫동안 매출 상승을 유지하는 내공을 갖춘 판매자가 많이 나오길 바라서다.

판매 사업은 기본적으로 초반에 노력을 쏟아부어도 정착하기까지가 정말 어렵다. 아무리 광고대행사, 마케팅, 컨설팅 업체가 옆에서 서포터 해준다 해도 정작 운영자 스스로가 지쳐버리면 모두 끝나버린다. 제대로 할 생각이 없다면 그만두는 편이 낫다는 말이 냉정하게 들리겠지만 어쩔 수 없다. 판매사업은 모든 것을 걸어야 겨우 생존할 수 있기 때문이다. 특히 상품 사입, 사진 촬영, 상세페이지 제작, 업데이트, 고객 C/S, 배송까지 혼자서 하는 쇼핑몰 사업자들이 가장 힘들 것이다. 당연하다. 혼자 힘으로는 당연히 힘들다. 하지만 적어도 성공하겠다는 생각을 갖고 있다면, 개천에서 난 용이 되려면, 그만큼 뼈를 깎는 고통이 수반돼야 한다. 모든 성공에는 그만한 고통과 이유가 있기 때문이다. 모든 일이 그렇겠지만 이런 고통을 극복한 판매자들은 결국 성공에 가까워진다. 단순한 원리이다. 어려운 상황 속에서도 매출 하락의 고통을 극복하여 매출이 나오지 않는 이유를 찾아냄으로서 결국 성공할 수 있기 때문이다.

이처럼 판매자에게 매출 하락의 고통을 극복하는 일은 매우 중요하다. 어떤 날은 판매량이 늘어 컨디션이 좋지만, 어떤 날은 마음이 싱숭생숭해서 흔들리는 날들, 교육이란 교육은 다 따라다녔는데 정작 실행하질 않아 판매몰의 완성도가 떨어지거나 내실구축을 하지 않아 매출은커녕, 회원가입도 일어나지 않는 날들, 누가 뭐라 하는 사람도 없는데 오늘, 내일 그냥 쉬자며 무턱대고 쉬거나 혼자 일하다 보니까 어느 정도까지 해야 하고 어떻게 해야 하는지 막막함에 나태해지는 상황, 6개월~1년 안에 월매출 3천만 원 만들겠다고 우습게 생각하거나 단기간에 매출 상승시켜야겠다며 조급함을 가지는 태도. 남의 이야기일 뿐인가? 1년~2년 하고 말 것이 아니지 않는가? **판매는 매출 하락의 고통을 극복하는 태도에서 시작이 된다. 특히 온라인 판매업무를 즐길 수 있는 태도 즉, "즐거움"을 잊지 말아야 한다.** 온라인 판매를 시작한 것도 자신이 좋아하는 일을 즐기며 살자고 시작한 일 아니겠는가? 하지만 오로지 돈만을 위해서 시작한 일이라면 좀 안타까운 일이다. 돈을 벌려면 다른 일을 해도 충분히 많이 벌 기회가 있을 텐데 왜 이렇게 힘든 업종을 선택한 건지 싶어서이다.

블랙코어는 판매자들과 직접 대면하는 미팅을 많이 하는 편이다. 그중 성공할 가능성이 높은 판매자들을 간혹 볼 수 있다. 성공할 가능성이 높은 판매자들의 특징 중 하나는 판매업무에 대해 "즐기는 태도"를 갖고 있다는 것이다. 즐거움을 느끼면 굳이 노력하지 않아도 자연스럽게 열정이 몸과 정신에 스며들게 되고 많이 힘들어도 얼굴에는 미소가 가득하다. 아니나 다를까 나중에 다시 보면 매출이 점점 상승하는 모습을 보게 된다. 또한 그들은 높은 매출과는 다르게 겸손한 태도로 계속 묵묵히 걸어 나가는 모습들을 보여준다. 즐겁게 해야 판매량도 늘어나고 성공할 확률이 높아진다. 아무리 힘든 일도 즐겁게 하면 운도, 재물도, 명예도 모두 따라온다. 냉정하게 들리겠지만 온라인 판매가 즐겁지 않으면 다른 업종이나 다른 일을 택하는 편이 낫다. 판매업무 자체가 재미있게 여겨져야 한다. 그리고 즐길 수 있어야 한다. 물론 가끔 지루하거나 지치거나 흥미가 떨어지는 날도 있을 것이다. 하지만 초심을 돌아보고 곰곰이 생각해보길 바란다. 만약 즐겁게 할 생각으로 시작했다면 뒤도 돌아보지 말고 판매의 즐거움을 만끽하길 바란다. 단, 조급하거나 서두르지 말길 바란다. 하나씩, 천천히 업그레이드하면서 기본과 내실을 다지는 것도 잊지 말아야 한다.

신생 쇼핑몰이거나 아직 사람들에게 많이 알려지지 않은 쇼핑몰이라면, 특히 온라인 판매에서는 승부를 낼 수 있는 무기를 미리 만들어 놓아야 한다. 똑같거나 비슷한 쇼핑몰, 특히 판매자의 안목이 없거나 감각이 반영되지 않아 차별화되지 않은 판매몰은 매출을 지속해서 올리기도 힘들고 크게 키우기도 힘들다. 소비자들의 선택을 받기가 힘들기 때문이다. 소비자들의 선택은 "판매자의 안목과 감각"에 달려있다고 해도 과언이 아니다. 안목은 곧 감각과 직결된다. 특히 온라인 쇼핑몰이라면 판매자의 안목, 즉 판매 감각을 키워나가야 한다. 그래야 소비자에게 선택받을 수 있다. 다른 사업체, 판매자, 쇼핑몰을 벤치마킹한다고 그런 역량, 감각들을 고스란히 내 것으로 만들 수 있는 것이 아니다. 타고난 감각이 없다면 안목이나 감각을 키워야 한다. 20년 이상 전자상거래와 오프라인 판매, 장사, 유통, 마케팅을 경험하면서 블랙코어가 내린 결론은 사업이든 마케팅이든 판매든 모두 "높은 내공"이 필요하다는 사실이다. 사실 내공은 객관적 수치로 나타낼 수 없다. 그렇기에 체감할 수 없다고 생각하거나 우열을 따질 수 없다곤 한다. 더구나 온라인이라면 더 할 것이다. 오프라인은 매장 진열 형태라든지 인테리어 및 조명, 상품 디자인 및 퀄리티 등으로 판매자의 내공을 보여줄 수 있다. 그렇다면 온라인의 경우에는 실제로 내공을 보여줄 수 없을까? 아니다. 보여줄 수 있다. 온라인이야말로 적나라하게 모두 보이고 현재 판매 내공의 레벨이 어느 정도인지 알 수 있다. 이미지와 글, 동영상이라는 콘텐츠를 통해서 말이다. 온라인 쇼핑몰은 물론이고 모든 온라인 플랫폼, 사업들은 시각화된 결과물을 소비자들에게 보인다. 그러므로 그 결과물의 감각이 떨어진다면 소비자가 이탈하거나 매출과는 멀어지게 된다. 하지만 그 감각에 대해 누구 하나 단호하게 정확하게, 직설적으로 얘기해 주지 않는다. 제대로 아는 사람도 없지만, 굳이 그런 얘기를 해줄 필요가 없기 때문이다. 조언을 해줘봤자 어차피 얘기를 듣지도 않을뿐더러 듣는다 해도 본인의 내공이나 현재의 판매 실력을 있는 그대로 인정하기 싫어하기 때문이다. 이런 경우 자기기만이 생기고 쓸데없는 자존심으로 연결된다.

대부분 판매가 제대로 이루어지지 않거나 매출이 나오지 않으면 본인의 부족한 능력 대신 광고대행사 탓을 하거나 마케팅 및 광고 플랫폼, 고객 DB, 고객 성향 탓을 한다. 하지만 이는 본질을 외면하는 핑계나 변명일 뿐이다. 진정한 문제점을 등한시한 채 책임을 다른 쪽으로 돌리고 "자신은 그렇지 않으며 실패하더라도 다음에는 성공할 수 있다."라는 오만함을 보여준다. 안타까울 뿐이다. 그렇게 하면 평생 제자리걸음이다. 이제 부디 그런 부끄러운 책임 회피는 그만하자. 있는 그대로 자신의 판매 레벨을 받아들이고 현재 판매 내공이 일정 수준에 못 미친다면 이 정도로는 지금보다 나은 결과를 얻기 어렵다는 사실을 인정하고 방법을 찾아야 한다. 물론, 타고난 감각과 실력을 가진 사람이라도 그것을 다듬고 유용하게 쓰지 않으면 퇴색될 뿐, 고귀한 판매 내공들로 발휘되지 않는다.

블랙코어에 어떤 판매자가 "자신의 온라인 판매 사업은 이제 완성됐으니 이제 확인만 하면 되겠다"며 문제점이나 보완점에 대해서 문의를 한 적이 있다. 한눈에 살펴보고 딱 한 마디를 했다. "판매자로서 기본적인 감각이 많이 부족하시군요, 이 정도로는 운영이 어렵겠습니다." 판매자 스스로 보기에 판매할 준비는 모두 했다고 생각하고 마케팅이나 광고에 대해 조언을 받으려던 차에 그런 말을 들으니 충격을 받은 듯했다. 하지만 판매자에게 정확하게 말하는 것이 도움이 되기 때문에 이런 조언을 해주었다. 블랙코어는 우리와 함께하지 않더라도 판매자들에게 도움을 줄 수 있는 얘기를 하고 싶었다. 다른 판매자의 컨설팅 사례도 이야기해보겠다. 어떤 판매자분이 열심히는 하고 있는데 매출이 나오지 않는다며 자신이 운영하는 판매몰을 보여준 적이 있다. 약 30분가량 대화를 하다가 본질과 핵심을 놓친 듯 보여서 한마디 조언을 했다. "판매 감각을 제대로 키우시지 않으면 더는 어려우실 듯합니다. 문제를 다른 곳에서 찾지 마십시오. 현재 상태로 간다면 앞으로 비용과 시간 모두 날리실 겁니다."라고 단호하게 말씀드렸다. 얘기를 듣고 큰 충격을 받은 듯 했지만 그 판매자는 문제점을 해결해서 다시 성장하고 있다.

뒤에서 살펴볼 내실구축도 판매 감각과 관련된 것이 80% 이상이다. 광고가 차지하는 부분은 10~20% 정도밖에 안 된다. 물론 반신반의하며 냉소적으로 볼 수도 있겠지만 블랙코어가 위에서 말한 "판매 감각이 부족한 쇼핑몰"들은 시장에 생각보다 많다. 본인의 판매 감각이 어느 정도인지 정확하게 파악하고 그것을 수용할 때, 그때 진정으로 발전할 수 있는 길이 생긴다. 대부분 판매 관련 책이나 강의에서 홈페이지 기획이나 마케팅의 중요성에 대해서는 많이 강조하지만 정작 판매자의 감각, 특히 판매 감각에 대해서는 언급하지 않는다. 하물며 유명 세미나 및 강의에서조차 판매 감각과 능력에 대해서는 언급을 하지 않는다. 특히 1인이 운영하는 온라인 쇼핑몰일수록 판매자가 가진 판매 감각 레벨에 따라서 결과가 천차만별이 되는데도 말이다. 아무리 전문 포토그래퍼, 실력 있는 디자이너가 있다 하더라도 결국 판매자의 감각에 따라서 매출이 결정된다.

"판매 감각"은 "구매할 수밖에 없게끔
상품을 가치 있게 만들어 내는 능력"이다.

여성 의류나 남성 의류를 운영하는 쇼핑몰 운영자라면 특히 기본적인 패션 지식만으로는 안 된다는 사실을 인지해야 한다. 소비자들이 내 상품을 구매하고 싶게끔 만들려면 패션에 대한 감각뿐만 아니라 판매 감각이 고스란히 사이트에 녹아 있어야 한다. 잘되는 쇼핑몰에는 일명 "아우라"가 있다. 탁월한 판매 감각이 있는 사람들이다. 이들은 "제대로 팔 줄 아는 판매자"들이다. 여기에 해당 업종에 대한 이해도 또한 뛰어나다. 상품을 제대로 연출할 줄 안다. 고객들이 구매하고 싶게끔 만든다. 아닌 것 같은가? 적당히 꾸며놓아도 잘 팔릴 것 같으면 대부분의 판매자가 성공해야 상식적으로 맞지 않을까?

국내에서 쇼핑몰 업종별 TOP 10위 안에 드는 쇼핑몰 운영자들이 단순히 광고만 잘해서였을까? 남들보다 자본금이 많아서? 상품의 퀄리티나 서비스, 혜택이 좋아서? 홈페이지 기획이 뛰어나서? 소비자들은 바보가 아니다. "저 사람이 파는 물건은 이상하게 끌리고 사고 싶네" 할 정도가 될 수 있도록 판매 감각을 키워야 한다. 심각하게 고민해봐야 한다. 연예계에서조차 외모만 출중하고 연기를 못하는 배우는 배우로 보지 않는다. 가수도 예쁘고 춤을 잘 춘다고 해서 뮤지션 소리를 듣지 않는다. 또한, 진짜 맛집을 구분하는 판가름의 기준도 요리사의 "탁월한 미식 감각"에 있다는 것을 알아야 한다. 가장 중요한 핵심을 잊지 말아야 한다. 매출을 올리고 싶다면, 성공으로 이끌고 싶다면 먼저 해당 업종에 따른 판매 감각을 키워야 한다. 이번 기회에 가장 중요한 판매 감각에 대해서 돌이켜 보길 바란다. 판매자의 내공과 감각, 실력이 높을수록 매출은 상승한다. 상위 1%가 될 것인가 말 것인가는 판매자가 가진 판매 내공과 감각을 최대치로 만들 수 있는지에 달렸다.

5부

내실

쇼핑몰 내실구축은

"마케팅이 필요 없는 마케팅" 전략이자

구매 전환율을 극대화할 수 있는 전략이다

내실구축

온라인 판매의 정석은 "내실구축"에서 시작된다. 앞서 계속 중요하게 거론한 "쇼핑몰 내실구축"이라는 용어는 블랙코어에서 최초로 만든 온라인 판매 마케팅전략 용어이다. 이 전략이 탄생하기까지 실패하는 쇼핑몰과 성공하는 쇼핑몰을 비교 분석해 성공하는 쇼핑몰들이 성공할 수밖에 없었던 이유를 뽑아 표준화하는 작업이 있었다. 그리고 블랙코어의 회원사뿐만 아니라 다른 중·대형 쇼핑몰들이 성공할 수밖에 없었던 요소들을 합쳐 시스템화한 것이다. 앞서 말했던 마인드와 태도 그리고 앞으로 살펴볼 내실구축이 그 내용이다. 결론부터 말하자면 **쇼핑몰 내실구축은 "마케팅이 필요 없는 마케팅" 전략이자 구매 전환율을 극대화할 수 있는 전략**이다. 성공은 결국 구매 전환율을 높이는 작업이 관건이다. 수많은 광고대행사와 사업자들이 엄청난 광고비를 쓰는데도 불구하고 구매 전환이 일어나지 않아 실패하고 있다. 이 상황을 극복하고자 블랙코어는 구매 전환을 극대화할 수 있는 쇼핑몰 인큐베이팅 프로젝트를 만들어 체계화시켰다. 블랙코어는 "최상의 쇼핑몰 마케팅은 쇼핑몰 내실구축으로부터 나온다"라고 강조한다. 쇼핑몰 내실구축은 별다른 마케팅 수단이 필요하지 않게 하는 전략이기 때문이다. 이와 같은 마케팅전략의 의미를 쇼핑몰이나 사업을 운영하는 사람들은 꼭 인지해야 한다. 물론 플랫폼 전략을 시도해서 마케팅 노출을 좀 더 수월하게 진행할 수도 있다. 하지만 만약 플랫폼(페이스북, 트위터, 인스타그램, 카카오스토리, 블로그, 카페, 지식인 등)을 통해 매일 1만 명 이상의 방문자를 만들어도 구매 전환이 0.5%조차(구매 건수 50건 이하)도 안 나온다면 어떤 생각이 들까? 내실구축이 없다면 플랫폼 노출 전략도 소용이 없다. 그리고 마케팅이라고 하면 적립금 이벤트, 한정 세일, 파격 세일, 타임 세일, 무료 배송 등과 같은 일반적인 판촉전략을 생각하기 마련이다. 하지만 이것도 마케팅의 범주에 속하는 판촉전략이다. 심지어 마케팅 기획도 들어가지 않은 단순한 판촉전략.

판촉전략이 아닌 자연스러운 호감이 앞서게 되면 소비자들은 경계심을 풀고 쇼핑몰을 친근하고 편하게 느끼게 된다. 자연스럽게 호감도와 매력도가 증가하게 되어 굳이 필요 이상으로 상업적으로 느끼지 않고 즐겁고 편안하게 쇼핑몰의 상품을 차근차근 구경하게 된다. 그건 마치 어떤 사람에게 친근한 매력을 느끼게 되는 상황, 오프라인 샵에서 매장 직원과 편안한 거리감을 느끼면서 마음껏 쇼핑을 즐길 때와 같은 느낌이다. 하지만 온라인 쇼핑몰은 철저하게 개인적인 쇼핑을 즐기는 공간이다. 쇼핑몰이 내 개인적인 취미생활이자 편안하게 여유를 즐길 수 있는 공간이 되면 고객은 그 쇼핑몰에서 구경하는 일이 편안한 하루 일상이 될 것이다. 그러면 해당 쇼핑몰 브랜드를 기억하게 되고 특정 컨셉에 의한 상품들이 소비자의 마음속에 인식되게 된다. **쇼핑몰 내실구축은 결국 소비자의 마음속에 들어가는 섬세하게 공을 들이는 작업이다.** 굳이 인위적인 판매 활동을 하지 않아도 한번 들어온 고객을 절대 놓치지 않을 수 있다. 그래서 자연스러운 아우라와 판매자의 확신이 어느 정도 구축되면 쇼핑몰에서 판매가 이루어지는 것이다.

쇼핑몰에서의 자연스러운 아우라를 패션이나 스타일링으로 예를 들어 얘기하자면 자신의 패션에 대해서 강한 자부심을 갖고 있거나 자신감이 있는 패피 혹은 마니아들이 다른 사람의 시선을 의식하지 않고 자신의 스타일링을 마음껏 즐기는 것과 동일하다. 그들의 행동, 태도, 표정, 포즈 등에서 아우라가 자연스럽게 흘러나온다. 블랙코어는 어설픈 연출보다는 차라리 어설픈 자연스러움을 택하라는 말을 자주 전하곤 한다. 쇼핑몰 내실구축 시 아우라, 연출을 만들 때는 어설프거나 인위적으로 하면 안 된다. 어설프면 소비자의 눈에도 어설퍼 보이고 어색해 보여 보기 민망하기 때문에 불편해서 사이트를 나가버리게 된다. 바로 이 부분을 정확하게 인지하고 있어야 한다. 이처럼 소비자들이 불편해하는 것을 최대한 줄이고 편안하고 분위기 좋은 느낌을 받을 수 있게 쇼핑몰을 만들어야 한다. 물론 그 이전에 쇼핑몰의 완성도와 가치를 높이는 건 두말하면 잔소리이다. 자연스러운 아우라와 판매 감각은 하루아침에 만들어지는 것이 아니다. 욕심만 지나치게 많고 조급하게 쇼핑몰을 빨리 완성시킬 생각만 한다면 "자연스러운 감각의 쇼핑몰"은 찾아보기 힘들어진다.

마케팅이 필요 없는 마케팅 전략인 쇼핑몰 내실구축은 쇼핑몰의 차별화된 매출 핵심 가치를 만들고 해당 가치에 대한 콘텐츠를 제작하고 지속해서 보완하는 것이다. 가치에 따라 소비자들이 얼마의 돈을 사용할 용의가 있느냐가 결정되기 때문이다. 다시 한번 곰곰이 생각해보길 바란다. 쇼핑몰 내실구축이 실제로 나의 쇼핑몰에 어느 정도의 가치와 매출을 만들어줄 수 있을지 말이다. 쇼핑몰에서 구매 전환율이 중요하다는 사실을 모르는 사람은 없을 것이다. 방문자 대비 구매 전환율이 높아야지만 손해보다 수익이 더 많이 남을 수 있고, 결국 실패하지 않는 쇼핑몰을 만들 수 있다. 이렇게 되면 오랫동안 매출이 상승하는 쇼핑몰을 만들 수 있게 된다. 비단 쇼핑몰뿐만 아니라 모든 사업에 적용되는 부분이다.

쇼핑몰 내실구축 과정 중에서 많이 받는 질문이 있다. 이미 커진 쇼핑몰을 더 커지게 하는 것보다 초기에 쇼핑몰 내실구축 하는 일이 더 힘든 게 아닌지 말이다. 물론 리소스가 더 많이 들어가는 것은 사실이다. 장기간 매출을 일으키게 하기 위해 내실구축과 정석을 다지는 일은 장인이 작품을 만드는 것처럼 쇼핑몰을 정교하고 섬세하게 다듬어가야 하는 것은 물론 마케팅 측면에서도 최초라는 포지셔닝과 컨셉을 구축하는 쇼핑몰을 만들어야 하기 때문이다. 그래야 마니아와 충성고객을 만들 수 있다. 꾸준히 매출 상승도 하고 쇼핑몰을 오래 운영할 수 있게 되는 것은 이제 두말하면 잔소리임을 알 것이다. 특히나 쇼핑몰 창업 초기에 해당하는 기간에 어떻게 하느냐에 따라 소형, 중형, 대형 쇼핑몰로 성장할 수 있는지가 결정된다. 하지만 처음부터 안일하게 준비하거나 대충 매출만 올리려고 해서는 절대 지속 가능하지 않다. 내실이 받쳐주지 못하면 아무리 광고를 통해 유입률을 폭발적으로 증가시켜도 구매 전환율은 그대로이기 때문이다. 다들 어마어마한 광고비를 감당해낼 자신은 없을 것이다. 그렇기 때문이라도 구매 전환율을 높여 효율성을 잡아야 한다고 하는 것이다.

"쇼핑몰 내실구축"은 애초에 별다른 마케팅 수단이 필요하지 않게끔 만드는 전략이다.

쇼핑몰 내실구축으로 구매 전환이 극대화된다는 것을 실감하지 못할 수도 있다. 하지만 광고비를 증액하거나 유입수를 늘렸을 때 이런 차이는 극명하게 나타난다. 일반적인 쇼핑몰의 경우 구매 전환율이 0.5% 정도이다. 쇼핑몰 내실구축을 제대로 한 쇼핑몰의 경우 구매 전환율이 평균 1% 이상으로 높아지기에 구매 건수가 2배 이상 차이가 난다. 쇼핑몰 내실구축 후 높아진 구매 전환율은 블랙코어가 지금껏 수많은 쇼핑몰을 인큐베이팅하고 마케팅 프로젝트를 진행하면서 나온 결과물이다. 위의 결과는 제일 높은 수치가 아닌 평균적인 통계수치이다. 만약 쇼핑몰에서 킬링 상품을 만들어 바이럴 마케팅을 성공적으로 진행한다면 구매 전환율은 예상치 못한 수준까지 상승하게 된다. 내실구축을 한 쇼핑몰과 하지 않은 쇼핑몰은 무려 구매 전환율이 기본적으로 2배 이상 차이가 난다는 사실을 꼭 기억하자. "쇼핑몰 내실구축"은 필수전략이다.

"쇼핑몰 내실구축"은 쇼핑몰의 구매 전환을 극대화하기 위한 전략이다.

이미 쇼핑몰의 내실과 기본이 구축되어 있으면 매출 올리기는 쉽다. 하지만 블랙코어가 지금껏 쇼핑몰을 운영하거나 인큐베이팅 마케팅 프로젝트를 진행하면서 느낀 공통점은 신규 쇼핑몰은 오래된 쇼핑몰보다 기회가 많다는 것이다. 신규 쇼핑몰이 왜 더 기회가 많을까? 넓게 보면 모든 시장은 거의 같은 패턴으로 움직인다. 어떤 유명한 쇼핑몰 혹은 대형 쇼핑몰이어도 성공은 지속될 수 없다. 또한 시장의 흐름, 트렌드, 소비자의 문화가 바뀔 때 매 순간 기회가 창출된다. 아무리 경기가 어려워도 폐업률이 높아도 어떤 신규 쇼핑몰은 시작하자마자 고객 반응을 일으키며 매출이 올라간다. 창업과 동시에 바로 도입기로 들어가면서 어느 정도 시기가 지나면 바로 성장기로 들어선다는 말이다. 이런 쇼핑몰들의 공통점들은 우선 "준비"가 철저하다는 것이다. 보통 쇼핑몰 홈페이지를 만들고 동대문 시장에 가서 사입하는 것은 하루 안에 다 끝낼 수 있다. 사진 촬영까지 해서 온라인에 올리는 것 또한 단 3일이면 끝낼 수 있다. 하지만 제대로 준비한다면 3일이 아니라 최소 3달~6달은 걸린다. 아무리 모델 출신, MD 출신, 디자이너 출신이고 실제로 판매 경험이 많다고 해도 온라인 혹은 쇼핑몰에서 판매하는 방식은 다르다는 것을 꼭 알고 있어야한다. 실제로 동대문 디자이너클럽부터 청평화, 디오트, 유어스, APM 등에 있는 디자이너, 도매상인들도 한 번씩 인터넷 쇼핑몰을 창업해보았지만, 무수히 많은 실패를 겪었다. 아무리 현업에서 경험이 풍부해도 실제로 온라인상에서 특히 쇼핑몰로 판매할 때는 기존의 사고방식을 버리고 온라인 소비자에게 맞춤화된 시각을 가져야 한다는 것을 잊지 말자. 방향을 제대로 잡지 못한 쇼핑몰들은 아무리 노력해도 몇 년 동안 매출이 오르지 않는다. 반대로 장기적으로 어떻게 해야 할지 방향을 제대로 정하고 준비 기간에 확실히 투자한 쇼핑몰들은 도입기에서 바로 성장기로 올라선다. 이제 아래에서 내실구축의 기본을 알아보겠다.

내실구축의 기본 _ 신뢰성

내실구축의 기본이자 가장 중요한 첫 번째는 신뢰감 형성이다. 앞서 인(人)에 관해 이야기를 했으니 눈치 빠른 독자는 무슨 말인지 설명을 안 해도 알 수 있을 것이다. 사람들의 온라인 쇼핑몰에 대한 신뢰도는 그렇게 썩 좋진 않다. 쉽게 말해서 상품을 수령하기 전까지 의심 어린 눈빛으로 반신반의하는 마음으로 구매를 하곤 한다. 특히 쇼핑몰에 많이 데인 고객일수록 다시는 온라인에서 구매하지 않게 되는 경우가 많다. 온라인 쇼핑몰 두 개가 있다. 첫 번째 쇼핑몰은 상품 퀄리티가 아주 좋진 않지만, 배송, C/S가 좋아 소비자들이 안심하며 믿고 구매할 수 있는 온라인 쇼핑몰, 다른 쇼핑몰은 퀄리티 높은 상품을 판매하지만 리뷰나 후기, C/S 처리가 잘 안 되고 배송도 상당히 늦는 쇼핑몰이 있다. 소비자라면 어떤 쇼핑몰에 호감을 갖고 구매를 할까? 당연히 전자에 손을 들어줄 수밖에 없다.

온라인 쇼핑몰은 얼굴을 맞대고 판매하는 대면 판매 방식이 아니기에 가장 기본적이고 상식적인 부분을 지나칠 때가 많다. 사람과 사람 사이에는 신뢰가 있어야 한다. 특히 판매자와 구매자 사이는 더 그렇다. 근본적으로 신뢰감이 없는 상태에서는 구매 욕구가 떨어질 수밖에 없다. 현재 온라인 쇼핑몰을 운영하고 있다면 이점을 잘 인지하고 있어야 한다. 온라인 쇼핑몰에는 판매원이 옆에서 상품을 설명해 줄 수도 없고, 바로 옆에서 친절한 서비스도 제공해줄 수 없다. 또한 온라인상에서는 실제 상품을 만지거나 볼 수 없고 회사의 규모조차 인식할 수 없다. 그렇기에 온라인 쇼핑몰은 신속하고 친절한 상담과 빠른 배송이 기본이 되어야 한다. 판매자의 신뢰감을 주는 콘텐츠, 소통하려는 자세와 커뮤니케이션 능력, 소비자와의 공감대 형성, 자신감과 자부심이 묻어나오는 상품 설명, 소비자를 봉으로 생각하지 않겠다는 진심, 인간적인 친절함과 진정성 있는 배려가 묻어나오는 C/S, 신속한 Q&A 게시판 답변, 정확한 공지사항 등이 결국 쇼핑몰의 신뢰도와 긍정적인 호감도를 높인다. 기분 좋게 구매하는 것도 상품의 퀄리티보다 판매자의 신속하고 친절한 C/S 때문이 아니었을까?

신속하고 신뢰성 높은 C/S가 높은 광고비보다 더 좋은 마케팅 효과를 낸다. 오히려 마케팅전략이 좀 뒤떨어지더라도 고객 한 명 한 명을 제대로 집중해서 관리한 쇼핑몰은 이 효과가 계속 누적되어 광고비를 많이 안 써도 지속해서 기존고객에게 재구매가 일어난다. 어떤 쇼핑몰들은 고객들과 친구처럼, 형, 동생, 자매같이 지내며 좋은 상품이 업데이트되면 추천도 해주고 주기적으로 혜택도 주곤 한다. 또 다른 쇼핑몰들은 고객이 Q&A 게시판에 글을 남기든, 문의를 하든, 답글도 대충, 전화도 대충 받는 등 '인바운드 영업'조차 잘 하지 않는다. 사려면 사든지 아니면 말아라라는 태도가 그대로 드러난다. 결과는 뻔하다. 이런 쇼핑몰은 매출이 일어나기가 쉽지 않다. 처음에는 별로 티가 나진 않지만, 시간이 지날수록 고객이 이탈해 매출이 반 토막이 나거나 고객을 기만한 죄로 역으로 바이럴 공격을 당해 쇼핑몰의 생존이 위태로워질 수 있다. 정확하게 알아야 할 사실이 있다. 현재 아무리 매출이 높다 하더라도 C/S가 제대로 되어있지 않고, 고객관리를 하지 않는 쇼핑몰은 서서히 가라앉을 거란 것을. 작은 균열이 전체를 무너트린다. 물이 한 방울 샐 때 막아야지, 물이 폭포같이 내려올 땐 막지 못한다. 고객들은 아무리 상품과 혜택이 좋아도 "마음에 들지 않는 쇼핑몰에서는 구매하지 않는다는 것"을 항상 인지하고 있어야 한다. C/S나 고객관리에서 고객들의 마음에 들고 안 들고가 결정된다. 그래서인지 오프라인에서 판매를 잘하는 판매자가 온라인에서도 판매를 잘할 확률이 높다. "고객이 어떻게 하면 호감을 가지는지, 어떻게 하면 구매할 때도 기분 좋게 구매하는지"에 대해서 정확하게 알고 있기 때문이다. 그리고 그런 판매자일수록 온라인이든 오프라인이든 한결같다. 온라인이라 하더라도 별다를 게 없고 얼굴이 보이지 않는 비대면일수록 오히려 더 잘해야 한다고 생각하기 때문이다.

C/S 부분과 고객관리 부분에 대해서 중요하게 말하는 이유는 쇼핑몰은 신뢰에 의한 재구매에 의해서 성장이 결정되기 때문이다. 신규 회원을 유치하는 것보다 기존고객에게 마케팅하는 것이 훨씬 유리하다. 기존의 고객을 유지·관리하는 것이 신규고객을 유치하기보다 더욱 쉽다. 우선 신규 회원은 사이트 유입을 위한 광고비가 투입되어야 하고, 회원가입, 첫 구매까지 많은 혜택과 서비스, 시간이 필요하다. 또한 신규 회원이 일회성 구매로 끝날지 아니면 재구매로 이어질지는 고객마다 각각 다른 요인에 영향을 받기 때문에 이미 재구매를 하고 있는 기존 고객에게 마케팅하는 것이 신규 회원 유치 대비 쉽다는 것이다. 고객들은 상품뿐만 아니라 신뢰를 할 만한 쇼핑몰인지 판단한다. 쇼핑몰의 신뢰성을 보여줄 수 있는 가장 좋은 영역이 고객 C/S 문의 응답, Q&A 게시판, 공지

사항과 상세페이지 영역이다. Q&A의 역할과 구매 후기·리뷰 게시판의 역할은 쇼핑몰의 신뢰감을 느끼게 하는데 50% 이상 기여한다. 게시판이 텅텅 비어있거나 오래된 날짜의 게시물은 아무리 매력적인 쇼핑몰의 상품이라 하더라도 구매 의욕을 한순간에 꺾는다.

내실구축의 기본 _ 접근성

가장 기본적인 내실구축 중 두 번째는 쇼핑몰이 쉽고 접근성이 좋아야 한다는 것이다. 쇼핑몰 성공을 위한 패러다임에서 그냥 지나칠 수 있는 부분들이 있다. 그중 하나가 대중이 접근하기 쉬운 쇼핑몰을 만드는 부분이다. 아무리 좋은 상품과 신속한 서비스, 화려하고 퀄리티 있는 디자인이라고 해도 소비자들이 다가서기 어렵고 불편하면 소용없다. 쇼핑몰 디자인에 있어서 판매자가 자기만족을 고집하며 어떻게 하면 화려하고 예쁘게 꾸밀 수 있을까에만 집중하다 보면 고객들은 점점 다가서기 어려워하고 결국 구매하는 것에 어려움을 느낄 수 있게 된다. 잘 팔리는 쇼핑몰을 만든다는 것은 단순히 UI, UX의 디자인을 업그레이드하고 예쁘고 보기 좋은 쇼핑몰을 만드는 걸 고민하는 것이 아니다. 고객이 접근하기 쉬운 쇼핑몰을 만드는 것이다. 다가서기 쉬우면 보기도 편해 가독성이 좋아진다. 가독성이 좋아질수록 쇼핑몰에서 상품을 구경하기도 쉬워지고 더불어 구매도 쉽고 편하게 느끼게 된다. 하지만 이 점을 놓치고 많은 판매자가 예쁘고 화려하게만 꾸미는 데에 혈안이 되어 다가서기 어려운 쇼핑몰로 만들고 있다. 화려하고 예쁜 쇼핑몰이 무조건 나쁘다는 소리로 받아들이기보다는 고객이 다가가기 어려울 수도 있다는 점으로 이해하면 된다. 바로 이점을 충분히 고민해 접근성에 초점을 맞춰야 한다. 본인만 보기 좋고 만족할 수 있는 쇼핑몰은 그저 취미생활에 불과한 보기 좋은 쇼핑몰일 뿐이다. 특히 쇼핑몰을 잘 안다고 하는 마케터나 디자이너들이 가장 많이 실수할 수 있는 부분이다. 고객의 구매심리를 미리 단정 지어 디자인만 예쁜 쇼핑몰을 만드는 것에 집중하기 때문이다. 또한 너무 눈에 띄는 쇼핑몰을 만들려다가 반대로 접근성이 낮은 쇼핑몰이 되기도 한다. 너무 눈에 띄는 쇼핑몰은 보기에는 이목을 집중시킬 것 같지만 접근성과 대중성이 결여되 결국 매출 상승에는 어려움을 겪을 수밖에 없다. 바로 이점을 유의해야 한다. 접근성이 높은 쇼핑몰을 만들어야 매출도 동시에 상승한다.

내실구축의 기본 _ 확신성

넘쳐나는 정보와 지식의 시대이다 보니 소비자들은 현명해지고 똑똑해졌을 뿐만 아니라 안목과 감각 수준이 높아졌다. 물론 뛰어난 판매 감각을 지닌 판매자들도 차고 넘친다. 겉모습만을 중시한 형식적인 일반 쇼핑몰과 자연스러운 아우라를 만든 쇼핑몰을 서로 비교해보길 바란다. 두 쇼핑몰의 차이는 "인위적인가? 인위적이지 않은가?"일 것이다. 제대로 된 쇼핑몰 내실구축 없이 외적인 겉모습만을 중시한 "인위적인 쇼핑몰"의 경우 소비자들이 쇼핑몰을 "상업적"이라고 생각한다. 그래서 구매율도 자연스러운 쇼핑몰에 비해서는 떨어지는 편이다. 고객들이 쇼핑몰을 상업적으로 인식하게 되면 이성이 감성을 앞서게 된다. 판매하려고 하는 상품에 무엇인가 하자나 의심의 요소가 있는 건 아닌지 의심하고 경계하게 된다. 그에 반해서 "자연스럽게 확신"을 주는 쇼핑몰은 "감정 이입도"가 높은 편이다. 나도 모르게 자연스럽게 구매 확신을 가지게 된다.

상품뿐만 아니라 컨셉에 대한 기획과 표현에도 자신감이 없다면 어떤 매출도 바랄 수 없다. 물론 이런 확신들은 독창적인 컨셉에 제품에 대한 자신감을 자연스럽게 담아내 "확신"을 콘텐츠로 소비자들에게 전달해야 한다. 쇼핑몰은 촬영 이미지와 동영상, 상품 상세 설명글 등 콘텐츠를 소비자들이 컴퓨터 모니터나 핸드폰 액정으로 볼 수 있게 구현해야 한다. 어떻게 하면 자연스러운 확신을 보여주어서 소비자들로부터 공감을 이끌어낼 수 있는지에 대해 집중을 해야 한다. 브랜드를 말할 수는 없지만, 특정 패션 의류 쇼핑몰을 예를 들자면 꾸준히 매출 상승하는 이유는 바로 쇼핑몰과 모델이 보여주는 특별한 분위기에서 나오는 "자신감"이다. 이는 "확신성"이라 할 수도 있다. 한마디로 "자연스러운 확신성"을 통해 소비자들에게 긍정적인 구매 확신을 주는 것이다. 보통 다른 쇼핑몰을 제3자의 입장, 즉 소비자 입장으로 보게 되면 해당 쇼핑몰이 내 취향인지, 구매하고 싶은지 아닌지 정확하게 판가름 난다. 매출이 나오지 않는 경우는 소비자의 입장에서 객관적으로 내 쇼핑몰을 보지 못했기 때문이다. 보통 맛집이나 대박집, 대형 쇼핑몰에서는 어떤 분위기가 날까? 자연스럽게 흘러나오는 자신감 넘치는 판매원과 모델의 표정, 전문성이 돋보이는 멘트와 콘텐츠 등 한눈에 딱 봐도 장사가 잘되는구나 싶고 활기차고 호감을 갖게 하는 분위기가 흘러나온다. 이런 모든 것들이 합쳐져 구매를 유도하는 긍정적인 아우라가 만들어진다. 행동과 몸짓에 "우리 쇼핑몰을 사람들이 많이 좋아하고 호감을 가지고 있어요. 고객들에게 뜨거운 반응을 얻고 있고, 고객들은 우리 제품을 흥미롭게 바라본답니다. 우리 쇼핑몰에서 구매하면 꽤 만족할 거예요." 이런 암시가 직간접적으로 담겨있다. 이런 대박집, 대형 쇼핑몰에서 풍겨 나오는 긍정적인 특별한 분위기가 바로 아우라다. 이런 확신성은 긍정적인 호감도를 갖게 한다. 이런 긍정적인 느낌들을 사이트에 녹여야 한다. 쇼핑몰에서 호감을 느끼게 하는 요소는 비단 상품, 컨셉, 상세 페이지 같은 컨텐츠 부분만이 아니다. 사이트 메인페이지는 긍정적인 분위기를 표현하기에 아주 좋다. 첫 대문에서부터 소통과 공감에 의해 호감도가 결정되기 때문이다. 오랫동안 머무르고 싶어야지만 체류 시간과 페이지뷰가 올라간다. 이렇게 되면 회원가입부터 구매까지 연결이 되는 건 물론이다. 이런 긍정적인 분위기, 확신성은 항상 기본과 정석, 마인드를 몸과 마음에 지니고 있어야 나오는 것이다. 그렇기에 블랙코어가 계속 강조하는 것이다. 한 번 더 강조한다. 항상 기본과 정석, 마인드를 몸과 마음에 지니고 자연스럽게 구매를 유도하는 긍정적인 확신성을 사이트에서도 최대한 만들어보도록 하자.

내실구축의 기본 _ 브랜딩

우리나라의 대기업, 해외 유명 기업들의 공통점이 무엇일까? 그들에게는 제대로 된 "브랜드"가 있다는 것이다. 브랜드 없이 회사를 운영한다면 아무리 시간이 지나도 그 회사를 기억하는 사람은 아무도 없을 것이다. 마케팅도 중요하지만 "브랜딩"을 잘하는 회사나 쇼핑몰이 더 성공할 확률이 높다. 특히나 중소기업이나 온라인 쇼핑몰일수록 더욱 브랜딩을 잘해야 성공할 수 있다. 작은 기업들이나 소상공인들은 마케팅을 어떻게 시작해야 하는지 충분히 고민하지 않고 출발하기에만 급급하다. 더구나 브랜딩에 투자할 만큼 자금 여유가 많질 않다. 하지만 브랜딩을 한다고 해서 무조건 자금이 많이 필요하진 않다. 브랜드 아이덴티티, 브랜드 철학, 브랜드 네이밍, 브랜드 콘텐츠 등 처음부터 조금씩 우리만의 브랜드를 구축하는 과정이 브랜딩이다. 처음에 광고나 홍보에만 집중하느냐, 브랜드 마케팅에 집중하느냐에 따라서 회사의 첫 이미지가 결정된다. "브랜드"라는 보물은 참 신기하게도 잘 관리하면 사람들에게 긍정적인 영향력을 전달하지만 제대로 관리를 하지 못하면 좋지 않은 영향력을 가지게 된다.

브랜드는 곧 인식이다. 소비자는 똑같은 상품이라도 긍정적으로 인식이 된 브랜드 상품을 구매하게 된다. 사실 소비자들도 알게 모르게 브랜드의 인식에 따라 움직이게 된다. 마케팅 중에서도 브랜드 마케팅은 고난도 마케팅이다. 그래서 함부로 브랜드 마케팅한다 할 수 없을 것이다. 대부분 매출을 올리는 것에는 관심이 많지만 "브랜딩"을 통해 소비자들에게 어떻게 긍정적인 인식을 심어줄지에 대해서는 신경을 많이 쓰지 못하는 것이 현실이다. 아무리 작은 쇼핑몰이라 하더라도 오랫동안 기억에 남는 영향력을 발휘하려면 "브랜드 쇼핑몰"이 되어야 한다. 브랜드를 제대로 키울수록 매출 또한 같이 상승하게 된다. 충성고객과 마니아들이 많아지게 되면서 재구매가 많아지기 때문이다. 또한 이들은 나서서 브랜드를 홍보해주기도 한다.

쇼핑몰이나 회사를 "브랜딩"하는 목적은 충성 고객들에게 오랫동안 긍정적인 인식을 심어주어 매출을 꾸준히 상승시키기 위해서다. 오픈마켓, SNS · 인스타 개인 판매자들조차도 브랜드를 만드는 시대이다. 같은 셀러라 해도 어떤 셀러는 브랜드에 관심이 없고 그때그때 파는 것에 연연하지만 어떤 셀러들은 신뢰성 있는 브랜드를 만들어 지속해서 충성 고객층을 만들고 자신의 브랜드를 알린다. 혹시 회사나 쇼핑몰을 시작한 지가 얼마 되지 않았다면 혹은 매출이 많이 오르고 있다면 "쇼핑몰 브랜드 마케팅"을 지금이라도 시작하길 바란다. 작은 쇼핑몰, 회사라도 상관없다. 지금 쇼핑몰이나 회사를 운영하면서 뭔가 빠진 부분이 있는지 잘 점검해보길 바란다. 정답은 아마 "브랜드"일 것이다. 쇼핑몰 매출 상승의 비밀, "브랜딩"에 성공하면 매출을 오랫동안 상승시킬 수 있다. 이제 쇼핑몰 내실구축을 단계별로 알아보자.

쇼핑몰 내실구축 1단계 _ 다듬기 과정

온라인 판매자들은 대부분 사이트에 무엇을 더할지를 고민하는 경우가 많고 무엇을 뺄지를 고민하는 경우는 별로 없는 편이다. 쇼핑몰이라고 하는 것 자체를 본인의 시각으로 해석해서 사이트를 구성하면 장점도 있지만, 단점도 있다는 것을 알아야 한다. 그렇기에 쇼핑몰 사업자는 스스로 소비자의 입장이 되어 객관적이고 냉철한 눈으로서 자신의 쇼핑몰을 바라볼 수 있어야 한다. 운영자마다 차이가 있긴 하지만 쇼핑몰을 시작한 지 3개월~6개월 정도 됐을 즈음엔 쇼핑몰 내실구축 다듬기 과정에 들어서게 된다. **다듬기 과정은 쇼핑몰의 본질을 보여주는 데 필요 없는 부분을 빼는 작업이다.** 이 단계에서 쇼핑몰을 제대로 구축하지 못하면 매출 최적화는 물론 신규 회원가입조차 힘들게 된다. 물론 구매 전환율도 최적화시킬 수 없다. 누구나 쇼핑몰을 만들 수는 있지만, 구매를 일으키는 쇼핑몰은 아무나 만들 수 없다. 블랙코어는 항상 기본기와 정석을 강조한다. 기본과 정석도 제대로 못 하는 상황에서 쇼핑몰에 무엇을 더 넣을까에 대해서 고민하는 것은 모래성을 쌓는 것과 다름없다. 기초부터 탄탄하게 공사를 해야 하는데 자꾸 위에 무엇을 추가로 올려놓기만 한다면 당연히 쉽게 무너지게 된다.

쇼핑몰에 자꾸 이것저것 넣으려고만 하고 뺄 줄 모른다는 것은 고객이 원하는 "본질"에 전혀 다가서지 못했다는 것이다. 예를 들어 사진이

178

제대로 보이는지, 상품 퀄리티가 제대로 표현됐는지, 너무 정보가 많아서 상품을 헷갈리게 하지는 않는지, 너무 과한 코멘트가 들어간 것은 아닌지 등 "본질"을 다듬고 정리해야 할 시점이다. 만약 이 시기에 쇼핑몰을 제대로 다듬지 않고 추가로 무엇을 넣기만 한다면 결국 판매자 자신만 좋아하는 쇼핑몰 "왕국"을 만드는 것에 불과하다. 인생이든 사업이든 쇼핑몰이든 초심과 기본으로 돌아가면 결국 "본질"이 나온다. 쇼핑몰의 "본질"은 고객들이 원하는 바를 정확하게 충족시키고 판매가 제대로 이루어지게 하는 것이다. 가장 중요한 구매 핵심을 고객들의 눈에 가장 중요하게 비추기 위해 나머지 필요 없는 부분들을 과감하게 빼야 한다. 물론 자신의 쇼핑몰 컨셉에 맞게 다듬어야 한다. 그렇지 않고 무작정 빼기만 한다면 텅 빈 분위기의 쇼핑몰이 될 뿐이다. 쇼핑몰을 다듬는 예를 들어보겠다. 객단가가 높은 쇼핑몰은 촌스럽지 않게 군더더기 없는 심플한 분위기를 보여줘 고급스러움의 가치를 극대화해야 한다. 반대로 객단가가 낮은 쇼핑몰은 대중성 있는 캐주얼한 분위기로 고객들이 편안하게 부담 없이 이것저것 구경하고 구매할 수 있게 만들어야 한다.

자신의 쇼핑몰을 객관적으로 보고 다른 브랜드샵, 경쟁사 쇼핑몰들을 비교 분석 또는 벤치마킹해 자신의 컨셉을 다듬어야 할 것인지에 대해 알고 있어야 한다. 소비자들이 생각하는 쇼핑몰 컨셉과 판매자가 생각하는 쇼핑몰 컨셉이 일치되는 것이 가장 좋다. 그렇지 않으면 구매 전환율은 현저하게 떨어지고 신규 회원 가입률도 떨어지게 된다. 정확하게 고객들에게 쇼핑몰 컨셉의 핵심이 전달되지 않기 때문에 무슨 쇼핑몰인지 어떤 강점이 있는 쇼핑몰인지 헷갈려서 구매는커녕 구경도 하지 않을 것이다. 만약 현재 구매가 일어나지 않고 있다면 쇼핑몰을 다시 짚어보는 시간이 필요하다.

쇼핑몰 내실구축 2단계 _ 가치 높이기 과정

쇼핑몰 가치를 높이기는 선택사항이 아니라 꼭 실행해야 하는 필수사항이다. 그렇다면 쇼핑몰의 가치를 높여야 하는 분명한 이유가 존재하는 걸까? **가치를 높이게 되면 상품 객단가 역시 가치에 비례해서 상승해 상품 마진을 높일 수 있기 때문이다. 결국, 실패와 폐업이라는 굴레에서 빠져나올 수 있기 때문이다.** 가치를 높이는 진짜 이유는 마진을 높여서 성공하는 1차 이유보단 실패하거나 폐업하지 않기 위함이 더욱 크다. 상품 마진은 쇼핑몰이나 회사의 성공과 실패를 결정하는 요소라고 해도 과언이 아니다. 블랙코어가 다음에 하는 말을 꼭 기억하길 바란다. "가격이 올랐다고 구매하지 않는 고객은 원래부터 우리 고객이 아니다." 그 고객은 가격이 저렴해서 이용했을 뿐이지, 우리 쇼핑몰과 상품의 가치에 돈을 쓴 것이 아니란 얘기다. 물론 이런 말을 주변에서 제대로 말해주는 사람은 없을 것이다. 위의 말을 적용해서 새로운 컨셉을 기획해서 가격을 인상한다면 어려운 상황도 기회의 반전으로 삼을 수 있다. 사람은 보통 자신이 보는 것만 믿고 그것이 진리라고 생각한다. 자신의 굳어진 시각에서 벗어나 다른 사람의 관점에서 혹은 더 넓은 세상의 관점에서 보기란 쉽지 않은 일이기 때문이다. 현실에서 마진율 때문에 실패하는 쇼핑몰들이 생각보다 많다. "쇼핑몰이 살아남아야 고객에게 좋은 상품을 판매할 기회가 생긴다." 쇼핑몰이 살아남지 못하면 결국 고객에게 이득을 줄 기회조차 없다. 고객에게 만족감을 주기 위해 저마진, 저가로 상품을 공급했는데 결국 우리가 생존할 수 있는 길이 아니라면 과감하게 지금부터라도 판매 혁신을 실행해야 한다. 바로 이 부분에서 제2의 돌파구가 생기게 된다. 만약 제2의 돌파구를 만들지 못하면 성장기에서 쇠퇴기로 하락하는 속도는 더욱더 빨라진다.

소비자들이 생각하는 쇼핑과 트렌드, 문화, 정치, 세계 이슈, 관심 등이 경기에 직접적으로 영향을 미치면서 소비자들의 생각과 마음을 읽어낼 수 있는 판매, 마케팅만이 승리할 수 있게 된다. 이제는 형식적이고 단순화된 판매 형태보단 고차원적으로 접근하는 마인드와 태도를 받아들여야 한다. 그래야 상위권에 드는 온라인 판매 혹은 쇼핑몰을 만들어 낼수 있다. 뉴미디어 매체가 발달함에 따라, SNS · 플랫폼의 다양성과 개방성으로 인해 정보와 지식은 분별이 되지 않을 정도로 무궁무진해지고 도대체 어떤 정보가 진짜인지조차 구분하기가 매우 어려워졌다. 마트나 편의점에 가면 음료, 맥주, 과자만 해도 종류가 넘쳐나 이미 소비자가 기억할 수 있는 뇌의 한계성을 뛰어넘었다. 이제 소비자들은 정보와 미디어에 피곤함을 느끼고 자연스럽게 잊어버리는 지경까지 이르게 되었다.

좋은 것들은 너무 많고 미디어들은 모두 자신의 회사 제품들이 뛰어나다고 하기 때문이다. 이런 부분들은 결과적으로 소비자들에게 "구매 혼란"이라는 심리를 야기 시킨다.

마켓 2.0시대에는 상대적으로 가치를 평가하는 "상대적 가치"로 경쟁우위를 평가했다. 어떤 상품이 더 낮고, 퀄리티가 뛰어난지, 동종 업계의 마음속 서열순위가 어떻게 되는지 등에 따라서 브랜드 가치가 평가되었다. 경쟁사를 비하하거나 헐뜯으며 우리가 최고라는 식으로 마케팅 전쟁에서 승리하곤 했다. 하지만 비방해서 승리할 수 없는 상황도 있었다. 정작 소비자들이 그렇게 생각해주지 않으면 소리 없는 메아리, 자신의 얼굴에 침 뱉기 상황이다. 단, 공중파 방송과 미디어의 영향으로 세뇌가 된 소비자는 제외하곤 말이다. 여기까지가 바로 상대적 가치로 인정이 되었던 마켓 2.0의 시대였다. 소비자들은 이미 변했고 이제 모든 건 "절대적 가치"로 평가되는 시대이다. 특히 쇼핑 패러다임에서는 "가치 마케팅"을 제대로 수행하지 못하면 소비자들은 그저 그런 회사 중에 하나라고 인식하게 된다. 소비자들 입장에서는 "So What?(그래서 어쩌라고?)"이기 때문이다. 특히나 현재 소비자들은 휘둘리지 않는 나만의 맞춤형 쇼핑(Customize Shopping)에 관심이 많다. 그렇기 때문에 어떤 쇼핑 패턴에도 치우치지 않고 해당 브랜드, 쇼핑이 나에게 가져다주는 "절대적 가치"로 평가하게 되었다. 예를 들어 "샤넬"이란 브랜드를 봤을 때 대표적인 명품 브랜드이긴 하지만 고객들이 스스로 느끼는 브랜드 가치는 서로 다르다. 어떤 사람에겐 "샤넬"이 단순히 프랑스의 명품이고 고급스럽고, 세련돼 보여서 자신의 가치를 올릴 수 있을 거라는 판단으로 선택하는 반면에 다른 사람은 샤넬의 "코코 샤넬"과 "칼 라거펠트"의 브랜드 철학, 브랜드 스토리와 디자인을 높게 평가해서 해당 "가치"가 나에게 있어서는 "최상의 가치"라고 느껴서 브랜드를 선택하는 경우도 있다.

    "감성"도 동일하다. 제품과 브랜드에 영혼, 철학, 인문학을 도입한 "애플"의 사례도 마찬가지이다. 자신만의 마음속 가치에 따라 판단하는 "절대적 가치"가 결국 "상대적 가치"를 뛰어넘었다. 소셜 커머스가 "세일 전략"에서 빠르게 "맞춤형 마케팅 전략"과 "제품 큐레이션"을 도입한 이유이기도 하다. 이와 마찬가지로 현재는 아무리 자신의 회사 제품이 뛰어나다, 브랜드의 품격이 높다고 해도 소비자들 스스로가 해당 회사, 브랜드의 가치를 자신의 기준에 맞춰서 평가하기 때문에 실제로 소비자들이 회사에서 정해놓은 가치로 생각을 하고 있는지 자주 체크하고 점검을 해야 한다. "소비자의 만족도와 재구매"를 보고 말이다. 제품을 아무리 잘 만들어도 실제 제품의 가치를 만드는 것은 소비자이다. 자 곰곰이 생각해보시길 바란다. 소비자들이 인식하는 우리만의 진정한 "가치"는 무엇일까? 쇼핑몰 가치를 살펴보겠다.

쇼핑몰 가치 _ 특별함

지금도 수많은 쇼핑몰이 생겨나면서 경쟁은 치열해지고 고객은 판단 자체를 할 수 없을 만큼 피로를 호소하며 익숙한 쇼핑몰로 가곤 한다. 물론 새로운 것을 좋아하는 얼리어답터형 고객들은 계속 트렌드를 흡수하거나 새로운 스타일, 신생 쇼핑몰에 관심과 호기심을 가질 것이다. 하지만 신생 쇼핑몰이라고 해서 항상 새로운 느낌의 신선함과 특별함이 있진 않다. 전자상거래의 수많은 판매자와 쇼핑몰 운영자는 안타깝게도 해당 쇼핑몰만의 특별한 느낌을 만드는데 충실한 것보다 매일 열심히 업데이트하는 것에만 집중하곤 한다. 그래서 동일한 형태의 수많은 쇼핑몰만 생산되고 있다. 아무런 개성이 없이 어떤 누군가의 쇼핑몰을 그대로 따라 해서는 소비자들가 매력을 느끼기 어렵다. 우리는 판매자로서, 쇼핑몰 운영자로서 "특별함"을 만들어야 한다. 그냥 단지 특별함이라고 해서 소품이나 촬영 장소, 카메라 세팅을 바꾸고 분위기나 느낌만 특별하게 만들어 낸다고 특별함이 생기진 않는다. 특히 패션 쇼핑몰에서 특별함은 "자연스러운 감각"과 "특별한 분위기"가 합쳐진 예술적인 경지이다.

현재 "특별한 컨셉이 있다"라고 표현하는 쇼핑몰 대부분이 소비자들에게 와 닿지 않거나 공감을 자아내지 못하고 있다. 특별한 컨셉이 있다고 "특별함"이 생기진 않는다. **우리는 평범하고 일반적인 요소들을 특별하게 만들 수 있어야 한다. 그리고 그것을 특별하게 만드는 근본이 바로**

"자연스러운 감각"과 "특별한 분위기"이다. "특별함"의 역할은 수많은 쇼핑몰 중에서 우리 쇼핑몰에서만 구매하게끔 만드는 특별한 매력을 만들어 주는 것이다. 하지만 이런 "특별함"의 감각 자체가 소비자가 판단했을 때 애매모호하거나 특별한 수준에 이르지 못한다면 호감도가 떨어져 구매가 일어나기 쉽지 않을 것이다.

쇼핑몰 가치 _ 인간적인 소통

쇼핑몰을 운영하면서 의무적으로 형식적으로 판매하고 있는가? 아니면 소비자의 입장에서 쇼핑몰을 만들고 "인간적인 소통"을 하고 있는가? 단도직입적으로 쇼핑몰은 형식적으로 만들어서 판매하는 공간이 아니다. 판매자가 온라인에서도 충분히 느낄 수 있는 생생한 현장감, 생동감, 감성과 분위기, 무드, 욕망, 느낌을 만들어 소비자들과 소통하고 공감하며 이를 전달할 수 있어야 한다. 하지만 보통의 온라인 쇼핑몰, 셀러들은 앞서 얘기한 부분들을 무시한 채 어떻게 하면 판매가 빨리 이루어질 수 있을까에만 집중하고 있다. 분명히 말하자면 판매를 성사시키고 매출을 상승시키기 전에 "쇼핑몰 가치"를 높여야 한다. 쇼핑몰 가치를 만드는 두 번째는 판매자의 "인간적인 소통"이다.

갈수록 시대가 각박하고 여유가 없어지는 것은 사실이다. 하지만 온라인 쇼핑몰조차 그렇게 형식적으로만 갖추어놓고 진열대에 놓인 상품으로만 보인다면 소비자들은 아무도 구매하고 싶다는 의사를 표하지 않을 것이다. 구매가 이루어지기 위해서는 소비자에게 구매 욕망을 자극하게 만드는 것이 핵심이다. 아무리 필요에 의해 구매한다고 해도 소비자로 하여금 구매 욕망을 불러일으킬 수 없다면 구매는 물론 광고비만 소진하고 회원가입조차 일어나지 않을 것이다. 대부분의 사람이 오프라인에서 쇼핑할 때를 보면 필요에 의해서 구매하더라도 선호하는 브랜드 제품을 구매하거나 포장 및 케이스, 디자인 등 하나서부터 열까지 개인적 취향과 기호에 따라 구매하는 것을 자주 목격할 것이다. 온라인 쇼핑몰 역시 똑같다. **이 구매 욕망을 자극하는 것이 바로 "인간적인 소통"이다. 인간적인 소통은 "판매자의 영혼"이라는 요소와 연결이 된다.** '영혼 없는 대답'이라는 우스개를 들어봤는가? 영혼이 없이 보인다는 것은 별생각도 없고, 의미도 없고, 그저 기계적으로 보인다는 뜻이다. 즉, 현재 생기 있게 살아 움직이는 듯하지 않다는 것을 의미한다. 쇼핑몰에서 "판매자의 영혼"은 "생동감"과 연결된다. 상품에 판매자의 영혼을 불어넣어야 생생하게 살아있는 느낌을 줄 수 있다. 형식적으로 파는 쇼핑몰은 소비자들이 직접적으로 느낄 수 있는 "생동감"이 없다. 그렇기 때문에 인간적인 소통과 공감이 어렵고 소비자들도 사이트를 들어와서 무감각해지거나 상품에 대해 별다른 욕구나 욕망을 느낄 수 없다. 아무리 희소성 높은 차별화된 쇼핑몰 컨셉을 기획해도 쇼핑몰에 "판매자의 영혼"에 의한 인간적인 소통이 없다면 고객들은 생동감은 물론 공감과 구매 욕망을 느끼게 되지 못할 것이다. 이 부분은 특히 의류 쇼핑몰, 패션 잡화 쪽에서 가장 중요하다. 왜냐하면 소비자들은 이 모든 것들을 구매 욕망, 생동감, 소통과 공감 등으로 판단하기 때문이다.

앞으로 쇼핑몰 운영할 때 이 부분들은 확실하게 인지하고 접근해야 한다. 그렇지 않을 때에는 영혼 없는 친구처럼 쇼핑몰도 판매자의 영혼을 상실한 채 소비자에게 아무런 공감, 감동, 구매 욕망을 자극하지 못할 것이다. 쇼핑몰의 인간적인 소통은 소비자의 구매 욕망과 바로 직결이 된다.

쇼핑몰 가치 _ 매력도

나름 잘 꾸민다고 해서 쇼핑몰을 만들어놨는데 구매가 일어나지 않는 경우를 참 쉽게 볼 수 있다. 자, 그렇다면 왜 팔리지 않을까? 혹은 아예 팔리지 않거나 왜 일회성에 그칠까? 광고라도 해서 1~2개만 꾸준히 팔려 준다면 "앞으로 어떻게 판매해야 할지 방향이라도 잡을 수 있을 텐데"라는 생각들을 많이 할 것이다. 결론적으로 우선 보통 쇼핑몰들과 별반 다를 게 없다는 것, 결국 우리 쇼핑몰만의 매력을 만들지 못해서 대중들에게 관심과 흥미를 만들지 못했다는 것이다. 그래서 쇼핑몰 운영자의 판매 감각, 역량이 최적화되어야 한다고 항상 강조한다. 블랙코어도 쇼핑몰 인큐베이팅 프로젝트를 시작할 때 판매자, 직원들의 해당 업종에서의 현재 판매 감각, 역량을 우선 사항으로 본다. 특히 패션의류, 패션잡화, 액세서리, 가방, 신발 등 미적인 감각이 요구되는 업종에서는 더 유심히 살펴본다. 대중들의 눈높이에 맞추기도 해야 하지만 동시에 대중들에게 매력도를 어필해야 한다. 바로 이 부분이 온라인 쇼핑몰 구매의 결정적인 요소이다. 매력도가 증가하여야 회원가입, 구매 전환율, 사이트 체류시간, 페이지뷰 등이 모두 상승할 수 있게 된다. 반대로 쇼핑몰의 매력도가 떨어지면 이 모든 부분이 하락하게 된다. 결국 직접적으로 구매에 영향을 미치는 요소는 쇼핑몰의 매력도이다.

쇼핑몰의 기반을 탄탄하게 하고 오래 생존하게 만드는 구매의 지속력과 충성 고객, 마니아가 생기는 비밀도 바로 쇼핑몰의 매력도에 있다. 소비자들이 무의식적으로 쇼핑몰에 매력을 느끼게 만들어야 하고 호감을 느끼게끔 만들어야 한다. 앞서 "생동감"에 대해 언급하면서 해당 쇼핑몰에서 추구하려는 생생한 생동감, 무드, 느낌, 분위기를 표현해야지만 소비자들의 감성을 움직일 수 있고 매력을 만들 수 있다고 했다. 쇼핑몰은 팔리는 쇼핑몰과 팔리지 않는 쇼핑몰이 있다. 한마디로 팔리는 쇼핑몰은 무의식적으로 모든 상품을 매력 있게 만드는 쇼핑몰, 팔리지 않는 쇼핑몰은 전반적으로 매력이 없는 쇼핑몰이다. 블랙코어가 주로 매출이 낮은 쇼핑몰, 셀러들의 쇼핑몰 문제점 진단이나 컨설팅을 했을 때 구매 욕망을 자극하지 못하는 쇼핑몰들을 발견하곤 한다. 하지만 이런 점들은 보통 판매자 스스로 눈에는 잘 보이지 않는다. 이래서 쇼핑몰을 시작하기 전에 판매 감각이나 역량을 먼저 끌어 올려야 한다고 강조하는 것이고 판매 감각, 역량을 끌어올리기 위한 자체 교육을 먼저 실행하는 이유도 여기에 있다. 오랫동안 매출을 상승시키기 위해서는 쇼핑몰의 매력도를 끌어올려야 한다. 그다음에 쇼핑몰 컨셉 기획, 브랜딩, 마케팅이 존재한다.

사람은 어떤 대상에 대해 무의식적으로 매력이 있는지 없는지를 보게 된다. 고객들이 상품을 자세히 본다거나 이것저것 둘러보고 "북마크"에 등록하거나 일단 "회원가입"을 하는 것도 무의식의 영역이다. 일단 쇼핑몰의 매력도가 높은 쇼핑몰은 매력이 호감도로 전환되기 때문에 괜찮아 보인다. 한마디로 "이 쇼핑몰은 마음에 든다"이다. 쇼핑몰의 매력도에 따라서 결국 판매의 승패가 결정이 된다. 쇼핑몰의 매력도가 떨어지게 되면 아무리 많은 광고비를 써서 사이트로 유입을 시켜도 구매는 일어나지 않는다. 쇼핑몰 운영자로서 이런 무의식 기반의 매력도를 끌어올려야 할 뿐 아니라 해당 쇼핑몰 상품을 매력적으로 표현할 수 있어야 한다. 다시 한번 말하지만 똑같은 상품을 팔더라도 어떤 쇼핑몰에서는 팔리고, 팔리지 않는다. 더군다나 가격까지 높아도 매력도가 높은 쇼핑몰에서 구매하는 경향을 보인다. 그만큼 쇼핑몰의 "매력도"가 중요한 부분을 차지한다. 쇼핑몰 브랜딩 시에도 쇼핑몰의 "매력도"에 따라 성과가 달라진다. 쇼핑몰의 매력도는 높은 판매 감각과 역량에서부터 나온다. 쇼핑몰 매출이 낮다고 여러 가지 바이럴 마케팅이나 SNS 마케팅부터 하기보다는 자신의 판매 감각과 역량을 상승시켜서 매력도를 지속해서 끌어올리고 보완해야 한다.

쇼핑몰 가치 _ 연출과 아우라

쇼핑몰 연출을 만들기 위해서는 상품 메인 페이지, 메인 배너, 서브 배너와 브랜드 로고, 썸네일 이미지, 동영상 등을 이용할 수 있다. 쇼핑몰 상품 연출은 직접 눈으로 보이기 쉽지 않다. 또한 소비자 심리와 반응 역시 눈에 잘 안 보이기 때문에 파악하기 어려울 수 있다. 만약 쇼핑몰 연출을 수행할 수 있는 능력이 있다 하더라도 "쇼핑몰 아우라가 제대로 발산이 되는지"는 고객만이 판단할 수 있다. 먼저 판매자의 판매 감각을 키워야 쇼핑몰 아우라와 상품 연출을 만들 수 있는 것이다. 쇼핑몰 연출이 성공하게 되면 아우라가 자연스럽게 발산된다. **아우라는 "사람의 마음을 흔들어 놓는 어떠한 특별한 분위기"를 뜻한다. 무조건적인 화려한 연출이 아닌 사람의 마음을 뒤흔들어 놓는 정도의 특별한 분위기라고 생각하면 된다.** 구매자의 마음을 먼저 뒤흔들어 놓을 수 있어야 상품이든 서비스든 제안을 했을 때 통하는 것이다. 이 감정은 "해당 상품이나 서비스를 갖고 싶게 만드는 감정"이다. 또한 판매 연출이란 "구매 욕망을 자극하는 상품의 구매 포인트를 만드는 것"이다. 판매 연출을 통해서 소비자의 구매 포인트를 건드린다면 구매로 이어짐은 물론 계속 상품을 연상하게 만든다. 제대로 된 쇼핑몰 아우라와 판매 연출이 없이는 백날 상품 퀄리티를 강조해봤자 구매 욕구가 생기지 않는다.

생각보다 형식적으로 상품을 업데이트하는 것에만 열을 올리는 쇼핑몰들이 많다. 고객들이 우리 쇼핑몰을 보고 어떤 반응과 판단을 할지에 대해서는 관심이 없다. 고객들이 어떤 컨셉의 상품에 호기심을 갖고 어떻게 반응을 하는지 관심을 두고 있어야 쇼핑몰 매출도 상승할 수 있다. 소비자는 쇼핑몰에 들어온 후 단 몇 초안에 계속 있어야 할지 머물러야 할지 결정한다. 이때 소비자의 마음을 흔드는 것은 상품뿐만 아니라 쇼핑몰 컨셉에 관한 아우라와 연출이다. 이런 요소들에 의해 쇼핑몰에 호감이 생기고 결국 구매가 일어난다. AIDMA(Attention, Interest, Desire, Memory, Action)라는 소비자 심리 중 Attention 즉, 주의를 끌고 이목을 끄는 것에 실패했다면 Interest 즉, 흥미, 관심도 유발을 못 시킨다. 이런 점들은 홍보 메일에서 쉽게 볼 수 있다. 제목에 어떤 카피를 쓰느냐에 따라 메일의 열람 횟수는 천차만별이 된다. 그렇다면 쇼핑몰 컨셉에 따른 아우라와 연출을 어떻게 해야 할까? 앞에서 말한 "쇼핑몰 판매 감각이 마케팅보다 더 중요하다"를 기억한다면 이해가 빠를 것이다. 쇼핑몰 아우라와 매출 핵심 최적화 연출은 사실 그냥 나오는 것이 아니다. 해당 업종에 대한 본질을 이해함은 물론이고 그것에 따른 콘텐츠를 갖추는 것은 당연하다. 감각적으로 우리만의 콘텐츠를 어떻게 임펙트를 줄 것이냐가 관건이다.

쇼핑몰 내실구축 3단계 _ 쇼핑몰 리뉴얼

쇼핑몰을 3년~5년 이상 운영할 때쯤 이런 생각이 든다. 지금 쇼핑몰에서 더 많은 수익 창출은 힘든 것인가? 여러 가지 광고를 하고 바이럴 마케팅도 시도하는데 효과는 없고 갈수록 기존회원 재방문수도, 신규회원 유입수도 줄어드는데 어떻게 하면 예전 같은 반응을 이끌어낼 수 있을까? 그렇다고 컨셉을 바꾸기에는 그나마 있던 고객들도 떠나갈 듯하고 리스크는 점점 커질 듯한데 효과적인 해결책은 없을까? 수많은 쇼핑몰 사업자들이 일정 이상의 매출을 찍었지만 더 높은, 기대했던 매출이 나오지 않게 되면 많은 실망을 한다.

그렇다면 이런 상황을 반전시킬 만한 전략이 있을까? 어떤 난관과 어려움이 있을 때도 항상 해결책은 있다. **쇼핑몰 가치를 높이는 직접적인 해결책은 바로 "쇼핑몰 리뉴얼"이다. 리뉴얼을 통해 쇼핑몰을 더욱 업그레이드시켜 기존의 컨셉을 더욱 강화하고 또한 신규 고객들에게는 새롭게 강화된 이미지를 통해서 새로운 인식을 심고 무의식에 각인될 수 있다.** 반대로 쇼핑몰 리뉴얼 및 업그레이드 전략이 실패할 수도 있다. 그렇게 되면 기존 회원들은 떠나가게 되고 신규 고객들도 기존회원들의 시큰둥한 반응을 보고 구매를 꺼리게 된다. 괜찮은 쇼핑몰이라고 입소문이 나지 않게 된다. 그렇게 돼서 쇼핑몰을 다시 롤백(원상태로 복구)하는 경우도 빈번하다. 하지만 이미 실망한 기존 쇼핑몰 회원들은 탈퇴하거나 다시는 재방문을 하지 않는다. 매출이 나오지 않을수록 객관적으로 내 쇼핑몰을 냉정하게 평가할 수 있어야 한다. 자 그렇다면 아래를 보면서 이제 내 쇼핑몰을 리뉴얼해야 할 때인지 아닌지 객관적으로 우선 판단해 보자.

쇼핑몰 리뉴얼을 고려해도 되는 상황

1. 1년 사이 기존 회원들의 재방문 빈도, 재방문 매출액이
   현저하게 떨어졌다.

2. 신규 회원들의 구매 전환율이 떨어졌다.

3. 기존 회원들의 만족도가 떨어졌다는 글이 올라오거나
   리뷰도 잘 쓰지 않고 기존 상품은 물론 신상품에 대한 반응이
   싸늘하고 시큰둥하다.

4. UI, UX가 현재 트렌드와 너무 동떨어져 있다는 소리를 듣는다.
   (최근 쇼핑몰들과 너무 동떨어진 오래된 느낌의 인터페이스,
   디자인, 배너, 아이콘 등 포함)

5. 사진 촬영 및 아이템 소싱, 코디, 스타일링 등이 이미
   3년~5년 정도 지난 느낌, 분위기이다.
   (너무 인위적인, 연출된 느낌이 강한 모델 사진 등)

특히 쇼핑몰 영역은 노출되는 부분 즉, 메인 배너, 인터페이스, 폰트, 썸네일 이미지 등의 70% 이상이 구매에 영향을 미친다. 특히 쇼핑몰 전체의 느낌이 썩 좋은 편이 아니거나 고객들의 반응이 좋지 않을 때는 작은 부분의 수정보다는 전체를 대폭 리뉴얼을 해야 할 경우가 많다. 몸의 건강을 예를 들어서 아토피, 천식, 비염이 있는 사람들에게 부분적으로만 치료하기보다는 체질 개선이나 면역력을 향상 시키는 것이 오히려 도

움이 되는 경우와 비슷하다. 반대로 전면 리뉴얼보다 쇼핑몰의 작은 부분의 수정만으로 매출에 긍정적인 영향을 줄 수 있는 경우는 거의 완성형인 중형 쇼핑몰 이상일 경우에만 해당한다. 이때는 섬세한 부분의 디테일에 따라 구매 전환율과 회원가입률을 조금 더 올릴 수 있기 때문이다. 아래는 부분수정보다 전체적인 리뉴얼이 필요한 경우이다.

쇼핑몰의 부분수정보다
전체적인 리뉴얼이 시급한 경우

1. 쇼핑몰의 사진 촬영 기법, 모델을 변경해도 매출이 오르지 않는 경우

2. 디자인 편집, 썸네일 수정, 상품명 수정, 상세페이지 개선을 했음에도 불구하고 매출이 오르지 않는 경우

3. 광고를 해도 3년 이상 매출이 정체돼 있거나 쇼핑몰 시작한 지 1년이 지났음에도 매출이 오르지 않는 경우

4. 매일 쇼핑몰에 변화를 주고 이벤트, 커뮤니티를 활성화시켜도 회원가입과 구매 전환이 그대로일 때

5. 일회성 구매는 일어나지만, 재구매가 일어나지 않는 경우 (쇼핑몰에 매력이 없는 경우)

무작정 쇼핑몰 리뉴얼을 실행하다가 매출이 현저하게 떨어진다면 그 책임은 오롯이 쇼핑몰이 지어야 한다. 그렇다면 쇼핑몰을 리뉴얼하게 된다면 무엇이 선행돼야 할까? 아래는 쇼핑몰 리뉴얼 체크 사항이다.

쇼핑몰 리뉴얼 체크 사항

1. 상품 포지셔닝 및 구매 고객 타겟팅 변경 여부

- 신규 상품 추가 및 카테고리 구색 추가나 확장 여부
  (신규 상품을 추가하거나 기존에 판매하려고 하는 상품
  이외의 카테고리를 늘릴 것인지의 여부를 판단해야 한다.)
- 기존 상품에 대한 타겟팅 변경 여부
  (나이대, 성별, 취미, 관심사에 따른)
- 상품 포지셔닝 및 고객 타겟팅 변화 여부
  (현재 상품의 이미지, 고객의 인식, 브랜드 등을 고려해서
  타겟팅에 변화를 줄 것인지를 판단해야 한다.)

2. 쇼핑몰 전체 컨셉 변경 여부

- 전체적인 분위기, 느낌의 변화 여부
  (컨셉에 따라 어떻게 변화시킬 것인지)
- 쇼핑몰 촬영, 이미지, 장소의 변경
  (컨셉이 변하기 전과 후에 따른)
- 쇼핑몰 홈페이지 디자인 변경 여부
  (쇼핑몰 컨셉의 변경에 따른 디자인 변경 여부)
- 메인 페이지, 상세페이지, 상품 사진 및 콘텐츠
  (디자인, 동영상, 글씨체 등) 변경 여부

3. 쇼핑몰 UI, UX 변경 여부 (클릭 대비 매출 상승효과 부분 고려)

- 맞춤화 독립몰 및 기존 쇼핑몰 호스팅 변경 여부

- 전체 및 부분 레이아웃 변경 여부
  (구성 및 구조, 이미지 크기 글씨체 등)
- 동영상, 플래쉬, 배너 등의 기능 및 기술 변경 여부
- 기타 쇼핑몰 부가 기능의 추가
- 쇼핑몰 디자인 템플릿 신규 구매 여부

4. 브랜드 변경 여부

- 브랜드 네이밍 변경, 서브 네이밍 변경 여부
  (브랜드 철학, 아이덴티티, 스토리에 따른)
- 브랜드 로고 변경 (브랜드 철학, 아이덴티티, 스토리에 따른)
- 전체적인 브랜드 컨셉, 철학, 아이덴티티, 스토리, 비전 변경
  여부

5. 마케팅 전략에 대한 변화 여부

- 기존과 다른 새로운 온·오프라인, 모바일,
  통합 디지털 마케팅 전략 실행 여부
- 기존과 달라진 쇼핑몰 자체 프로모션, 캠페인, 이벤트 진행
  변경 여부

위의 쇼핑몰 리뉴얼 체크 사항 5가지를 통해서 쇼핑몰의 아이템부터 구체적인 컨셉까지 모든 부분을 리뉴얼할지 아니면 부분적으로만 리뉴얼할지 결정을 해야 한다. 물론 부분적으로만 한다면 기존의 소비자들에

게 커다란 임펙트를 주기는 힘들겠지만 전체 리뉴얼의 실패 후 매출 감소에 대한 리스크를 감수하기보다는 나을 수 있다. 하지만 혁신적인 변화를 통해서 제2의 도약을 할 수 있는 기회도 있다는 것을 잊지 말아야 한다. 물론 아예 2차로 신생 쇼핑몰을 오픈을 고려하는 경우의 수도 있다. 이 경우에는 큰 리스크가 부담될 것이다. 하지만 큰 리스크 만큼 커다란 성공의 가능성도 존재한다. 물론 쇼핑몰 리뉴얼 컨설팅을 받거나 관리를 받아 리스크를 줄일 수도 있다. 현재 매출이 목표 수치보다 낮다면 우리 쇼핑몰을 리뉴얼해야 할지, 한다면 어떻게 해야 할지 신중히 고려해야 한다. 이제 마지막으로 정리하는 차원에서 블랙코어가 실제 쇼핑몰 인큐베이팅시에 사용하는 10단계 쇼핑몰 내실구축 프로세스를 공개하겠다. 블랙코어는 어떤 방식으로 내실구축을 하는지 살펴보고 각각의 단계에 맞춰 현재 내 상태를 객관적으로 파악해 자신의 쇼핑몰의 내실을 구축하는 데 도움이 되길 바란다.

쇼핑몰 내실구축 10단계 프로세스

1. 현재 사업 및 쇼핑몰 문제점 진단
- 현재 쇼핑몰의 매출 상태에 따른 문제점, 매출 하락 또는 정체 요인 파악
- 현재 쇼핑몰 판매 시스템에 불필요하거나 부족한 요인 및 보완해야 할 점 분석

- 사업 계획서 검토 및 내부적 요인과 외부적 요인, 사업자와
  직원 역량 등 분석

2. 마케팅, 시장 조사
- 해당 업종의 시장 및 마케팅에 대한 전체적인 흐름 분석
- 쇼핑몰 고객 정의, STP, 4P, SWOT 분석
- 온·오프라인 시장조사에 따른 전사적 "쇼핑몰 판매 마케팅"
  전략 세부 기획

3. 쇼핑몰 핵심 강점 구축
- 현재 사업에서 구축할 수 있는 강력한 수익 모델 형성
- 우리만이 할 수 있는 쇼핑몰 사업 서비스 모델 구축
  (후발주자가 따라하기 어려운)
- 쇼핑몰 사업의 핵심 강점과 경쟁사와의 비교분석,
  마케팅 실행 시 성공률 측정

4. 쇼핑몰 컨셉 회의 및 쇼핑몰 차별화 컨셉 기획
- 현재 컨셉에서 쇼핑몰의 매출 최적화가 얼마나 가능한지 파악
- 만약 현재 컨셉보다 매출 상승에 도움 되는 컨셉이 있다면
  과감하게 변화를 시도
- 현재 시장에 없는 틈새시장 전략이 가능한 컨셉 기획 도출
- 컨셉 아이디어 고안
  (브레인스토밍, 연상기법, 마인드맵, 창의적 기법 이용)
- 소비자들이 좋아하는 현재 우리 쇼핑몰만의
  컨셉을 만들 수 있는 기획

5. 쇼핑몰 아이템 소싱 전략 구축

- 현재 사이트 컨셉에 맞는 상품 구축
- 오프라인 시장 거래처, 중간 도매상, 딜러 등
  제품을 갖고 있는 거래처와 거래 준비
- 각 카테고리 군에 최소 50개 상품 구축 (의류일 경우)
- 시장성이 좋은 트렌드 흐름에 맞는 팔리는 상품 구축
  (킬링 상품)

6. 쇼핑몰 완성도 높이기 (최적화)

- 쇼핑몰 핵심, 강점, 가치 만들기
- 판매 향상을 위한 메인 페이지, 상세페이지, UI·UX 최적화
  및 완성도 높이기
- 사진 촬영, 모델, 디자인 요소를 고려한 현재 컨셉에 맞는
  쇼핑몰 업그레이드

7. 쇼핑몰 차별화, 가치 만들기

- 쇼핑몰 차별화 마케팅, 상품의 고유한 특별한 가치 만들기
- MD 코멘트, 상품 꾸미기, 장소, 소품, 이미지 차별화 콘텐츠
  제작하기
- 사이트 컨셉 최적화, 메인 및 기획전 배너, 리뷰 이벤트 기획

8. 사진 촬영 및 모델, 장소 선정

- 쇼핑몰 컨셉에 맞는 사진 촬영 기획 및 노하우 습득
- 쇼핑몰 컨셉 분위기에 맞는 최적화된 모델 및 장소 선정
- 상품 촬영 후 피드백 및 개선, 보완

9. 쇼핑몰 상품 연출, 매력도 높이기

- 쇼핑몰의 매력도 최적화

- 쇼핑몰 연출, 아우라 만들기

- 쇼핑몰 다듬기, 수정, 보완 및 필요 없는 부분 제거

10. 쇼핑몰 차별화 브랜딩

- 쇼핑몰 차별화 브랜딩 기획

- 쇼핑몰 브랜드 콘텐츠 제작 기획

  (메인, 상세페이지 콘텐츠 도입)

- 쇼핑몰 브랜드 마케팅 캠페인 기획, 진행

인큐베이팅

제대로 된 내실구축을 하려고 하면 창업 초창기 같이 빛이 오기 전 어둠의 시기인 인큐베이팅 시기를 거칠 수밖에 없다. 인큐베이팅 시기가 힘든 이유는 체력적으로나 정신적으로 가장 많은 리소스가 들어가기 때문이다. 당연히 어렵고 힘든 시기라는 것을 스스로 인정하고 이 시기에 가장 능숙하게 자신을 컨트롤할 수 있어야 한다. 체력적으로나 정신적으로나 최상의 상태를 유지해야 한다. 하나의 회사나 쇼핑몰의 인큐베이팅 성공은 그저 운이 좋아 버텨서 되는 일이 아니다. 처음부터 크게 변화시키려는 사람들이 많다. 하지만 쇼핑몰 인큐베이팅은 작은 것부터 시작한다. 내실구축은 작은 변화에서 시작된다. 최상의 상태를 매일 유지하면서 만들어낸 작은 결과물들이 하나씩 모여 하나의 큰 성과물로 만들어진다. 특히 체력적인 부분이 중요한데 체력이 약해지면 정신력도 약해지기 마련이기 때문이다. 컨디션 조절 및 체력관리, 운동도 꾸준히 하면서 자기관리는 기본적으로 해야 한다. 무조건 일에만 매달리지 말고 좋은 컨디션을 꾸준히 유지할 수 있는 여유의 시간을 만들어야 장기간 판매에 집중할 수 있다. 그리고 앞서 마인드와 태도에서도 언급했듯이 조급한 마음으로 쓸데없이 욕심을 부리지 말고 하나씩 해나간다는 태도로 바로 오늘 현재 상황에 최선을 다하면 된다. 인큐베이팅 시기를 현명하게 극복하고 얻을 수 있는 가치, 어둠에서 빛으로, 찬란한 가파른 성장, 폭발적인 매출 상승을 블랙코어는 어떻게 만들어 가는지 이야기를 해보려고 한다.

항상 강조하지만 일에 있어서 성공을 하려면 기복이 없는 상태가 되어야 한다. 하지만 사람인 이상 감정이 사업에 영향을 끼칠 수밖에 없다. 수많은 판매자가 1인 구조에서 벗어나지 못하고 지쳐 그만둔 이유, 모든 업무를 혼자 감당하다가 속도와 효율이 떨어져 판매 시기를 놓친 이유, 바로 온라인 판매를 시스템화시키지 못했기 때문이다. 블랙코어는 온라인 판매의 시스템화를 중요하게 여긴다. 사람이 일하는 것에는 한계가 존재하기 때문이다. 판매자이자 사업자들이 흔히 하는 혼자서 뭐든지 가능할 것 같다는 생각은 착각에 불과하다. 누구에게나 하루 24시간이 동일하게 주어진다. 아무리 판매 능력과 실력이 뛰어나도 하루 24시간 멀티태스킹으로 여러 가지 업무를 매일 한다면 "언제까지 이렇게 혼자서 여러 업무를 해낼 수 있을까?" "나이 드니 체력이 예전 같지 않네" "이제는 일할 기력이 생기질 않네, 방법이 없을까?" 이런 식으로 생각하며 막막해질 것이다. 해결책은 이미 알고 있을 것이다. 사업자가 스스로 조금 욕심을 내려놓아야 한다는 사실을. 어떤 판매자들은 이렇게 말한다. "판매가 잘 되어야 직원을 채용할 수 있지 않을까요?" "자금이 없습니다. 당분간 1인 체제로 가야 할 듯합니다." 물론 블랙코어 역시 판매자로 초창기에 혼자 쇼핑몰을 키우면서 할 수 있는 모든 업무를 최대치로 했었다. 그렇기 때문에 이해하고 공감한다. 시장조사, 아이템 소싱, 홈페이지 제작, 사진 촬영, 상세페이지 제작, 배송, 마케팅, 광고 관리, C/S까지. 주말은 물론 밤낮없이 온라인 판매 업무에 집중하며 3~4시간 쪽잠을 자면서도 혼자서 모든 것을 다 할 수 있다고 자신했었다. 매출은 올렸지만 결국 건강을 잃어버리게 되어 한동안 업무를 할 수 없는 상태가 된 적이 있었다. 그때가 아니어도 언젠가는 고장이 날 수밖에 없었을 것이다. 그저 무대포로 과한 업무를 쉬지 않고 달린 결과였고 혼자서 할 수 있는 한계가 어디까지인지를 느낀 소중한 경험이었다. 다른 판매자들은 나와 같은 시행착오를 겪지 않았으면 하는 바람이다. 1인 체제인 쇼핑몰을 인큐베이팅하려면 3가지 조건이 필요하다. 블랙코어가 직접 겪은 경험을 바탕으로 1인 체제인 쇼핑몰을 성공적으로 인큐베이팅하기 위한 조건을 다음장에서 확인해보길 바란다.

1인 체제 쇼핑몰 인큐베이팅 성공 조건

1. 우선 판매자 스스로가 판매 실력을 갖춰야 한다.

- 1개 품목 이상 한 달에 최소 500개~1천 개
  팔 수 있는 실력
- 1인 체제에서 인큐베이팅하려면 판매자 스스로가 일정 이상
  판매 수량을 달성해야 한다.

2. 자신의 체력의 한계를 알고 있어야 한다.

- 일의 최대 한계를 직접 경험하고 느껴야 한다.
- 쉬지 않고 어느 정도 일할 수 있는지, 체력의 한계가
  어느 정도인지, 언제 지치는지 파악한다.
- 한계와 패턴을 알고 매일 일관된 패턴을 유지해야 한다.

3. 자신이 할 수 있는 일의 한계를 파악해야 한다.

- 각 업무에서 고객이 만족할만한 최상의 결과물과 자신이
  할 수 있는 한계를 측정한다.
- 자신이 할 수 없는 일은 외주나 직원을 채용해서
  관리해야 한다.
- 특히 배송과 C/S, 디자인, 모델, 촬영, 마케팅, 광고 관리 중에
  자신이 탁월하게 할 수 없다고 생각하면
  외주를 맡기는 편이 낫다.
  (물론 최상의 결과물이 원하는 시기에 제때 나와야 한다.)

가장 중요한 점은 처음부터 1인으로 할 수 있는 한계를 분명히 알고 있어야 한다는 것이다. 스스로 이 점을 인지하지 못하고 뭐든지 다 할 수 있다고 여기면 시간이 얼마 지나지 않아서 지치거나 건강을 잃어 포기하고 싶은 마음이 굴뚝같을 것이다. 블랙코어는 인큐베이팅 프로젝트 시에 사업자의 성향과 체력에 맞는 적합한 스케줄과 필요한 요소들을 리스트화시켜 최적의 업무 시스템을 가장 먼저 구축한다. 이런 시스템이 결국 사업자의 성공을 돕기 때문이다. 자신이 가장 잘할 수 있고 또 쏟아야 하는 능력을 원하는 시기와 원하는 업무에 고효율로 쓸 수 있다면 쇼핑몰 인큐베이팅의 성공은 그리 멀지 않을 것이다. 1인 체제가 아닌 온라인 쇼핑몰도 각각의 인원의 능력과 한계를 파악해서 적절하게 업무를 배정하고, 시스템화하는 것이 중요하다. 위에서도 언급했듯이 기복이 없으려면 온라인 판매는 시스템화되어야 한다. 한명 한명의 고객이 일관성 있게 만족해야 쇼핑몰 인큐베이팅도 가능하다. 이는 매번 고객들에게 믿음직한 신뢰성을 선물해서 구매로 보답이 올 것이다.

가끔 쇼핑몰 인큐베이팅이나 마케팅 프로젝트 상담을 하다 보면 클라이언트가 걱정돼서 물어보는 얘기들이 있다. "저희도 잘될 수 있을까요?" "진짜 해도 해도 안 되는 것 같아요, 더는 방법을 못 찾겠어요." "인큐베이팅 프로젝트를 진행하면 뭔가 다른 것들이 생길 수 있을까요?" "지금까지 교육이나 컨설팅을 들어도 별 효과 없이 그저 그렇게 끝난 듯해요" 당연한 얘기들이다. 블랙코어 역시 그 입장이라면 똑같이 물어볼 것이다. 아니, 더 자세하고 치밀하게 물어볼 것이다. 쇼핑몰 인큐베이팅, 마케팅 프로젝트를 진행했던 클라이언트라면 이 말이 이해될 것이다. 이런 성공들에 대해 궁금해하는 회원분들에게 항상 처음 하는 말이 있다.

"성공은 이미 정해져 있습니다."

"아니, 성공이 정해져 있다니 이건 또 무슨 소리인가요?" 이렇게 반문을 하곤 한다. 그러면 이렇게 얘기한다. "안타깝게도 성공하는 쇼핑몰과 실패하는 쇼핑몰은 이미 정해져 있습니다." 그러면 냉소적으로 이렇게 물어볼 때가 있다. "블랙코어는 무슨 미래를 내다보는 점쟁이인가요?" "믿기 어려우시겠지만 단지 어떤 쇼핑몰이든 이미 시작하기 전에 성공과 실패가 정해져 있는 경우가 많습니다." 쇼핑몰이나 온라인 판매자든 누구든 자신이 성공할 가능성이 있는지 없는지를 아는 것은 매우 중요하다. 아무리 인내심 있게 노력해도 잘 될 수 없는 요소들을 가지고 있다면 실패할 확률이 높다. 그래서 블랙코어는 인큐베이팅 프로젝트를 진행할 때 판매자가 처음부터 갖고 있는 성공을 방해하는 요인들을 하나씩 찾아 문제점을 해결한다. 지나치게 조급하다거나, 생각이 너무 많거나, 끈기와 인내심은 있지만 자신감이 부족하거나, 컨디션이나 감정의 기복이 심하거나, 건강이 좋지 않거나, 교육 커리큘럼에 불신이 많고 신뢰를 하지 못하거나, 가정사, 지인, 직원 문제, 개인 문제 등 내·외부적 요인의 문제

206

점이 있다면 먼저 이를 찾아 해결하게끔 만든다. 그러고 나면 자신의 문제점이나 골칫거리들을 스스로 통제하고 해결할 수 있는 마인드와 강한 정신력을 갖추게 된다. 비로소 블랙코어의 판매·마케팅 지식과 실력, 감각, 역량을 전수받을 수 있는 최상의 상태가 된 것이다. 처음부터 이렇게 자신의 최상의 상태로 시작하는 판매자는 남들과 다른 시야와 시각으로 전자상거래의 세계를 바라보게 된다. 더욱 넓어지고 깊어진 안목과 시야를 갖추게 된다. 그래서 이 책도 쇼핑몰의 세계를 알고 마인드와 태도를 갖춘 후 내실을 구축하게끔 구성되어 있는 것이다.

초반 쇼핑몰 인큐베이팅 시에는 컨디션을 일정하게 잘 유지해서 원하는 목표에 도달할 때까지 최상의 상태를 유지하는 것이 관건이다. 판매자들이 오랫동안 하지 못하는 이유는 불안하거나 압박감이 심한 상황을 스스로 견딜 수 없어서 감당하지 못하기 때문이다. 판매를 시작한지 얼마 되지 않거나 쇼핑몰을 운영할 때 처음부터 매출이 오르지 않는 것은 어찌보면 당연하다. 하지만 이를 자신의 실력과 마인드의 문제라 생각하지 못하고 빨리 포기해버리거나 스스로 자멸해버린다면 어쩔 도리가 없다. 초반 쇼핑몰 인큐베이팅의 시기는 어둠의 시기이다. 어둠의 시기는 6개월~2년사이가 될 수도 있고 판매가 부진할수록 길어져 5년 이상 될 수도 있다. 중요한 건 이 어둠의 시기를 제대로 돌파하지 못하면 사업자 스스로도 끝없는 자기 불신으로 인해 더 이상 판매를 지속하기 어렵게 되는 것이다. 이런 상황에서는 앞도 보이지 않고 과연 내가 판매하는 아이템이 잘 팔릴까 하는 의심과 함께 실제로 투자금액 대비 매출액이 안 나오기 때문에 방향성에 대한 의문을 품기 마련이다. 자, 그럼 어떻게 하면 어둠의 시기인 인큐베이팅 시기를 보다 현명하게 이겨낼 수 있는지 궁금할 것이다. 그리고 인큐베이팅 시기를 현명하게 극복하고 어둠에서 빛으로, 찬란하게 빛나는 가파른 성장, 폭발적인 매출상승으로 이어지는 시기를 어떻게 만들어가는지 아래에서 확인해보길 바란다.

인큐베이팅 시기를 현명하게 극복하는 방법

1. 목표를 위해 매일 최상의 상태를 유지한다. (특히 체력)

컨디션이나 감정의 기복이 생기지 않게 규칙적인 생활을 꾸준히 유지하는 것이 중요하다. 사실 인큐베이팅 시기는 초반의 온라인 판매의 방향과 기준을 정하는 시기이다. 이때에는 정신과 몸이 최상의 상태가 되지 못한다면 실패할 확률이 크기 때문이다. 자신의 생활 패턴이 규칙적으로 자리를 잡지 못한다면 판매 활동을 꾸준히 하는 것에 있어서 전혀 도움이 되지 않는다. 출근을 규칙적으로 하고 업데이트를 매일 소량이라도 하는 것, 꾸준히 오프라인 시장 도매처를 발굴하는 것, 초기에 구축한 컨셉을 일정하게 유지하는 것 모두 인큐베이팅 시기에 가장 중요한 일들이다. 특히 평상시에도 수면 패턴을 지켜주고 규칙적인 식사와 운동을 하며 꾸준히 체력을 길러줘야 도움이 된다.

2. 쓸데없이 감정을 낭비하지 않고 바로 오늘 현재 상황에 최선을 다한다.

인큐베이팅 시기에 판매자들이 힘들어하는 이유는 어떤 기본적인 목표에 도달하기도 전에 조급하게 갖는 마음 때문이다. 인큐베이팅 시기에 기본적인 상품 업데이트를 50개~100개 정도 조차하지 않고 판매가 되느냐 마느냐를 고민하는 일처럼 시간낭비는 없을 것이다. 판매자들이 심연에 빠지는 이유는 현재 제 할일을 다하기도 전에 터무니없는 욕심으로 필요 없는 근심걱정에 빠지기 때문이다. 인큐베이팅 시기는 말 그대로 한치의 쓸데없는 감정소모 없이 오로지 자신의 시간과 정신력 100%를 이 인큐베이팅 시기에 쏟아부을 수 있어야 한다. 쓸데없는 감정을 최소화 시키고 업무에 최대한 집중할 수 있게 만들어야 한다. 성공을 원하는만큼 매일매일 집중력이 최고조에 달해야 한다. 냉정하게 말하지만 자신이 감정에 의해 컨디션이 자주 바뀐다면 감정을 절제할 수 있어야 한다. 판매는 자신의 취미생활이 아니다. 오로지 고객에게 선택을 받느냐 받지 못하느냐만 존재할 뿐이다. 냉정하고 이성적인 상태를 유지해야 한다. 애시당초 불평불만할 시간 같은건 없다. 모든 감정은 성공한 다음에 누려라.

3. 판매 실력을 지속적으로 키운다.

전자상거래라는 시장에 첫발을 내딛었을 때 모든 경쟁자들과의 생존경쟁이 시작된다. 이 생존경쟁에서 이기느냐 지느냐는 오로지 상위노출 로직같은 꼼수나 편법이 아니라 본인의 판매실력으로 결정된다. 부족하다면 피하지 말고 지속적으로 경험을 쌓거나 판매 실력을 키워야 한다. 온라인 판매에서 판매가 이루어지지 않는다면 오프라인으로 나가라. 안에서 안 팔린다면 밖에서라도 팔 수 있어야 한다. 판매가 부진한데도 아무것도 할 생각이 없다면 일찍 포기하고 딴 일을 알아보는 편이 나을 것이다. 50가지의 상품을 갖고 있다면 50가지 모두 적은 판매량이라도 조금씩은 판매할 수 있는 실력을 키워야 한다. 단 많이 팔리는 상품은 존재한다. 중요한건 모든 상품을 다 잘 팔수 있도록 해야 한다는 것이다.

4. 하루 24시간 365일을 업무와 함께 최소 1년 이상 유지해라.

말이 1년이지 사실 판매 사업을 시작한 이상 쉴 시간은 없다. 판매자가 쉴 수 있는 시간은 오로지 업무를 하면서도 스트레스를 받지 않는 상황일 뿐이다. 우선 인큐베이팅 시기는 6개월에서 1년으로 좁혀지기 때문에 이 시기에는 다른 외부적 요인이나 상황에 휘둘리면 안 된다. 장인의 정신처럼 최대한 완벽하게 한다는 생각으로 해야 성공적인 결과물에 그나마 70~80% 정도 근접하게 된다. 오로지 한가지 목표를 위해 다른 것은 과감하게 제쳐놓는다. 특히 스케줄표가 중요한데 모든 판매 업무와 판매 전략, 마케팅, 시장 조사, 아이템 소싱, 사진, 디자인, 배송 업무, 직원관리, 광고 관리 등을 모두 한치의 시간 낭비 없이 1년 365일을 매일 유지할 수 있어야 한다. 물론 휴식시간도 포함되어야 한다.

5. 중요한 건 판매가 되어야 한다는 사실이다. 안된다면 계속 수정하고 보완해야 한다.

판매 시장은 냉정하다. 만약 원하던 판매결과에 미치지 못하거나 무엇인가 계속 문제점이 생겨서 보완해야 할 점이 생긴다면 지속적으로 보완할 수 있어야 한다. 이런 보완해야 할 점을 스스로 하지 않거나 무시하고 패스해버린다면 문제점은 더 커져서 조기에 바로 잡기가 어렵게 된다. 판매가 10개에서 20개로, 20개에서 50개로, 50개에서 100개로, 100개에서 300개로, 300개에서 1천 개까지 갈 수 있도록 계속 수정하고 보완해라. 지금 현재 판매결과만이 최선이 아니라는 점을 명심해야 한다. 더 높은 목표 수치를 위해 도약할 수 있는 가능성은 얼마든지 존재한다.

위의 5가지를 참고하고 숙지해서 1년을 보낸다면 아마 다른 판매자들의 1년과 다른 결과가 나올 것이다. 그저 나태한 오늘을 똑같이 다른 판매자도 보낸다고 생각하면 큰 오산이다. 1분 1초를 허무하게 낭비한다면 365일 중 절반은 허무하게 지나갈 수도 있다. 블랙코어가 현재도 판매자로서 실전에서 계속 활동하고 있는 이유도 앞에서 언급한 5가지를 토대로 지금까지 유지해왔기 때문이다. 위의 5가지가 허무맹랑한 이론에서 나올법한 얘기라고 생각하지 말고 나 자신이 매일 소화할 수 있도록 진심으로 최선의 노력을 다해야 한다. 물론 위의 5가지는 인큐베이팅의 시기가 지나더라도 유효하다. 항상 초심을 잊지 마시길 바라며 세상의 모든 성공적인 결과물에는 피와 땀이 존재한다. 뭐든지 고통 없이 얻어지는 법은 없다. 일반적인 판매자들의 90%를 뛰어넘는다는 생각으로 5가지를 숙지하시길 바란다. 미리 걱정은 하지 않아도 된다. 어둠의 기간인 인큐베이팅 시기를 잘 보내면 따뜻한 빛이 내리 쬘 날이 올 것이다.

어느 정도의 인큐베이팅 기간이 지나면 반드시 브랜드에 심혈을 기울여야 한다. "브랜드"는 고객의 무의식에 영향을 주는 마케팅의 시작과 끝이라 할 수 있다. 쇼핑몰 마케팅에서 판매하는 제품도 중요하지만 가장 중요한 것은 "만족도"이다. 만족도를 최상으로 끌어주는 것은 다름 아닌 "브랜드"의 영향력이다. 소비자가 제품이 마음에 들었는데 구매를 망설이는 태도를 보이는 이유, 가격은 저렴한데 이상하게 끌리지 않는 이유, 사람들이 구매하긴 하는데 재구매 없이 일회성으로 그치는 이유, 동일한 제품인데 다른 브랜드의 고가제품을 사는 이유 등은 "제품의 퀄리티가 떨어진다거나 배송이 느리다"라는 형식적인 이유만으로는 설명하기 어려울 것이다. 원인은 브랜드와 직접적으로 연결이 되어있다. 마케팅을 할 때는 눈으로 볼 수 없는 심리를 읽을 수 있어야 한다. 마케터는 "눈에 보이는 심리"와 "눈에 보이지 않는 심리" 두 가지를 모두 읽을 수 있어야 한다. 특히 눈에 보이면서도 보이지 않는 심리에 영향을 미치는 것이 브랜드 네임이다. 브랜드 네이밍 시 꼭 참고해야 할 중요사항을 5가지로 정리한다.

브랜드 네이밍 시 참고 사항

1. 최저가와 박리다매를 고수하는 쇼핑몰이라 하더라도
   저렴해 보이는 뉘앙스는 피한다.

2. 고가의 브랜드 네이밍 제작 시 높은 가치가 느껴지는
   특별한 분위기로 제작한다.

3. 브랜드 네이밍은 업종과의 연관성과 제품의 일관성(통일성)이
   전제되어야 한다.

4. 브랜드 네이밍의 기본은 심플, 단순, 명료이다.

5. 브랜드 철학, 브랜드 아이덴티티, 브랜드 스토리, 브랜드 비전을
   염두에 두고 만든다.

위의 참고 사항들을 알고 브랜드 네이밍을 해야 긍정적인 브랜드 인식에 성공해서 재구매까지도 가능할 수 있을 것이다. 물론 해당 브랜드 네임이 단순히 사업장 내부의 관점이 아닌 제3자의 시각으로, 고객의 시야로 봤을 때 많은 사람이 동의하느냐가 중요하다. 이때 임펙트가 어느 정도인지를 테스트해야 한다. 만약 임펙트 수준이 기대에 못 미치거나 소비자들이 한번, 두 번 보더라도 기억을 할 수 있는 네임이 아니라면 다시 제작을 고려해야 한다. 테스트 방법은 한번 들었을 때, 업종과의 연관성을 고려했을 때, 브랜드 네임이 쉽사리 잊히지 않고 머릿속에 회사의 아이덴티티와 함께 인식되는지를 보는 것이다. 만약 계속 맴돌

고 쉽게 잊히지 않는다면 2차까지도 성공이다. 마지막 단계로 소비자의 욕망과 호감을 자극할 수 있는 브랜드 네임이 아니라면 다시 한번 고려할 필요가 있다. 당연히 이 부분도 내부관점이 아닌 제3자의 시각과 시야로 테스트를 거쳐야 한다. 브랜드 네임을 한번 보거나 들었을 때 임펙트가 강하고 욕망을 자극한다면 성공적인 브랜드 마케팅의 시작이 될 것이다. 브랜드 네임은 마케팅의 시작이고 본질이고 핵심이다. 꼭 인지하길 바란다.

브랜드는 곧 기업의 얼굴이자 대문이다. 오랜 시간 동안 브랜드에 투자한다면 브랜드에 대한 가치는 올라갈 수밖에 없다. 대기업들만 브랜드 전쟁을 벌이는 것은 아니다. 개인도 퍼스널 브랜드로 마케팅하는 세상이다. 소상공인들도 브랜드 전쟁에 합류할 수 있다. 이제 작은 기업들도 브랜드 전쟁에서 이길 수 있는 시대가 왔다. 누구나 인터넷을 이용할 수 있기 때문이다. 물론 회사의 내실을 다지는 것은 기본이다. 대중들은 작은 기업에 대해서 신뢰감을 쉽게 갖지 못하기 때문이다. 그래서 더더욱 작은 기업들도 브랜딩을 해야 한다. "브랜드 마케팅"에 대해 누구나 쉽게 접근을 하지 못하고 있다. 브랜드 마케팅에서 가장 필요한 점은 "창조력", "기획력", "통찰력" 이 세 가지이다. 이 3가지를 숙지하고 있다면 꼭 필요한 브랜드 마케팅을 할 수 있다. 브랜드 마케팅은 이제 생존 필수 전략이다. 기업의 생존에 필요한 "브랜드"를 오랫동안 고객에게 심어주기 때문이다. 이 브랜드 기억은 장기적으로 고객이 구매하는 매 순간마다 영향을 미치게 된다. 더불어 팬과 마니아층까지 만들어주는 효과까지 있다. 또한 브랜드 마케팅을 지속할수록 "긍정적인 인식"을 심어준다. "긍정적인 인식"은 곧 "매출의 상승"과 직결된다.

처음부터 매출을 올리기 위해 아등바등할 필요 없다. 여유롭고 차분하게 브랜드를 한 단계씩 성장시키다 보면 매출도 한 단계씩 올라간다. "우리 제품 사주세요." 보다 "우리는 이런 브랜드입니다."라고 하는 것이 더 설득력 있다. 현재 패러다임에서는 후자가 더 현명한 전략이다. 오프라인 매장이나 쇼핑몰을 운영하다 보면 어느새 한계에 부딪히곤 한다. 90%의 실패한 쇼핑몰에 속하지 않고 오랜 기간 안정적으로 운영한 쇼핑몰도 예외가 아니다. 이럴 때 필요한 것이 바로 "브랜드"의 힘이다. 사실 아무리 시대가 변하며 상대적 가치가 줄어들었다고는 하지만 여전히 한국에서는 브랜드 파워가 막강하다. 삼성, LG부터 애플, 구글, 네이버, 벤츠, BMW, 샤넬, 프라다, 몇 년 동안 국내 패션 시장을 좌지우지 하고 있는 SPA 브랜드 자라, H&M까지 수많은 브랜드가 있다. 하지만 이 사실을 잊지 말아야 한다. 아무리 거대 공룡기업인 대형 브랜드 업체들도 처음에는 소규모 혹은 영세 상인이었다는 것을 말이다. 블랙코어는 특히 중소형 쇼핑몰 혹은 오프라인 매장을 인큐베이팅 하며 서서히 브랜드를 키워가는 업체를 볼 때마다 많은 보람을 느끼곤 한다. 그만큼 많은 공을 들이고 정성과 노력을 다해서 그런 것인지도 모르겠다. 사실 아직도 소상공인, 온라인 사업자들은 브랜드 마케팅을 어려워한다. 당연히 어렵다. 항상 블랙코어가 쇼핑몰 프로젝트나 컨설팅 시 브랜드 마케팅을 진행하는 분명한 목적이 있다. 그 분명한 목적은 바로 "재구매율"을 높이기 위해서다. 브랜드 마케팅을 진행하는 이유 중 하나는 비용 대비 효과가 높기 때문이다. 다행히 신규유입으로 구매 전환을 만들었다면 거기에서 끝이 아니다. 구매가 일어난 순간부터 다시 시작이다. 하지만 보통 많은 사업자가 이 부분을 놓치곤 한다. 기존 구매자보다 또 다른 신규구매자를 유입시키고 DB를 확장 시키는 데만 집중을 하고 있다는 것이다. 기존 고객을 상대적으로 덜 신경 쓰고 신규 광고 투입량만 많기 때문에 당연히 더욱더 힘든 상황이 온다. 이렇듯 기존 DB도 제대로 활용을 못 하는 상태에서 신규 DB를 얻어봤자 "효과를 발휘할 수 없는 DB"에 불과하다.

자사의 브랜드가 구매 전환율을 어느 정도 상승시킬 수 있는지는 중요하다. TOP 10 안에 드는 대형쇼핑몰은 재구매 전환율에 대해 신경을 많이 쓴다. 재구매가 올라가면 신규 구매 전환율도 자연스럽게 올라가게 된다. 이유는 입소문이 영향력을 발휘하기 때문이다. 1명이 10명에게 전파하는 것과 10명이 100명에게 전파하는 것은 별 차이가 없을지 몰라도 천 명, 만 명이 만 명, 십만 명에게 전파하는 것은 다르다. 엄청난 파급력과 영향력을 발휘한다. 브랜드 마케팅이 제대로 진행되는지를 보려면 해당 브랜드의 조회 수를 보면 알 수 있다. 특히 현재 가장 많이 성장하고 있는 브랜드는 해당 기간 내의 브랜드의 조회 수가 급격하게 성장하고 있다는 사실을 알 수 있다.

어느 정도의 인큐베이팅 기간이 지나면 반드시 브랜드에 심혈을 기울여야 하는 이유이기도 하다. 보통 브랜드 마케팅은 6개월이나 1년 정도 시점에서 진행하곤 한다. 브랜드 마케팅 전략 중에는 "브랜드 캠페인" 전략이 있다. 많이 오해하는 부분이 있는데 브랜드 캠페인은 단순한 이벤트나 프로모션이 아니다. 브랜드의 가치를 올리기 위한 "브랜드 가치 활동"이라고 보는 게 정확하다. 브랜드 캠페인은 광고 전략이 아니라 홍보 전략에 속한다. 브랜드로서 소비자들과 서로 커뮤니케이션을 하고 거기에서 공통분모를 찾아내는 것에 목적을 둔다. 바로 그 접점에서 소비자와 기업이 생각하는 자사 브랜드에 대한 자아실현 즉, "자기 만족감"이 나온다. 이처럼 브랜드 마케팅을 해야 하는 이유는 분명하다. 해당 시장을 선점하는 것과 선두주자로서 최초라는 포지셔닝에 성공해야 하는 것은 물론이다. 아무리 세상이 "절대적 가치"로 평가되는 시대로 접어들고는 있지만, **그 "절대적 가치"의 이면에는 소비자의 마음속 우선순위에 대한 "상대적 가치"가 존재한다. 수많은 브랜드 중에서 어떤 브랜드가 내 마음속의 우선순위에 있는지 그 브랜드의 가치를 매기는 것은 본인 자신이다.** 대부분 온라인 쇼핑몰은 마케팅을 온라인 마케팅으로만 연관 지어서 생각하기 마련이다. 하지만 온라인 마케팅만 있는 것이 아니라는 것은 다들 알 것이다. 현재는 통합 마케팅 개념을 뛰어넘어 모바일, 오프라인을 엮는 디지털 마케팅의 시대이다. 많은 온라인 판매 사업자가 SNS와 온라인 플랫폼을 빠르게 구축하고 있다. 하지만 아쉽게도 모두 온라인 안에서만 마케팅을 전개하고 있다. 디지털 마케팅을 하기 전에 온라인 쇼핑몰에서 충분히 시도할 수 있는 오프라인 브랜드 마케팅을 살짝 살펴보겠다. 이 3가지만 제대로 소화해도 충성 고객들에게 지속적인 브랜딩과 브랜드 경험을 만들 수 있다. 가장 먼저 시도할 수 있는 부분들은 아래와 같다.

시도할만한 오프라인 브랜드 마케팅

1. 오프라인 인쇄물 (쇼핑몰 브로슈어, 카탈로그, 소식지)

 간과하기 쉬운데 브로슈어, 카탈로그, 소식지 같은 오프라인 인쇄물은 쇼핑몰의 브랜딩을 강화시켜줄 뿐 아니라 쇼핑몰의 충성 고객과 마니아층을 두껍게 확보할 수 있는 전략이다. 브로슈어나 카탈로그, 소식지에 쇼핑몰의 상품을 단순히 홍보하는 방식이 아니라 사람들이 제품을 사면서 관심 있어 하는 스토리, 흥미로운 고객 사연들을 보여주는 방식이 되어야 한다. 결국 고객들은 제품을 사면서도 한 번쯤 브랜드에 대해서 돌아보게 된다. 만약 여건이 안 된다면 고객들에게 보내는 브랜드 레터(소식지)가 있다. 고객들에게 좀 더 친근하고 가깝게 느껴지게 만드는 손편지를 더욱 시스템화시켜 활용한 전략이라고 볼 수 있다.

2. 쇼핑몰 이벤트 및 브랜드 사은품 전략 (홍보용품 및 판촉용품)

온라인 쇼핑몰은 인터넷에서 서핑해서 구매가 이루어지지만, 최종적으로 현실에서 제품을 보고 만질 수 있는 제품으로 전달이 된다. 아무리 온라인에서 사진 촬영을 잘하고 예쁘게 꾸며놓아도 실제로 제품을 받았을 때 실제 느낌이 별로면 재구매는 이루어지지 않는다. 그래서 보통 홍보용품과 판촉용품을 통해서 브랜드를 재고(인식)시킨다. 배송이 늦었을 때 서비스로 언제 어디서든 활용 가능한 소품, 양말, 머리끈같이 생각지도 못한 선물이 들어 있으면 혹여라도 제품을 받았을 때 아쉬웠던 마음을 달래 줄 수 있을 것이다. 또한 고객이 평상시에 갖고 싶어 하는 것을 선물개념으로 증정할 수도 있다. 보통 브랜드 로고가 붙여진 다이어리, 수첩, 카드지갑, 열쇠고리, 달력, 펜 등 기본적인 것 외에도 흥미를 자극하는 아이디어 상품부터 여자들이 좋아하는 화장품 파우치, 패션잡화, 소품 등까지 여러 가지 사은품을 전달할 수 있다. 조금이라도 신경을 쓰면 이런 사소한 부분들도 고객들은 큰 감동으로 다가오게 된다. 요즘 같은 경기 불황에 고정고객을 유지하는 전략은 필수이다.

3. 상품 포장을 담당하는 브랜드 로고 박스, 쇼핑백 등

배송이 됐을 때 쇼핑몰 고객들이 가장 먼저 보는 것은 어떤 부분일까? 그건 바로 제품이 들어 있는 박스다. 깨끗한 박스인지 아닌지, 한눈에 들어오는 문구와 로고가 붙여져 있는 기업화된 쇼핑몰 박스인지 고객들은 한순간에 무의식적으로 판단하게 된다. 한마디로 "포장도 깨끗하게 오고 로고와 스티커, 라벨도 붙어있으니 브랜드가 있는 쇼핑몰이구나"라고 인식한다. 반대로 포장도 제대로 안 돼 있고 박스도 너덜너덜한 상태로 대충 온다면 앞으로 고객들이 재구매할 일은 별로 없을 것이다. 그만큼 실제 받는 제품을 더욱 가치 있고 빛나게 해주려면 제품 포장과 외형에 신경써야 한다. 맞춤화된 포장 박스와 선물용으로 제작된 쇼핑백, 그리고 라벨지 등에 신경 써 상품의 가치를 극대화해보는 것은 어떨까?

이 3가지만 제대로 시도해도 재구매와 충성고객 확보가 눈에 띄게 증가할 것이다. 현재 신규 고객 창출에 심혈을 기울이고 있는가? 쇼핑몰로 브랜딩을 할 때는 고정고객을 돌아봐야 한다. 고정고객에게 사은품, 멋진 포장 박스와 소식지, 마음을 담은 손편지 하나만으로도 브랜드 홍보를 할 수 있다.

이제 인큐베이팅 과정이 얼마나 중요한지 그 이유에 대해선 모두 알 것으로 생각한다. 계속 강조하는 이야기이지만 판매 기본기와 내실구축 없이는 온라인 판매에서 성공할 수 없다. 대형 쇼핑몰들을 무작정 벤치마킹하거나 따라 하는 것으로는 안 된다. 경쟁사, 대형쇼핑몰 벤치마킹은 참고용일 뿐이다. 우리 쇼핑몰만이 가진 차별화된 컨셉, 분위기, 느낌, 브랜드를 만들어낼 수 없다면 온라인 쇼핑몰의 실패는 이미 예정된 일이다. 아래는 블랙코어가 인큐베이팅 프로젝트에서 사용하는 10가지 체크리스트다. 각 질문에 대한 고민과 답을 도출하는 과정이 판매 감각을 높이는 데 도움이 될 것이다.

쇼핑몰 인큐베이팅 10가지 체크리스트

첫 번째

우리 제품을 구매하는 이유가 무엇일까?
- 제품을 구매하는 본질적인 이유, 무의식 속에 담겨진 소비 심리, 제품의 이용 가치 속에 담겨진 핵심 구매 심리

그렇다면 이 제품을 왜 온라인으로 구매하려 할까?
- 오프라인이 아닌 온라인, 모바일에서만 꼭 구매해야 하는 핵심적인 이유

(온라인 및 모바일에서 구매했을 때의 강점, 충동적·습관적· 매니아적 구매 행동 패턴 등)

두 번째

소비자가 우리 제품을 꼭 이용해야 하는 분명한 이유가 있는가?
- 우리 제품이나 서비스가 아니면 안 되는 꼭 필요한 명분을 만들어야 한다.
- 이용할 수밖에 없는 구체적이고 현실적인 이유를 찾아야 한다.
- 소비자들은 이제 현명하다. 일반적인 최저가 경쟁이나 판촉 홍보에 속지 않는다.

세 번째

제품의 시장 성장 가능성
- 팔려고 하는 제품이 현재 시장에서 얼마나 성장할 수 있는가?
- 제품이 해당하는 현재 시장이 레드오션인가? 블루오션인가?

- 경쟁사는 얼마나 있는가? 얼마나 경쟁이 치열한가?

- 새로운 신제품인가? 아니면 틈새시장 제품인가?

네 번째

제품이 어떤 컨셉과 브랜드를 가지고 있는가?

- 현재 팔려고 하는 제품이 어떤 컨셉을 가지고 있는가?

- 제품을 표현하는 확실한 브랜드 아이덴티티가 있는가?

- 현재 제품의 브랜드 철학과 고객 가치는 무엇인가?

- 팔려고 하는 제품에 고유한 우리만의 스토리가 있는가?

다섯 번째

제품과 서비스의 만족도는?

- 현재 판매 중인 제품이 충분한 메리트를 제공하고 있는가?

- 그리고 만족도가 높은가? 재 구매율은?

- 고객 불만이나 클레임의 비율은?

- 반품·교환율은?

여섯 번째

제품 구매 욕구를 얼마나 자극하는가?

- 제품에 대한 연출이 고객의 호기심과 호감을 자극하고 있는가?

- 고객이 제품에 대해서 얼마나 열광하는가?

- 눈에 띄는 쇼핑몰 아우라가 있는가?

- 메인 배너와 상품 상세페이지의 임펙트와 주목도는 어느
정도인가?

일곱 번째

제품과 서비스의 신뢰성

- 해당 업체의 고객들은 제품이나 서비스에 대해 신뢰하고 있는가?
- 해당 업체의 고객들은 배송과 C/S 부분에 대해서는 만족하는가?
- 클레임을 방어할 수 있을 정도인가?
- 신뢰감을 줄 수 있는 서비스가 있는가?
- 실제 제품과 쇼핑몰 사진이 동일하게 표현이 되어 있는가?

여덟 번째

사이트에서 문제 되는 점이 있는가?

- 비회원이나 회원이 이용할 때 편리한가?
- 쇼핑몰에서 제품을 볼 때 번거로움은 없는가?
- 쇼핑몰에서 스크립트 오류나 에러가 발생하는 부분은 없는가?
- 쇼핑몰 UI·UX에서 편의성이 제공되는가?
- 결제 시에 오류가 나지 않는가?
- 페이지 이동이 되지 않는 부분은 없는가?

6부

정석

소비자들은 진심을 알아본다

진심은 정석으로 전달할 수 있다

오로지 정석만이 진리이다

판매의 정석

판매자들은 악과 비양심이란 덫에 걸려들기 쉬운 위치에 있다. 돈을 벌기 위해서라면 어떤 꼼수나 요행, 비양심도 허용할 수 있다고 믿게 만드는 사회 환경에 노출되어 있기 때문이다. "그 정도는 괜찮아, 한번 해봐", "양심이 무슨 상관이야, 법망을 피해 가면서 사업을 하면 돼", "그렇게 해서 언제 사업 키울래, 그냥 우리처럼 하면 돼, 걱정하지 마" 주위에서는 이렇게 달콤한 유혹을 하곤 한다. 더 빠른 길이 존재한다고, 우리만 믿으라고 그렇게 세뇌를 시키고 꼼수와 요행을 알려준다. 하지만 그 길을 의심하고 유혹을 뿌리치며 정석의 길을 가려고 한 적이 있었는가? 정석대로 가는 길은 언제나 힘들고 외롭고 고독한 길이다. 그럼에도 불구하고 **우리가 "정석"을 택해야 하는 이유는 분명하다. 진정으로 사람들에게 통하는 길은 "진심"이고 그 진심은 "정석"을 통해서만 전달할 수 있기 때문이다.** 사업이나 마케팅도 "진심"을 전달하기 위한 행위라고 봐도 과언이 아니다. 진심이 전달되기까지 생각보다 오랜 시간이 걸린다. 사람들은 매사에 의심이 많고, 마음을 쉽게 열지 않기 때문이다. 특히 그 사람이 '소비자'라면 더욱 시간이 오래 걸릴 것이다. 소비자들은 끊임없이 의심할 것이다. 당신의 사업을. 당신의 상품과 서비스를 열 번 구매했더라도 열한 번째에도 또 의심할 것이다. 그러다 보면 "내가 왜 이러고 있나, 그냥 빠르고 쉬운 길로 가지"라는 생각이 들고 꼼수와 편법의 유혹에 빠져들 것이다. 하지만 소비자들은 안다. 누가 진심으로 대하는지. 화려하고 비싼 광고 전략보다 정석대로, 공정한 사업의 철학을 몸소 실천하는 것이 더 빠른 길이라는 것을 잊지 말아야 한다.

소비자들은 진심을 알아본다.
진심은 정석으로 전달할 수 있다.
오로지 정석만이 진리이다.

블랙코어는 항상 기본과 정석을 중요하게 생각한다. 그리고 지금껏 꼼수와 요행을 버리고 "정석"을 택해왔다. "정석"이란 정면으로 공격하는 방법이자 기교한 꾀나 모략을 쓰지 않는 올바른 방법이다. "비수기라서 매출이 이렇게 하락하는 걸까?" "내 쇼핑몰만 매출이 떨어지는 걸까?" "어떤 정치적 이슈가 있길래 주문이 한 건도 안 들어오지?" "저번 주에는 분명히 매출이 좋았는데 이번 주는 매출이 하락하네." 많은 온라인 판매자들은 매출에 대한 직·간접적인 고민을 갖고 걱정과 한숨을 쉬곤 한다. 이제 더 이상 매출 하락에 대한 고민을 하고 싶지 않다.

온라인 판매. 남들 눈에는 쉬워 보인다고 한다. 하지만 말처럼 쉬울까? 많지 않은 자본금이어도 꿈을 꾸게 만드는 온라인 쇼핑몰이지만 진입장벽이 낮은 만큼 포기도 쉽다. 가끔 오는 주문, 배송이 늦는다며 항의하는 고객, 오프라인이라면 고객들과 대화라도 하면서 문제점을 물어볼 텐데 온라인에서 고객들은 말이 없다. 고객들 누구도 말을 해주지 않는다. 이 상품 솔직히 별로라고, 상품 구색 수가 왜 이리 적은지, 퀄리티와 디자인도 영 아닌 것 같다고, 사진이 너무 이상하게 나왔다고, 그다지 신뢰감이 가는 쇼핑몰이 아니라고, 괜히 주문했다가 별로라 반품할 것 같아서 주문 안 하고 있다고 말이다. 모두 운영자 스스로 알아서 정확하게 파악해야 한다. **그래서 온라인 판매는 더욱 방향과 목적이 명확해야 한다. 계속 말하지만, 온라인 판매의 핵심은 명료하다. "온라인에서 특별한 가치를 만들어 대중들이 만족할만한 상품을 판매하는 것". 소비자들의 입장에서는 "열렬하게 구매하고 싶게 만드는 상품과 서비스".** 소비자에게 진짜 절실하게 필요한 게 무엇인지, 상품과 서비스를 갖고 싶게 만들 수 있는지, 당연한 말이지만 이것을 기반으로 해야 한다. 마케팅 컨설팅과 교육을 수도 없이 들어도 실제로 내 쇼핑몰이나 온라인 판매에 적용할 수 없다면 소용없다. 끊임없이 소비자의 시각으로 냉철하게 판단하고, 도전해 얻은 현실에서 통하는 판매의 정석, 바로 그것이 판매자가 추구해야 하는 기본이다. 이미 많이 알려진 마케팅, 즉 똑같은 전략과 방법만으로는 판매하기가 쉽지 않다. 각각의 쇼핑몰, 셀러들에게 맞춤화된 마케팅 해결책이 있다. 우리만이 할 수 있는 판매 해결책을 찾아야 한다.

처음부터 대박을 꿈꾸면 지치게 된다. 소박, 중박이 있어야 대박도 있다. 차근차근 우리에게 맞는 판매 전략을 하나씩 시도해보면 적어도 막막하진 않을 것이다. 하나씩 판매가 이루어졌을 때 보람을 느끼며 해결책을 찾을 수 있어야 한다. 온라인 판매에서 성공하려면 꼭 알아야 할 인간 심리의 7가지에 대해서 알아보자.

7가지 인간 심리

첫 번째, 생존(Survival)

사람들은 살기 위해 오늘도 일하고 내일도 일한다. 고등학생들은 좋은 대학교를 들어가려 안간힘을 쓰고 대학생들은 취업을 위해 회사에 맞는 경력을 쌓으려고 열심히 노력한다. 또한 고액의 연봉과 안정된 직장을 가진 직장인들은 회사라는 조직 내에서 살아남기 위해 고군분투한다. 사람들은 먹고살기 위해 하루하루 전쟁을 치른다. 이 모든 것들은 생존과 관련이 있다.

두 번째, 꿈(Dream)

이 세상 사람들은 인종과 상관없이 꿈과 희망을 품고 살아간다. 아무리 절망적인 순간이라도 말이다. 꿈은 삶에 있어서 윤활유와 같다. 꿈과 희망이 있는 사람들은 자신의 성취감을 위해 계속 앞으로 나아가려 한다. 이는 생존과는 다른 문제이다. 생존 문제는 살기 위해 삶을 살아가는 반면에 꿈은 최종 목표를 향해 달려가게 만든다. 사람들은 삶이 괴롭고 힘들어도 자그마한 꿈을 좇아서 오늘을 살고 내일을 산다.

세 번째, 사랑(Love)

세상에 목숨과 맞바꿀 수 있는 것이 있다면 그것은 무엇일까? 모든 사람이 가장 바라고 바라는 열망의 대상 바로 "사랑"이다. 1인 가구, 고령 인구의 증가와 함께 사람의 손길을 그리워하고 사랑에 굶주린 사람들이 지속해서 증가하는 추세이다. 연애, 사랑, 결혼은 오랜 세월이 흘러도 변하지 않는 인간 심리이다. 사랑으로 아파하고 사랑으로 행복해하는 우리 인간은 죽을 때까지 사랑을 마음속에 두고 즐거움과 고통을 동시에 느끼게 된다. 사람이 태어나 가족을 이루고, 이웃과 사회를 이루는 모든 것이 사랑으로 시작이 된다.

네 번째, 돈(Money)

사람들은 돈이 없으면 고통을 받게 된다. 또한 반대로 돈이 있어도 고통을 받게 된다. 도저히 사람이 끊을 수 없는 굴레는 바로 "돈"이라는 존재이다. 인간의 욕심은 끝이 없다. "돈"이라는 존재는 사람들을 악마로 만들기도 하고 천사로 만들기도 한다. 돈을 좋아하지 않는 사람들은 없을 것이다. 그래서 항상 돈이란 존재는 마케팅을 더 위대하게 만들어주기도 한다. 누구도 돈이라는 유혹을 버리기 힘들다.

다섯 번째, 건강(Health)

모든 인간은 태어나서 늙고 병들고 죽는 자연의 순리를 거치게 된다. 인간이 가장 두려워하는 것 중의 하나는 바로 질병과 죽음이다. 건강에 대한 걱정과 관심은 남녀노소 나이를 가리지 않는다. 사람들은 건강을 유지하기 위해 많은 돈을 쓰곤 한다. 때로는 질병을 예방하기 위해 혹은, 치료하기 위해서 말이다. 사람들은 나이가 들어갈수록 아무리 많은 부을 일궈도 결국 건강에 초점이 맞춰지게 된다. 건강하지 않으면 아무리 많은 돈과 명예가 있어도 소용없기 때문이다. 사람이 평생 걱정하며 관심을 가지는 것은 바로 건강이다.

여섯 번째, 안전(Safety)

만약 전 세계에서 재난과 전쟁 같은 일들이 지속해서 일어난다면 사람들은 어떻게 반응할까? 밤늦은 시각 모르는 사람이 따라온다면? 집에 강도가 들었다면? 모든 사람이 두려워하는 것은 바로 "안전"에 대한 부분이다. 사람들은 안전하게 있고 싶고 그 "안전"을 위해 돈을 쓰는 것에 거리낌이 없다. 공통으로 모든 사람이 느끼는 인간 심리 중 하나가 바로 안전에 대한 욕구이다. 전쟁 위협과 재난, 날로 각박해져 가는 사회 분위기로 사람들의 불안 심리는 극도로 커지고 있다. "안전"은 사람들의 일생을 따라다니는 주제이다.

일곱 번째, 뷰티(Beauty)

남녀노소 가리지 않고 돈과도 맞바꿀 수 있는 강력한 요소는 무엇일까? 아마도 "미"의 요소일 것이다. 누구나 젊어지고 싶고 청춘일 때로 돌아가고 싶을 것이다. 중요한 건 "미"를 위해 사람들은 돈과 시간을 들이는 것에 주저함이 없다는 사실이다. 여자는

231

평생 아름다워지는 것에 관심이 많고 남자는 멋진 몸과 외모를 갖는 것에 관심이 많다. 어떻게 보면 "돈"이라는 요소는 "미"를 위해서 존재할 수 있다고 해도 과언이 아니다. 그 정도로 성형수술, 다이어트, 화장품, 꾸미기 등은 모두 "미"라는 한 가지 요소로 귀결된다.

위의 7가지 심리를 알고 있는 상태에서만 온라인 판매에서 소비자가 진정으로 원하는 핵심을 알 수 있다. 사업자의 고민은 모두 매출과 이익에 초점이 맞춰져 있다. 매출이 일어나지 않으면 사업을 영위할 수 없다. 냉정한 현실 속에서 어떻게든 고객의 마음을 훔쳐 수익으로 연결해야 한다. 하지만 고객의 마음은 쉽게 움직이지 않는다. **사업이나 마케팅의 공통된 목표는 "고객의 마음을 판매자를 향하게 만드는 것"이다.** 마케팅 전략과 판매에 있어서 노하우 교육을 듣는다고 해도 쉽게 성공하지 못하는 이유는 "업종과 상품에 대한 이해"에 대한 고민이 없이 동일한 꼼수 및 그저 쉽고 간편한 기법 같은 방식으로만 접근하기 때문이다. 업종마다 상품군마다 고객의 마음을 움직이는 전략과 방법도 가지각색이다. 아무리 날고 기는 마케터와 창의적이고 혁신적인 회사라도 그들이 손대는 마케팅이 항상 성공할 수 없다. 고객의 "보이지 않는 마음"을 정확하게 꿰뚫지 못하기 때문이다. 보이지 않는 마음을 꿰뚫기 위해 진지하게 고심하는 회사들은 생각보다 많지 않다. "보이지 않는 마음"보단 "보이는 마케팅" 즉, 배너, 옥외광고, TV 광고, 페이스북 광고, 블로그 및 카페 체험단, 인스타그램 등 우리 상품과 서비스가 사람들에게 어떻게 보여질까에 대해서만 고민한다.

상품과 회사가 보이는 것에만 몰두하다 보면 오히려 매출 상승과 마케팅의 핵심에서 멀어진다. 고객은 화려한 마케팅에 속아서 한두 번 구매는 할 수 있지만, 상품 퀄리티에 대해 속았다는 기분이 든다든지, 생각보다 괜찮은 회사가 아니라는 생각이 들 때 재구매는 발생하지 않는다. 고객의 보이지 않는 심리에 집중할 때 비로소 우리 회사가 아닌 상대방, 즉 고객이 원하는 바를 담백하게 바라볼 수 있게 된다. 그래야 시시각각 고민하고 변하는 고객의 마음을 꿰뚫을 수 있다. 상품을 구매하기 전이나 구매하고 난 후의 생각을 단위 단위 쪼개고 쪼개서 모두 나열하면 A4 용지로 100장도 모자란다. 여기에 대중들이 가진 보이지 않는 심리들의 공통점들을 추려서 마케팅 전략으로 완성하는 것이 진정한 마케팅 전략이다. 이처럼 보이지 않고 의식하지 않은 소비자 감정인 "무의식"의 핵심, 즉, 고객의 욕구, 감춰진 욕망, 취약점, 열등감, 두려움을 건드리게 되면 고객의 "소비"로 이어진다. 위의 글들을 이해하고 실행한다면 고가의 마케팅 교육을 들은 것 이상의 가치를 얻게 될 수 있다. 물론 고객의 절실히 원하는, 보이지 않는 심리에 대해 해답을 얻어야 가능하다. 보이는 마케팅과 보이지 않는 마케팅 어떤 것에 집중해야 할지 되돌아보면 문제점과 매출 고민에 대한 해답은 나올 것이다.

온라인 판매는 비대면이기 때문에 오프라인 판매보다 번거로움과 수고스러움이 훨씬 덜해서 일이 고되지 않고 손님을 직접 맞이하거나 세세한 일을 많이 신경쓰지 않아서 좋다는 착각에 빠지곤 한다. 하지만 온라인 판매를 제대로 하는 판매자라면오프라인 판매보다 훨씬 더 활동량이 많고 세세하게 신경써야 할 업무들이 많다는 것을 알 수 있을 것이다. 블랙코어가 직접 경험한 판매의 기본인 오프라인 판매와 온라인 판매의 차이점을 얘기한다.

오프라인 판매와 온라인 판매의 차이점

오프라인 판매

오프라인 판매는 도매와 소매로 크게 나눌 수 있다. 동대문을 예로 들면 도매는 종합시장, 광장시장, 남평화, 동평화, 청평화, 디오트, APM, 유어스 등부터 소매인 두타, 밀리오레, APM, 현대 시티 아울렛 (구 거평프레야)을 대표로 들 수 있다. 일반적인 대형 백화점부터 로드샵, 브랜드몰, 대형 쇼핑몰(IFC, 엔터식스, 가든파이브), 대형 아울렛(신세계, 롯데, NC 백화점 등), SPA(자라, H&M) 몰, 노점상 등 사실 오프라인 판매는 종류도 다양하고 각각의 스타일과 컨셉도 모두 다르다. 공통점은 오프라인 매장을 보유하고 있다는 것, 오프라인의 가장 큰 장점은 입지와 손님이 직접 그 자리에서 매장 현장의 느낌과 분위기를 실제로 100% 느낄 수 있다는 것이다. 현장 판매이기 때문에 실제 판매원의 상품을 설명하는 판매 역량이 중요하다고 볼 수 있다. 손님 입장에서는 실제 상품을 정확히 볼 수 있고 핏팅을 할 수 있기 때문에 구매를 망설이는 시간이 줄어든다. 대신에 오프라인 판매는 시간 대비 많은 방문자를 매장에 들이기 어렵다. 사람들이 많아지면 그만큼 판매를 응대하는 일도 어렵게 되고 일일이 1:1로 설명할 수 있는 여유와 시간조차 허락하지 않기 때문이다. 그렇게 되면 손님들 역시 차분하게 상품을 보고 판단하기 보다는 아예 자리를 이탈하는 상황이 벌어진다. 오프라인 판매자들은 잠재고객과 충성고객을 알아볼 수 있는 것이 관건이고 이런 상황은 아주 천천히 전개된다. 초기에 판매하고자 하는 제품을 발품 팔아서 공급받는 경우도 있지만, 나중엔 유통업자나 중간 도매상, 브랜드 제조업자들에게 신제품, 추천상품을 주기적으로 공급받는 경우가 더 많아서 시장을 둘러보는 수고스러움이 덜어지기도 하고, 상품을 공급받는 시간도 아낄 수 있다. 대신에 수량은 어느 정도 확보를 해야 하기 때문에 팔리지 않을 경우 재고가 상당히 많이 남을 수 있다. 해당 상품의 판매에 대한 경험이 많을수록 유리하고 임대료가 주기적으로 빠져나가기 때문에 자본력이 어느 정도 뒷받침 되어야 한다. 판매가 안 되면 그만큼 매장에서 철수하는 시기가 앞당겨진다.

온라인 판매

온라인 판매는 실제로 난이도가 어렵지 않다고 생각할 수 있다. 하지만 이는 착각에 불과하다. 오프라인 판매보다 더 손이 가고 수

고스러움이 많은 업종 중에 하나다. 실제로 온라인 판매 업무를 경험하지 못한 입장에서는 이런 현실을 잘 모르는 경우가 많아서 메인 페이지부터 상세페이지 제작, C/S 대응, 상품 포장업무 등 실무를 경험하는 순간 바로 중도 포기할 확률도 크다. 판매 역량도 중요하지만, 판매를 한다고 해서 끝이 아니다. 원칙상으로는 2주 안에 교환, 반품, 환불 처리를 해줘야 하는 의무가 있는데 이 시기가 지나서도 교환이나 환불 요청이 들어오는 경우도 많아서 이를 처리하는 과정에서 고객들과 실랑이를 벌여야 하는 상황이 빈번하게 발생한다. 오프라인 판매와 달리 온라인 판매는 비대면 판매이기 때문에 실제로 고객들과 통화를 해야 하는 상황이 많이 발생하는데 얼굴이 보이지 않기 때문에 고객들은 신뢰감을 100% 가지지 못한다. 이에 따라 심한 클레임(욕, 막말) 등을 들어야 하는 상황도 발생한다. 또한, 고객 이탈이나 회원탈퇴, 다른 쇼핑몰로의 이동 등이 간편하기 때문에 트렌드나 상품 회전 주기에 신경을 써야 한다. 그만큼 트렌드에 민감하게 상품을 주기적으로 분석하고 사입하거나 직접 제작해야 하기 때문에 외부 활동이 많은 편이고 소모하는 시간도 많다. 여기서 끝이 아니다. 실제 상품을 촬영하기 위해 스튜디오를 오가면서 필요하다면 적절한 모델도 채용해야 하는데 판매하고자 하는 컨셉이 맞지 않거나 약속을 어길 경우 이를 대체할 인력을 구하는 것도 보통 이상의 노력과 시간, 리소스가 소모된다. 다만 유리한 점은 온라인 소매이기 때문에 낱장, 낱개로 샘플을 사입할 수 있다는 것이 장점이고 도매상과 거래가 많아질 경우 많은 비용을 주지 않고도 샘플을 가져올 수 있다는 장점이 있다. 하지만 뭐니뭐니 해도 온라인 판매를 일정이상

236

의 매출을 끌어올리기까지가 관건인데 광고비용을 투입하지 않고는 사이트나 온라인 오픈마켓에 자연유입(방문자)이 없다는 것이다. 때문에 광고 비용에 대해서 따로 자본력을 갖춰야 하고 미리 여유 자금 계획을 철저하게 세워야 한다. 그렇지 않으면 사이트만 만들어놓고 방문자가 없어서 판매를 하지 못하는 경우도 생긴다. 실제로 오프라인 판매보다 폐업이 더 빠른 편이다. 거래처 세금계산서나 현금영수증 처리도 주기적으로 신경 써야 하며 판매 건수와 매출액에 따라 부가세 신고를 정확하게 하지 않으면 나중에 세금폭탄을 받을 확률도 크다. 경쟁사와의 비방, 상표권, 이미지 초상권 등 법적인 분쟁도 많아서 내적 말고도 외적으로도 신경 써야할 업무들이 많은 편이다. 처음 성공적인 쇼핑몰 인큐베이팅의 시기를 놓치면 일정 이상의 매출을 올리지 못하기 때문에 금방 폐업을 할 확률이 올라가며 이점을 인지하지 못하고 그저 많이 판매되는 대형 쇼핑몰을 보고 준비 없이 무작정 시작할 경우 실패할 확률도 커진다.

온라인 판매에서 오랫동안 판매를 지속하지 못하는 사업자의 공통점을 보면 수익이 빨리 나오지 않으면 금방 싫증을 내고 바로 다른 일을 알아보기 쉬운 성향에 속한다. 더군다나 남들은 3개월~6개월 준비하는 과정도 보통 1달도 제대로 준비 안 할 정도로 준비가 미흡하기 때문에 시장에 대한 안목은커녕 온라인 판매 트렌드에 대해서 잘 모르는 경우도 태반이다. 온라인 판매가 어려운 이유가 그저 온라인 판매의 난이도가 높다거나 경쟁사가 많다거나 자신의 판매 실력이 뒤떨어진다고 생각할 것이 아니라 생각보다 쉽게 그리고 빨리 포기하는 자신의 성향, 준비성이 철저하지 못한 판매자 자신에게 있지 않았는지를 되돌아봐야 한다. 그런 다음에야 온라인 판매의 실력을 논할 수 있다. 오프라인 판매에 비해서 온라인 판매가 쉽다는 생각은 버려야 한다.

온라인 판매자들은 항상 고민한다. 마진을 적게 가져가고 많이 파는 방법을 택할지, 적당히 팔더라도 마진을 많이 남기는 방법을 택할지. 가장 좋은 방법은 많이 팔면서 마진을 많이 남기는 방법일 것이다. 이렇게만 된다면 누구나 상위 1%가 될 수 있다. 하지만 전자상거래 시장은 이를 쉽게 허락하지 않고 소수에게만 그 기회를 준다. 우선 상위 1%가 되기 위해서는 99%의 판매자들이 실행하는 전략을 모두 경험해봐야 한다. 99%의 판매자들이 가장 많이 시도하는 3가지 판매 전략은 저마진 판매, 고마진 판매, 중저가 판매 등이 있다. 이 3가지 판매 전략에는 각각의 장단점들이 있다. 아래를 참고하길 바란다.

대표적인 3가지 판매 전략의 장단점

1. 저마진 판매(박리다매)

일의 노동강도가 높은 반면에 매출 볼륨을 가장 많이 키울 수 있다. 리뷰나 후기가 자연스럽게 많아지기 때문에 구매 건수도 비례해서 올라가며 1위나 2위일 때 독보적으로 '시장의 우위'를 차지할 수 있다. 가격이 저렴하기 때문에 사실 고객의 기대치도 낮은 편이라 실망도 적은 편이다. 단점으로는 A급, B급 블랙 컨슈머가 가장 많이 모이기 때문에 교환, 반품, 환불 등 C/S 리소스와 비용이 가장 많이 들어간다. 또한, 일 처리 속도가 빨라야 한다. 판매자 성향이 느린 스타일이거나 클레임에 민감한 편이라면 비추천한다.

2. 고마진 판매 (후리소매)

고마진 판매는 마진을 많이 남길 수 있는 전략이기에 일반적으로 박리다매의 판매자가 10개~20개를 판매할 때, 고마진 상품 1개를 판매할 수 있다. 일의 리소스가 적은 편이고 판매자의 서비스 질이 높기에 판매자, 소비자 모두 만족도가 높은 편이라 윈윈(Win-Win)전략이라고도 불린다. 단점으로는 판매가 제대로 이루어지지 않았을 경우, 소비자들은 바가지를 씌웠다고 하거나 덤터기를 맞았다고 생각하기 쉽다. 이럴 경우 고객 클레임이 강하게 제기될 수 있다. 안타깝게도 최저가에 익숙한 양심적이고 선량한 판매자들은 고마진 판매를 하기 어려워한다. 자신이 파는 상품에 대해 자신감을 넘어서 그만한 가치가 있다는 것을 보여줘야 하는 경우가 생기기 때문이다.

3. 중저가 판매 (가성비 전략)

중저가 판매 전략은 사실 일반적으로 진입장벽이 낮은 판매 전략이다. 언제든지 마음만 먹으면 온라인에 있는 평균시세대로 조정

할 수 있어 많은 판매자가 꽤 많이 고수하는 판매 전략이다. 우선 가격적인 부분에서 소비자 만족도가 꽤 높은 편이기 때문에 가격적인 부분에서 크게 부담이 없이 느낀다. 물론 상품의 품질이나 성능 부분에 있어서 가격과 잘 맞을지 안 맞을지 판단하는 기준만 확실하다면 오랫동안 추천하고 싶은 온라인 판매 가격전략이다. 단점이 있다면 소비자들이 느끼기에 중저가라고 느끼지 못할 정도로 품질이 떨어지는 경우에는 다시 최저가 판매 전략으로 돌아갈 수 있다는 사실을 명심해야 한다. 반대로 상품의 가치가 높을 경우에는 상품의 가격을 상승시켜 오히려 고가 판매 전략으로 업그레이드할 기회가 높은 판매 전략 중의 하나이다.

사람의 성향은 쉽게 바꾸기가 어렵다. 판매의 성향 역시 사람의 기본 성향을 따라간다. 위의 3가지 중 어떤 판매 전략이든 판매자 본인과 잘 맞아야 하는 이유이다. 단순하게 "박리다매로 많이 팔아서 돈을 많이 벌어야지" "10개 팔아서 뭐하나, 포장하기도 귀찮은데 고마진 전략을 써야겠다." 이렇게 생각하고 접근한다면 백전백패이다. 블랙코어가 인큐베이팅이나 프로젝트를 진행할 시에 초반에 판매자의 성향을 분석해서 본인에게 가장 잘 맞고 최적화된 판매 성향을 만드는 일에 집중하는 이유는 아무리 좋은 판매 전략도 판매자 본인에게 맞지 않으면 소용 없기 때문이다. 아무리 박리다매 판매전략을 하고 싶다 해도 판매 성향이 맞지 않으면 일하는 양만 많고 고달프고 힘들다고 생각할 수 있기에 만족감, 일의 수고 대비 보람이 떨어질 수 있다. 대신에 제품의 실속, 성능이나 기능, 가장 니즈가 많은 상품을 평상시에도 많이 눈여겨보거나 판매자 본인이 일을 스피디하게 즐기는 성향일 경우 박리다매나 중저가 판매 성향에 맞다. 반대로 고마진 판매 전략을 하고 싶다 해도 한명 한명 고객에게 정성스럽게 세심하게 챙기는 일이 따분하다고 생각하거나 신중하거나 깊게 생각하고 통찰하는 능력이 부족하다면 상품의 가치가 떨어질 수 있어서 고객의 만족도가 떨어질 수 있다.

역시나 가장 어려운 케이스는 자신이 박리다매 성향인데 고마진 판매를 하고 싶어하는 경우다. 판매자의 성격과 성향을 바꿔야 하기 때문이다. 이럴 경우 블랙코어는 판매자에게 판매 성향을 바꿀수 있는 특별 판매 훈련과 학습을 제공한다. 자신이 걸어온 인생과 반대의 길을 택하는 것은 생각보다 훨씬 더 어려움과 수고가 필요하다.

어떤 선택이든 본인이 해내고자 하는 의지와 마인드가 중요하다. 지금까지 자신이 해내지 못했던 성공을 이루려면 고정관념을 깨야 한다. 즉, 자신이 몇십 년 동안 살며 해왔던 진부한 생각의 틀과 고정관념을 과감하게 깨야 한다. 그래야 진정한 성공은 물론 업계의 상위권에 속할 수 있는 가능성이 생긴다. 어떤 회원은 이렇게 질문한다. "진짜 어느 정도는 성공할 수 있나요?" 여전히 확신하지 못하는 회원은 이렇게 말한다. "솔직히 저는 성공하기 어려운 사람인 것 같아요. 그래도 할 수 있을까요?"

"자신의 판매성향에 확신을 갖고 실행하면 됩니다."

물론 가끔 이렇게 너무 확신 있게 얘기를 하다 보면 근거 없는 자신감이 아니냐며 핀잔을 받을 때도 있지만 사실 별로 신경 쓰지 않는다. 이렇게 단호하게 얘기할 수 있는 이유는 블랙코어가 온라인 판매에 대한 성공의 기반을 다지는 정석을 알고 있기 때문이다. 바로 온라인 판매 전쟁에서 패하지 않는 불패 전략이다. 불패 전략 중 "3불 전략"을 알려주겠다.

블랙코어가 프로젝트 시 진행하는 3불 전략

1. 경쟁사들이 원하는 타이밍에 같이 판매하지 않았고
2. 경쟁사들이 판매하고 싶어 하는 제품과 컨셉이 겹치지 않았고
3. 경쟁사들이 예상하는 판매방식으로 판매하지 않았다.

이 3불 전략은 블랙코어가 현재까지도 고수하고 있는 판매 전략이다. 블랙코어가 프로젝트 시 진행하는 판매 전략은 이미 인터넷에서 떠돌아다니는 성공 사례를 복사해서 붙여넣기 하는 꼼수나 요행 같은 편법이 아니라 경쟁사들이 쉽사리 예측하거나 예상할 수 없는 상위 포지션을 차지할 수 있는 독창적인 차별화된 판매 기획과 전략들이다. 그리고 그것들은 바로 소비자들의 무의식과 욕망을 자극한다. 이론이 아니라 실전으로. 가짜 꼼수가 아니라 진짜 실력으로. 그리고 현재의 시장과 정면으로 부딪친다. 바로 이게 블랙코어의 방식이다.

언제 어디에서든, 시간이 지나도 불변하지 않는 쇼핑몰 판매 성공의 법칙 중 하나는 고객에게 구매 확신을 주면 판매가 이루어진다는 것이다. 고객이 지갑을 열 때는 수십 번 혹은 수백 번 고민한다. 고객은 구매 전에 한 번 더 확신을 원한다. 필요했던 제품인지, 잘 어울리는지, 제품의 퀄리티가 보장이 되는지, 후기는 좋은지 등 확신을 원한다. 확신하지 못하면 지갑을 열지 않는다. 동일한 제품을 어떤 셀러들은 잘 판매하는데 어떤 셀러는 팔지 못한다. 두 셀러의 차이점은 무엇일까? 그건 바로 **"판매력에서 나오는 확신"이다. 내가 파는 상품에 대한 확신, 즉, 이 상품이 나의 고객에게 만족감을 줄 수 있다는 절대적 믿음과 자신감이다. 바로 이 부분이 핵심이다. 판매에 "자신감"이 드러나지 않는다면 어떤 상품을 팔아도 계속 그 자리에 맴돌 것이다.** 아무런 자신감 없이 형식적으로 판매해서는 판매가 되지 않는다. 쇼핑몰에서는 아이템을 소싱하기 전에 이 제품에 대한 확신과 믿음 즉, 판매에 대한 자신감을 가져야 한다. 하지만 주의해야 하는 점은 '자신만 느끼는 확신'이 아니라 객관적으로 고객들이 실제로 "확신"하는가의 여부이다. 만약 그렇지 않다면 고객들은 우리 제품과 서비스를 선택하지 않을 것이다. 판매에 대한 확신은 곧 매출의 상승으로 이어진다. 무작정 자신감을 표현한다고 되는 것이 아니다. 쇼핑몰의 자신감을 착각해서 무턱대고 현란하게 연출한다면 100% 실패한다. 실력과 감각이 따라주지 않고 자연스러움을 만들지 못하는 상태라면 판매에 대한 자신감은 표현이 제대로 되지 않는다.

온라인 판매에서 경계해야 할 점 _ 경쟁자편

　시간이 가면 갈수록 온라인 판매 사업의 방법과 수단이 점점 고도화되고 있다. 이 뜻은 점점 온라인 및 모바일뿐만 아니라 쇼핑을 하는 방식이 지속적으로 진화해 과거의 불편함과 편의성도 모두 개선되고 있다는 뜻이다. 하지만 불행하게도 경쟁자와의 트러블과 법적인 분쟁은 여전히 경계해야 할 대상이다. 블랙코어는 중·대형몰의 경우 매출의 하락으로 폐업한 사례보다 법적인 분쟁과 법적제재로 인해 한순간에 폐업한 사례를 더 많이 지켜볼 수 있었다. 아무리 쇼핑몰 판매를 잘해도, 마케팅을 잘해도 한순간에 바닥으로 침몰할 수 있다는 얘기이다. 그래서 현실적인 부분을 많이 강조하는 것이다. 아직 초창기인 창업자들의 경우에는 어떻게 하면 성공적으로 매출 상승을 일으키며 인큐베이팅 할 것이냐에 집중하는 경우가 많지만, 시간이 지날수록 법적인 부분에 대해 더 많이 신경 써야 하고 중요하다고 인식할 필요성이 생길 것이다. 사실 대부분 온라인 판매 사업의 밝은 면만을 강조하는 경우가 많은데 블랙코어는 현실과 균형을 중시하기에 어두운 면과 밝은 면 둘 다 언급하는 편이다. 온라인 판매는 경쟁이 엄청난 레드오션 시장이기 때문에 워낙 서로 물고 뜯는 진흙탕 싸움이 많다. 그렇다보니 어떤 게 불법이고 합법인지 판매자들이 혼란스러워하는 상황이다. 가면 갈수록 착한 판매자들조차 경쟁사들의 비방과 공격에 통제력을 잃고 눈에는 눈, 이에는 이 같은 맞대응 방식으로 응수를 하고 있다. 고객으로 위장해서 바이럴 공격을 한다든지, 거짓 리뷰 등으로 상대방을 바닥으로 내려앉게 만드는 수법은 거의 초급 수준이고 거래사로 위장해 그들의 약점, 단점을 알아내어 그들의 강점을 무력화시키는 전략을 취하거나 세금폭탄을 유도하거나 초상권침해 같은 법적인 부분, 스팸신고 등등 최대한 많은 과태료를 물게 하기 위한 노력을 기울이고 있다.

　　사실 이런 점들은 사업과 쇼핑몰을 성장시키기 위해서 하는 노력보다 별로 중요하지 않은 "비본질"을 더욱 신경 쓰고 있는 것으로 보인다. 이런 현상은 자사의 쇼핑몰이 공격을 당했거나, 매출이 잘 나오는 쇼핑몰이 사업자등록 및 세금신고를 하지 않거나, 최저가 가격경쟁을 부추기는 전략 등 공정한 방식의 경쟁이 아닌 상황을 보고 불합리하다고 판단하여 판매자들이 느끼는 시기, 질투, 분노 등에서 비롯된다고 볼 수 있다. 특히 이렇게 시장 상황이 혼란스러운 때일수록 같이 휘말리기보다는 중립성과 객관적인 시각을 유지하는 것이 중요하다. 어차피 서로 물고 뜯는 상황 속에서는 감정에 대한 통제력을 잃어서 스스로 어떤 행동을 하는지도 모르기 때문이다. 그렇게 되면 경쟁사가 유도하는 함정에 빠질 뿐더러 제3자가 굳이 힘들이지 않고 상위권으로 자연스럽게 올라가기도 한다. 이런 상황을 피하기 위해서 블랙코어가 과거에 이런 경쟁이 심화되거나 안 좋은 위기 상황 속에서 승리를 거둔 전략을 얘기하겠다. **그건 바로 상대방이 공격하면 똑같이 응수하거나 싸우지 않고 경쟁자를 무력화시키는 방식인 부전이굴(不戰而屈)이다. 이는 전쟁에서 가장 좋은 승**

리를 말한다. 경쟁자들이 제대로 된 힘을 쓰기도 전에 무력화시키는 전략인데 상대방의 강점이 있어도 이를 약점으로 만들어 버리거나 더 강함으로 압도해버리는 전략이다. 상대방이 스스로 강점이라고 생각하는 전략을 무력화시키면 이는 더는 강점이 아니다. 온라인 판매 상황에서 이 전략을 도입하면 어떻게 되는지 아래에서 확인해보길 바란다.

온라인 판매 경쟁에서 승리하는 5가지 예시

1. 경쟁자가 가격 경쟁을 부추기는 경우

같이 최저가로 맞대응하지 말고 가격보다 품질과 신뢰성을 강조한다. 결국, 이 전략은 승리하게 된다. 사람들은 보통 최저가보다 꼼꼼하고 깔끔한 포장상태, 정품 여부에 대해서 더욱 중요하게 여기기 때문이다. 최저가로 가면 결국 같이 바닥으로 추락할 뿐이다. 즉, 미래에도 성장이 어렵고 답이 없다는 뜻이다. 경쟁자들이 취급하기 어려운 희소성 있는 다른 상품을 판매하는 방법도 있다. 이는 부전이굴의 전략이자 지속적으로 성장이 가능한 전략이다.

2. 경쟁사가 인위적으로 불법적인 비방 공격을 가했을 때

응수하기보다는 경쟁자인 것을 확인할 수 있는 증빙자료를 구비해서 법적으로 내용증명을 먼저 보내고 추후에 전자소송제도를 통해 소장과 증거등을 구비해 소송 서류들을 제출하고 상대의 경쟁사에 손해배상금을 청구한다. 물론 공정거래위원회에 증거 자료를 미리 제출해야 한다. 굳이 같이 공격하는 전략은 불필요 하다. 그들의 인위적인 비방 공격이 불법이고 불공정하다는 것을 법적으로 증명하면 될 뿐이다. 정당한 법으로 제지하고 해결하자.

3. 세금 탈세 신고가 들어왔을 시 방어

이런 신고 건은 세무서에 이미 차고도 넘친다. 이미 중·대형몰이 라면 이런 세금관련 증빙자료는 이미 만들어놨을테지만 어떤 경 쟁사가 신고했는지는 확인하기 어렵다. 물론 이를 확인할 수 있 는 방법이 아예 없는 건 아니지만 서로 신고를 하는 방법을 굳이 추천하지 않는다. 진흙탕 싸움으로 가봤자 어차피 서로 세금폭 탄의 길로 갈 뿐이다. 한마디로 나라 좋은 일만 시켜주는 일이다. 항상 강조하지만 세금에 대해서는 무조건 정확하게 신고하는 습 관을 들여야 한다. 차후에 문제 될 것이 전혀 없게 부가세 및 종합 소득세 세금신고에 관해서는 철저하게 관리한다. 어차피 나중에 100% 걸린다. 특히 이중 장부같은 하수전략은 취하지 않는다.

4. 이미지 초상권 및 상표권, 브랜드 라이센스 분쟁시

블랙코어가 가장 많이 법적으로 분쟁을 했던 경우다. 온라인 판매 자라면 항상 휘말릴 수밖에 없다. 특히 광고비를 들여서 쇼핑몰이 나 상품을 홍보하고 있는 중이라면 경쟁자가 100% 약점을 찾을 것이기 때문에 초반에 철저하게 방어해놔야 한다. 브랜드 수입 관 련 자료나 특허권이나 상표권, 검수, 라이센스의 분쟁이 의심되는 부분에 있어서는 미리 상세페이지에 표기해서 도용을 하는 것을 미연에 방지하고 아예 처음부터 분쟁할 마음을 버리게 만들어야 한다. 물론 상대방은 미끼를 던지듯 내용증명을 가볍게 툭툭 던지지만 이를 모르고 연락을 취해서 상대방이 원하는 대답을 하는 경우에 이는 곧 약점으로 변해서 바로 법적인 제지의 대상이 되어버린다. 폰트, 촬영지, 프로그램, 초상권 등도 포함된다.

5. 경쟁자 혹은 일반 소비자가 블랙 컨슈머로 위장해서 끝까지 물고 늘어질 경우

이런 경우 이미 상대방은 갈 때까지 가려는 심보이다. 이를 미리 인지하지 못할 경우, 판매 사업자 역시 감정적으로 같이 휘말리게 되어 상대방이 누군지 알아내 똑같은 복수의 전략을 취하기 마련이다. 물론 판매사업을 하다 보면 실수가 없을 리 만무하다. 상품의 품질에 문제가 생기거나 예기치 못한 배송문제가 발생하기 마련이다. 하루 1천 건, 1만 건의 배송 중에 아무런 문제가 생기지 않을 리가 없지 않은가? 과실을 최대한 빨리, 있는 그대로 인정하는 강자의 태도를 보이는 것이 부전이굴 즉, 지속되는 성장의 비결이다. 가장 현명한 복수의 최상의 전략은 항상 판매자 스스로 우위에 서서 상대방을 향한 관대함을 베푸는 것이다. 상대방을 안타깝고 불쌍하게 여겨 상대방의 공격하고자 하는 마음을 무력화시킨다. 상대방의 입장에서, 같은 인간으로서 공감대를 형성하고 우리의 과실을 최대한 빨리 인정하자. 시간을 길게 끌수록 불리하다. 판매 사업을 시작한 이상 소비자들에게는 약자가 될 수밖에 없다.

이처럼 온라인 판매 사업에 있어서 악의적인 공격이나 경쟁을 피하기란 어렵다. **다시 말하지만, 경쟁에서 이기는 가장 좋은 전략은 싸우지 않고 이기는 것이다. 분쟁과 다툼이 생긴다고 해서 끝끝내 상대방을 무너뜨린다 한들, 어차피 또 다른 분쟁과 다툼이 생기기 마련이고, 그렇게 되면 우리의 사업을 성장시킬 수 있는 시간은 마련되지 않을 것이다.** 눈에는 눈, 이에는 이의 전략은 최선의 전략이 아니다. 그저 진흙탕의 바닥으로 서로 부둥켜안고 같이 침몰하자는 무가치한 분쟁일 뿐이다. 어떤 전략이 승리할 수 있을지 깊게 고심한다면 본질과 비본질을 구분할 수 있을 것이다. 사업에 있어서 경쟁자를 이기는 것은 진정한 승리가 아니다. 고객을 우리 편으로 만드는 사업자가 진정한 승리자이다.

온라인 판매에서 경계해야 할 점 _ 고객편

최근에 이슈가 되는 업체들이나 뛰어난 마케팅과 광고 전략으로 매출을 올리는 회사들을 많이 볼 것이다. 고객들은 그 상품을 사기에 바쁘고 경쟁사들도 그 광경을 보고 부러워하기 바쁘다. 그런데 갑자기 어디선가 고객 클레임이 터진다. 당연히 많이 팔릴수록 고객 클레임의 발생 확률도 높아진다. 판매와 클레임은 '상대적 비례 관계'이다. 또한, 클레임의 선동자가 대놓고 언론플레이를 하면 잠재된 고객들도 이때다 하고 사방팔방에서 우후죽순으로 클레임이 계속 터진다. .이것이 바로 "군중심리"다. 예전부터 군중심리는 종교집단, 정치 특히 공산주의 국가에서 많이 활용하던 사회심리이다. 가끔 군중심리와 대중성을 혼동하는 경우가 있는데 대중성은 "대중들이 가장 많이 선호하는 반응을 일으키는 공통된 것", 군중심리는 "대다수가 선택한 것을 정확한 정보 없이 따라가는 심리"로 다른 개념이다.

이렇듯 군중심리로 인해 마치 기다렸다는 듯이 고객들이 불만을 토로하며 공격에 가세하곤 한다. 고객들인지 경쟁자인지 구분도 되지 않는다. 연일 상한가를 올리던 해당 회사는 매출이 반 토막이 되고, 기존의 충성고객들도 이탈하게 되어 만신창이가 된다. 자, 과연 여기에서 가장 중요한 핵심 문제점, 본질이 무엇일까? 그 회사가 "잠재된 군중심리"를 몰랐던 이유일까? 고객 클레임을 제대로 방어하지 못했던 이유일까? 1차적인 이유는 평상시에도 불만을 품은 소비자들이 많았다는 것을 의미한다. 거기에는 마니아층이나 충성고객들도 포함되어 있을 것이다. 불만이 생겼던 이유는 판매의 본질에 집중하지 못한 결과이다. 판매자가 안내하는 상품 퀄리티에 대해 고객이 상품 수령했을 때 만족하지 않거나, 서비스의 질, 배송 같은 신뢰성의 문제가 화근이 된 결과이다. 2차적인 이유는 "고객관리"를 제대로 못 했기 때문이다. 평상시에 "고객관리"를 제대로 했다면 충성고객들이 나서서 고객 클레임에 대해서 최선의 방어를 해주었을 것이다. 결국, 고객의 브랜드에 대한 우호도와 충성도가 낮았다는 뜻이고 고객관리를 제대로 하지 못해서 이어진 결과다. 정리하자면 결국 고객과의 관계에 내실을 다지지 못했기 때문이다. 뛰어난 마케팅과 광고 전략에 관심을 기울이는 회사는 많은데 이상하리만큼 고객과의 관계에 힘을 쓰는 회사는 소수에 불과하다. 이는 제대로 된 고객 마케팅이 아닌 수박 겉핥기를 하고 있는 것이다. 사실 고객을 위한 마케팅은 단순 노출뿐만 아니라 상품의 퀄리티와 서비스의 만족감, 사후관리까지 포함되는 것이다. 고객과의 관계에 내실을 꾸준히 다진 회사는 소수의 충성 고객의 만족도만으로도 군중심리로 확대되어 입소문이 퍼지는 긍정적인 바이럴 효과까지 누리게 된다. 그렇게 되면 마케팅 전략과 바이럴 광고, 이벤트, 프로모션도 성공적으로, 깔끔하게 진행된다. 고객들은 평상시에 불만이나 만족감에 대한 의사 표현을 확실하게 하는 편이 아니다. 사소한 불만이 쌓이게 된다면 기업 입장으로는 "보이지 않는 폭탄"을 안고 있게 되는 셈이다. "위험한 불만 폭탄"을 가지지 않으려면 결국 지속해서 고객과의 관계에 내실을 다져야 한다. 이런 기본이 무엇보다 중요하다. 언제든 "잠재된 군중심리"에 공격을 받거나 도움을 받을 수도 있다는 사실을 잊지 말아야 한다.

　　많은 온라인 판매자들의 컨설팅을 통해 고충과 고민 상담을 하다 보면 항상 나오는 얘기가 있다. "진상 고객과 악성 고객들 때문에 일할 맛이 안 나요." "열심히 일하다가도 일방적으로 불만을 품고 항의하는 고객들 때문에 힘 빠져요." "매출은 올라가지만 진상 고객들도 같이 늘어서 정말 힘듭니다." "교환·반품이 안 되는데도 이유 없이 화내고 욕하는 고객들 때문에 사업을 운영하기 싫어지네요." 온라인 판매자들은 항상 을의 입장이라 수동적이다. 고객이 잘못했음에도 불구하고 모든 지 업체가 잘못한 것이 되어버리고 억울한 상황이 발생한다.

블랙코어 역시 온라인 판매를 하는 입장으로서 이런 억울한 판매자들의 심정에 매우 공감을 표하는 바이다. 가뜩이나 매출도 없는데 열심히 일을 하려고 마음을 먹었다가도 이런 악질의 고객들을 만나면 내가 지금 이걸 왜 하고 있나라는 생각이 들 것이다. 중요한 건 1인 판매자들이 많기 때문에 판매자 본인이 직접 클레임과 불만, 항의들을 처리해야 한다는 점이다. 이럴 때 C/S 아르바이트생이라도 있으면 큰 힘이 되겠지만 안타깝게도 이제 막 시작하는 판매자들의 경우에는 적응되지 않는 환경과 상황에 노출될 수밖에 없다. 가뜩이나 판매도 어떻게 해야 할지 모르겠고 쇼핑몰 시스템이나 판매 시스템에 대한 이해도 없는데 갑자기 불만을 갖고 강하게 항의하는 고객들을 만나게 되면 한순간에 위기에 빠질 수 있다.

이런 상황은 마음이 강한 사람이거나 약한 사람이거나 모두 동일하다. 익숙하지 않은 상황이기 때문이다. "온라인 판매할 때 스트레스 받지 않고 악성 고객들을 상대하는 방법이 있나요?" 정답은 간단하다. "감정적으로 스트레스의 영향을 받지 않는 상태를 유지"하면 된다. 사람인지라 당연히 상대방이 화를 내면 같이 화도 내고 싶고 똑같이 대응하고 싶은 게 사람의 심리이다. 하지만 감정적으로 영향을 받지 않는 상태가 되면 일정한 감정선을 유지하게 된다. **블랙코어는 이를 "평정심"이라 부른다. 평정심은 온라인 판매 업무가 아무리 많고 많은 악성 고객들이 줄지어서 클레임을 건다고 해도 "감정적으로 영향을 받지 않고 정신적으로 지치지 않는 상태"이다.** 블랙코어도 온라인 판매 초창기 시절에는 악성 고객들을 만나면 감정적으로 같이 맞대응을 하는 스타일이었다. 말도 안 되는 소리를 하는, 고객같이 느껴지지 않는 상대방을 바닥으로 끌어내리고 싶은 감정적 충동이 많았기 때문이다. 하지만 수많은 고객들을 상대하며 경험이 쌓이다 보니 감정적 낭비는 업무상으로 그렇게 효율적이지 않다는 사실을 깨닫고 자연스럽게 스스로 감정적인 단련이 되기 시작했다. 이런 "평정심"은 경험과 반복된 훈련에서 얻어지는 결과이다. 아래에서 블랙코어가 직접 온라인 판매와 쇼핑몰 운영했던 경험과 반복된 훈련에서 평정심을 가질 수 있었던 방법을 공개한다.

온라인 판매를 하며 평정심을 갖는 5가지 방법

1. 온라인 판매를 하면서 생기는 외부적 요인의 스트레스를 자신의 감정과 분리한다.

- 온라인 판매 업무는 생각보다 스트레스가 쉽게 생긴다. 반품이나 주문 취소 같은 C/S가 생겨도 이를 당연하고도 자연스러운 업무의 하나라고 생각하며 애초부터 우리의 판매 수익이 아니였다고 여기고 마음을 비운다.

- 온라인 판매 업무 스트레스라는 외부적 상황을 자신의 편견, 판단, 분석, 생각, 감정으로 받아들이지 않는다. (판매자 본인부터가 감정적으로 타격을 받지 않는 상태를 만들어야 한다. 어떤 상황에 대해서도 쉽게 판단하지 않는다.)

2. 온라인 판매 시 스트레스가 발생 되는 상황을 미연에 방지한다.

- 온라인 판매를 하는 사람이라면 언제든지 불특정 다수의 악성 고객과 원하지 않는 상황에 직면할 수 있다. 상대방이 이유 없는 악성 고객이라고 판단이 든다면 굳이 유선 통화를 하지 말고 문자나 게시판 글로 답변한다.
- 상대방이 진심으로 화가 날 수밖에 없는 상황이라면 따뜻하고 부드러운, 착한 판매자로서 접근한다. (단, 상대방이 악의적인 진상 고객이라면 이 방법은 별로 추천하지 않는다. 오히려 더 갖가지 난리를 치기 때문에.)
- 당신은 혼자이다. 많은 고객을 상대하려면 힘을 낭비하거나 소모하지 않고 비축해야 한다.
- 이미 업무상으로 어쩔 수 없이 스트레스가 발생 되는 상황이 벌어졌다면 위의 1번으로 돌아 간다.

3. 때로는 감성적인 판매자로서, C/S 할 때는 감정 없는 기계처럼.

- 상품 업데이트할 때는 충분히 일을 즐기면서 일해야 한다. 단, C/S 시에는 감정이 없는 기계처럼 매뉴얼 대로 처리한다. 이렇게 하는 이유는 간단하다. 부정적인 영향을 받지 않고

온라인 판매 업무를 최대한 즐겨야 오래 할 수 있다.

- 객관적인 제3자의 입장으로 교환, 반품, C/S를 처리한다. (마치 제3자가 운영하는 온라인 판매사업처럼)

- 만약 2주가 지난 후에 교환, 반품신청이 들어오면 매뉴얼 대로 처리한다. (통화 금지, 문자안내) 물론 상대방은 소비자 보호원에 신고한다고 할 것이다. 어차피 정확하게 명시했거나 증거자료가 있다면 상관없다. 상대방이 세게 나온다고 해도 오히려 허위 사실 유표, 명예 훼손, 업무 방해죄로 상대방을 맞고소할 수 있다.

4. 컨디션이 안 좋거나 건강이 안 좋을 때는 평상시 업무 중에서 가장 신나고 즐거운 일을 한다.

- 컨디션이 안 좋거나 건강이 안 좋은 상황에서는 아무리 노력해도 즐거울 수 없기 때문에 온라인 판매 업무와 관련된 일 중에서 평상시 자신이 가장 즐겼던 업무를 하면 된다. 단, 몸이 안 좋거나 컨디션이 안 좋다고 해서 그날 업무를 무작정 쉬면 다음 날 더 쉽게 스트레스에 노출된다.

- 만일의 상황에 대비해서 임시직원이나 비상 알바생을 미리 구해놓아 업무 인수인계를 해놓는다.

5. 현재 업무 외에도 스트레스 받는 사항들이나 문제점을 항목별 리스트로 작성한다.

- 스트레스는 업무적인 요인에서만 생기는 것이 아니다. 외적인

요인의 스트레스를 꼭 확인해야 한다.

- 복잡한 사항들을 머릿속으로 생각해봤자 결론은 나지 않는다. 정확하게 어떤 문제점인지, 해결하기 어려운 사항들인지 눈으로 볼 수 있게 리스트로 작성을 해야 더 이상 쓸데없이 생각하는 습관을 방지할 수 있다.
- 자신이 가장 해결하기 어려워하거나 스트레스를 받는 업무 요인들에 대해서 솔직하게 있는 그대로 작성한다.
- 제3자에게 자문을 얻거나 이 부분을 명료하게 해결할 수 있는 해결책과 방안들을 고안한다. (자신도 모르는 스트레스가 가장 위험하다. 이런 스트레스를 피할 수 없다면 꼭 정면으로 해결해야 한다.)

사람이라면 누구나 스트레스에 취약하다. 특히 대한민국 남자라면 더하다. 이런 스트레스를 누구에게 의논하거나 자문을 얻는 것조차 부담스러워하기 때문이다. 여자 셀러일 경우에는 고민을 토로하거나 현재 문제점을 그대로 인정하는 반면, 남자 셀러일 경우에는 자존심 때문에 스스로 스트레스를 받으면서도 아무렇지도 않은 척, 강한 척할 때가 많기 때문이다. 사람은 누구에게나 컨디션이 좋지 않거나 스트레스에 취약해질 때가 있다. 특히 온라인 판매자들, 수없이 많은 고객들을 상대하는 입장에서는 이런 스트레스가 처음에는 별거 아닌 것처럼 생각되지만 시간이 갈수록 본인도 모르게 안 좋은 감정이 쌓여 예기치 못한 한순간에 폭발할 수도 있다. 이럴 경우에 언제든지 제3의 불미스러운 사건(법적인 문제)이 생길 수 있다는 사실을 분명히 인지해야 한다. 소중한 것을 잃기 전에 자신의 스트레스 지수를 미리 체크하고 최대한 스트레스를 받지 않는 상태를 유지하길 바란다.

마케팅의 정석

사실 직업적으로 마케팅은 쉬우면서도 어려운 업무 중의 하나이다. 마케팅을 매력적으로 여겨 이를 업으로 삼으려는 예비 마케터들 혹은 다른 경력이 있는 직원들의 경우에도 마케팅의 겉모습만 보고 혹하는 경우도 있다. 하지만 마케팅의 본질에 대해서 정확하게 알지 못하면 수많은 지식과 노하우를 습득한다고 해도 진정한 마케팅의 힘을 발휘할 수 없다. 마케팅의 진정한 본질은 "고객이 생각하는 기대 이상을 실현 시키는 것"에 있다. 즉, 마케팅의 최종 목적은 고객에게 최상의 만족감을 제공하기 위함이다. 대부분 이런 마케팅의 본질에 대해 깊게 생각하지 않고 마케팅의 기법과 전략에 대해서만 관심이 많다. 하지만 마케팅의 본질을 망각한 채 실력, 역량을 쌓다보면 어느 한계점에 도달하면 그 이상은 될 수 없다. 진정한 "마케팅의 힘"을 올바른 방향과 목적으로 쓰일 때 마케팅 기법과 전략도 제대로 실력 발휘를 할 수 있다. 이는 가장 기본과 정석인데도 불구하고 쉽게 간과하곤 한다.

앞서 말한 기본과 정석인 내실 구축 즉, "쇼핑몰 마케팅이 필요 없는" 마케팅 기획은 쇼핑몰을 만들기 전에 하는 것이다. 쇼핑몰을 만든 후 마케팅을 하려면 그만큼 리소스도 많이 들어가고 쇼핑몰과 마케팅이 따로 놀 확률이 높아진다. 결국 실패할 확률이 높아진다고 할 수 있다. 실제로도 쇼핑몰을 만들고 나서 마케팅 기획을 할 것이냐, 처음부터 마케팅 기획을 할 것이냐에 따라 결과 차이가 크다. 보통 마케팅을 바라보는 시각으로는 쇼핑몰을 만든 후에도 적합하다고 생각하겠지만 블랙코어는 보통을 원하는 것이 아니라 매출의 극대화를 원한다. 1~3년 정도 운영하다 보면 왜 매출이 생각만큼 나오지 않을까? 상품도 퀄리티 있고 독창적인 컨셉을 만들어 내실구축도 어느 정도 완성됐는데 도대체 무엇이 문제일까? 자연스러운 아우라도 있고 광고도 효율성도 괜찮은데 왠지 매출의 성장이 멈춘 것 같은 느낌이 들 때가 있다. 그렇다면 중형·상위 쇼핑몰로 가는 길목에서 고민하고 있는 것이다. 여기에서 혁신을 추구해야 다음 단계로 올라설 수 있다. 현재 오랜 기간을 운영해온 대형 쇼핑몰들 역시 새로운 혁신을 추구하기 위해서 매일 남몰래 노력과 테스트를 거듭하고 있다는 사실을 알아야 한다. 쇼핑몰을 시작할 때부터 "높은 가치"를 만들겠다고 생각하지 않으면 보통 거기서 거기인 쇼핑몰에 그치게 된다. 이는 쇼핑몰이 매력이 없어지는 이유이기도 하다.

쇼핑몰이 매력이 없어지면 단지 구매가 일어나기 힘들 뿐만아니라 고객은 일정 이상의 가격이 책정된 상품을 구매할 생각을 하지 않게 된다. 고객이 생각하는 쇼핑몰, 브랜드의 가치는 해당 회사의 상품을 구매하면서 나타난다. 별로 기대하지 않는 일회성 혹은 단발성으로 구매하는 상품은 기대 수준도 낮다. 그렇기 때문에 상품이 별로라고 해도 실망하게 되는 확률도 낮은 편이다. 반대로 브랜드 상품이거나 디자이너 상품 같은 경우는 그만큼 가치가 있다고 느끼고 비싼 가격에도 구매하게 된다. 하지만 기대 수준에 못 미치게 되면 실망할 확률 또한 올라가게 된다. 이처럼 상품의 가격과 가치는 서로 비례해서 올라가게 된다. 위의 사실을 인지해야 한다. 또한, 마진이 충분해야만 생존할 수 있다는 사실은 알고 있을 것이다. 충분한 마진이 남을 만큼 가격 책정하지 않으면 결국 돌아오는 매출보다 지출이 많아져서 순수익이 낮아지기 때문에 향후에 회사가 위기에 처할 수 있다는 사실을 기억해야 한다. **고객들에게 도움을 주고자 하는 선의의 행동들이 어쩌면 회사와 쇼핑몰 생존에 커다란 위협을 주고 있을지도 모른다는 사실, 차라리 더 높은 가치를 만들어 고객들에게 "더 높은 만족감"을 주는 것이 더 현실적이고 현명한 행동일 수 있다.**

진정한 마케터라면 마케팅의 본질에 따른 "소비자 심리"에서부터 진지한 고민이 시작되어야 하는 게 맞다. 마케팅 원론이나 대기업 마케팅 전략에서 나올법한 리서치, 인구통계 같은 부분보다 "현실과 일상생활에서 마주하는 현장"을 우선시해야 한다. 진정한 마케터라면 "실제 현장 감각"이 뛰어난 사람이 되어야 한다.

마케팅이라고 하는 것은 저 우주의 먼 곳이 아닌 지금 바로 우리가 사는 삶의 현장, 이웃과 옆집에서 일어나고 있기 때문이다. 그리고 "나 자신도 한 명의 소비자"란 사실을 잊으면 안 된다. 내가 판매자이기도 하지만 소비자란 사실을 잊고 있을 때 진정한 마케팅과 점점 멀어지게 된다. 한마디로 소비자들이 "친숙한 존재"가 아니라 "어려운 존재"가 되어버린다. 마케터가 가장 골머리를 썩일 때가 바로 이때이다. 소비자들을 점점 이해하기 어려워지고 그들의 소비심리 상태가 무엇인지 분석하기 어려워질 때 바로 마케팅에 고비가 찾아오게 된다. 마케팅을 실무현장이 아닌 학문으로만 배운 사람들의 한계점이다. 마케팅전략이라고 하는 것이 과연 바이어나 광고주한테 보여주기 위함인지, 소비자들에게 통하기 위한 것인지 스스로 돌이켜보자. 수많은 기법과 전략들이 모두 쓸모없다는 얘기는 아니다. 단지 보여주려고 하는 마케팅은 그저 "자기만족"에 불과하다는 것이다. 그렇다고 실망할 필요는 없다. 이제부터라도 실무현장으로 가서 경험과 감각을 쌓고 실제 구매 접점에서 마케팅 포인트를 직접 알아내서 실행하면 된다.

만약 마케팅 원론에 나오는 IMC, STP, 4P, SWOT, 4C, 3C, CRM과 대기업들이 쓰는 수많은 BIA™, 마케팅 리서치, 경쟁사 분석 도구 등 마케팅 전략이 소비자에게 통하지 않고 무용지물이라는 생각이 들 때 과연 어떻게 해야 할까? 또한, 온라인 마케팅인 언론사 마케팅부터 카페, 지식인, 블로그, 웹문서, 바이럴 마케팅(페이스북, 카스, 인스타그램, 각종 커뮤니티) 등 위의 모든 기법, 플랫폼 전략들이 모두 수포로 돌아간다면? 과연 어디에서 문제를 찾을 것인지, 그리고 그 문제를 찾을 수나 있을지 심각하게 고민에 빠질 것이다. 광고비를 쓰면 일회성 구매 고객이라도 있었는데 광고비를 조금 덜 쓰면 매출이 확 떨어지는 현상을 경험해본 사업자라면 우리가 지금 진행하고 있는 게 마케팅인지, 진정한 마케팅은 과연 무엇일까?라는 생각이 문득 들 것이다. 소비자들의 심리를 생각하지 않은 마케팅 전략과 기술, 기법들은 제대로 된 힘을 낼 수 없다. 그리고 자신이 가장 소비자의 심리를 잘 안다고 착각하는 경우도 많다. 최근 마케팅은 그저 생존에 급급한 이벤트와 프로모션의 비상 전략일 뿐, 진정한 마케팅은 사실 찾아보기가 어려운 실정이다. 이것조차도 언제 약발이 떨어질지 사실 미지수이다. "진정한 마케터"가 되는 일은 쉽지 않다. "진정한 마케터"가 되기 위한 자질과 요건은 수없이 많다. 하지만 모든 것을 다 갖추어도 블랙코어가 말하는 "진정한 마케팅"의 핵심 한 가지가 없으면 안 된다. 그건 바로 "내가 소비자가 되는 일"이다. 상대방이 되지 못하면 그들의 생각을 읽을 수 없다. "역지사지(易地思之)" 바로 블랙코어가 수많은 마케팅 현장에서 수없이 많은 실패와 성공을 겪으며 얻어낸 결론이다. "진정한 마케터"는 "역지사지"로 시작과 끝이 완성이 된다.

아무래도 매출이 떨어지는 비수기에는 마케팅에 대한 니즈가 많이 생긴다. 블랙코어가 초창기에 현장에서 소상공인들과 프랜차이즈 가맹점, 중소기업들과 직접 미팅을 하거나 마케팅 컨설팅을 진행했을 때 매출이 나오지 않는 이유는 너무나 분명했다. 수박 겉핥기의 광고, 홍보만을 진행할 뿐, 마케팅의 본질에 대해서 모르고 있다는 사실이었다. 아무리 오랜 세월을 한 업종에 있었다고 해도 그들이 오랫동안 매출을 많이 발생시킬 수 있다거나 마케팅에 대해서 제대로 알고 있는 건 아니다. 오히려 자신만의 틀에 갇혀서 고객들의 진정한 욕구와 욕망을 들여다보지 못하고 마케팅이 아닌 광고 노출에만 집중하고 있거나 마케팅과 광고의 개념을 제대로 파악하지 못하는 경우가 많았다. 그저 광고비를 증액시키거나 줄이거나 유행하는 광고 매체 중에 어디를 이용할까가 그들에게는 가장 중요한 사안들이었다. 당연히 해당 회사들은 매출이 나오지 않는 상태였다. 한 회사나 쇼핑몰에 오래 있다 보면 주위의 환경이나 상황이 급변하고 있는데도 이를 제대로 받아들이지 못하거나 진정한 고객의 심리나 무의식에 기반하지 않은 전혀 엉뚱한 방향으로 마케팅을 전개하곤 한다. 아직도 마케팅 기획이나 실행을 할 때 단기 꼼수 마케팅 기법에만 집중하고 있는 회사들이 많다. 이런 방식은 일반 소상공인이나 중소기업들이 진행하기에는 적합하지 않은 방식이다. 안타깝게도 이런 방식으로 마케팅을 하면 작은 매출은 발생시킬 수 있지만, 지속적인 매출은 발생시킬 수 없었다.

장기적인 매출 상승을 위한 마케팅은 고객의 니즈와 욕구가 먼저 기반이 되어야 한다. 시장에 대한 분석과 고객에 대한 디테일한 조사 없이 제품을 우선 판매하려는 구시대적 마케팅 방식에서 벗어나서 고객의 니즈와 욕구를 기반으로 하는 마케팅을 진행해야 한다. 이제 고객의 니즈와 구매 욕구 파악 없이 우리가 무조건 차별성이 있다는 마케팅 전략을 쓰는 일이 전부가 아니다. 시대와 트렌드에 맞는 고객의 욕구와 니즈가 포함된 상품이 아니라면 이제 빛을 보기 힘들다. 아래에서 블랙코어가 얘기하는 마케팅 핵심을 주목하길 바란다.

마케팅 핵심 체크 사항

1. 고객이 원하는 욕구나 욕망이 있는 상품인지 미리 정확하게 체크를 해야 한다.

- 상품을 제작하거나 판매하기 전에 정확한 소비자 니즈와 욕망의 체크가 이루어져야 한다. 물론 소비자들이 원한다고 얘기하는 경우는 거의 없다. 이는 오프라인의 소비자 구매 패턴 및 무의식적인 구매 욕구를 기반으로 한다.
- 판매자들은 이제 사무실을 나가서 소비자들의 반응이 뜨거운 실제 판매 현장을 가야 한다. 마케팅의 정답은 걸어 다니는 옆 사람과 옆 가게에 있다.

2. 우리 업종에 대한 본질의 매출 핵심이 무엇인지 정확하게 파악한다.

- 업종의 본질도 모르고 마케팅하는 담당자는 100전 100패한다.

- 본질을 정확하게 이해했다는 생각이 든다면 제3자에게 혹은 다른 소비자들에게도 물어본다.
- 이를 우리 업종과 회사와 대입시켜 업의 본질을 정확하게 실행하고 있는지 체크해본다.

3. 우리 회사 상품만의 차별화된 가치가 있는지 평가한다.

- 타사나 경쟁사 상품과 비교하지 말고 우리 회사 상품만의 가치를 평가해본다.
- 마케팅, 광고, 홍보를 진행했을 때 소비자들의 반응을 체크하고 구매 시에 구매 전환율과 회원가입률을 체크하고 바이럴(입소문)이 퍼질 수 있을지 체크해본다.
- 우리 상품의 가치를 주관적으로 평가하되, 제3자의 시선으로 다른 경쟁사에는 없는 특별한 차별화된 요소가 있는지 체크해본다. (가장 중요하다.)

위의 3가지 핵심을 정확하게 이해하길 바란다. 물론 블랙코어도 현장과 실전에서는 위에 나와 있는 본질적인 3가지 규칙을 따르고 있다. 그리고 이 룰은 항상 우리에게 지속적인 매출 상승과 열렬한 호응을 선물해주고 있다. 시대가 변하고 트렌드의 흐름이 달라지면 과연 지금의 전략대로 계속해도 되는지, 아니면 새로운 전략을 통해서 소비자의 트렌드와 흐름을 잡을 것인지 많은 고민을 하게 된다. 변하는 것과 변하지 않는 것을 시대라는 기준에 따라 두 가지로 분류할 수 있다.

1. 시대가 바뀌어도 변하지 않는 인간의 본질

2. 시대가 바뀌면 같이 변하는 인간의 시야

바로 위의 두 분류 안에 마케팅의 진짜 비밀이 숨겨져 있다. 많은 판매자나 마케터들은 트렌드가 바뀌고 소비자들의 소비심리가 바뀐다고 하면 오프라인 쇼핑에서 온라인, 그리고 모바일 쇼핑, 블로그, 카페, 지식인에서 페이스북, 인스타그램, 유튜브 등으로 플랫폼이 바뀐다는 것에만 주목하곤 한다. 그리고 플랫폼 변경과 더불어 인간의 본질과 내면이나 그들의 원초적인 본능까지 변한다고 생각한다. 바로 여기에서 마케팅의 오류가 생기고 잘못이 시작된다. 시대가 바뀌면 변하는 것은 인간의 시야일 뿐이다. 인간의 본질은 바뀌지 않는다.

마케팅에서 중요한 점은 소비자와 소통, 공감하는 부분이다. 제대로 소통하지 못한 것을 마케팅 플랫폼 전략의 실패로 돌리는 오류를 범하곤 한다. 이건 단순히 페이스북이나 인스타그램에서 좋아요 숫자를 늘린다거나 게시물 조회수에 집착하는 것과 동일하다. 시대가 바뀌어도 변하지 않는 인간의 본질은 아래와 같이 정리할 수 있다. 판매자 입장에서 인간이 가지고 있는 원초적 본능, 본질, 성향, 욕망에 관심을 두고 사람들과 소통과 공감을 해야 한다.

바뀌지 않는 5가지 인간의 본질

1. **사람들이 즐거워하는 것**
   쇼핑, 수다, 취미, 유머, 칭찬, 선물, 욕구충족,
   자아실현, 자신감, 사랑, 우정

2. **사람들이 분노를 느끼는 것**
   열등감, 비리, 사기, 적대감, 싸움, 전쟁, 비판,
   무시, 비양심, 배신

3. **사람들이 슬픔을 느끼는 것**
   파산, 낙제, 비극, 고독, 외로움, 우울함, 죽음, 가난

4. **사람들이 욕망을 느끼는 것**
   명품, 브랜드, 희소성, 한정판, 젊음, 성형, 다이어트,
   자기계발, 돈, 권력, 명예

5. **사람들이 두려움을 느끼는 것**
   죽음, 공포, 불안함, 고통, 질병, 악재, 위험, 사고, 치안

시대가 변해도 기본적인 인간의 본질은 변하지 않는다. 물론 사람마다 타고 나는 성격이나 취향, 성향은 어린 시절을 거쳐 어른이 될 때까지 약간씩 변하기는 하지만, 위의 5가지 본질은 어떤 사람이든 공통으로 가지고 있다. 만약 위의 5가지의 인간의 본질과 성향 그리고 앞서 살펴본 인간의 기본 심리에 관해 관심이 없다면 사업의 마케팅 성공은 힘들다고 생각하면 된다. 또한, 앞으로 진행하게 될 마케팅 전략이 실패할 가능성이 높다는 것도 예고한다. 만약 현재 마케팅 플랫폼 수단과 홍보에만 급급해하고 있다면 정작 중요한 인간의 본질과 본성에 대해서 놓치고 있는 건 아닌지 스스로 돌아보길 바란다. 마케팅을 잘하고 싶다면, 소비자들에게 많은 판매를 이끌어내고 싶다면, 마케팅 플랫폼 전략이 우선이 아닌 인간의 본질과 본성을 먼저 탐구해야 한다. 자, 이제는 성공하는 마케팅과 활용법에 대해서 알아보자.

일반적으로 판매자들은 광고를 진행할 때 리스크 대비 투자 성공률(ROI), 온라인 쇼핑몰의 손익분기점(BEP) 그리고 현재 쇼핑몰이 광고했을 때 성공할 확률에 대해서 계산하지 않는다. 이런 중요한 것들은 누구도 알려주지 않는다. 그리고 현재 자본금과 예산을 기준으로 광고비를 효율적으로 운영하는 방법 역시 정확하게 모른다. 반대로 광고 운영은 일반적인 광고대행사 기준에 맞추고 있다. 예를 들어 광고주의 기준이 아닌 광고대행사에서 정한 월 500~1천만 원이라는 기준에 맞춰서 광고 운용계획을 짜는 것이다. 대게는 이런 말을 한다. "이 정도의 자금을 쓰시면 이 정도의 매출 상승을 예상해봅니다." 하지만 이 기준은 우리 쇼핑몰의 기준이 아니라 다른 모든 쇼핑몰의 평균에 따른 예상 수치이다. 여기엔 예상 매출이 나오지 않는 상황에 대한 리스크 계산은 없다. 만약 그 비용을 쓰지 않거나 광고비 예산액이 기준 이하면 그 쇼핑몰은 광고대행사의 관리대상에 포함되지 않는다. "아니 왜, 우리 쇼핑몰은 관리해주지 않는 건가요?"라고 말해봤자 "일정 이상의 광고비를 쓰지 않기 때문에 관리가 없는 겁니다."라고 대답할 것이다. 광고비를 소진하지 않으면 대행 수수료가 없기에 치밀하고 섬세한 관리 역시 없다. 하지만 대부분 광고 관리를 제대로 못 받아서라기보다는 쇼핑몰 내실이 구축되지 않은 상태에서 광고를 진행하기 때문에 실패한다. 즉, 다시 말해 이런 상황은 밑 빠진 독에 물 붓기와 같다. 쇼핑몰의 내실이 구축되지 않은 상태에서 광고를 진행했을 때 성공하지 못할 확률은 90% 이상이다.

여러 가지 온·오프라인 매체 광고 집행과 마케팅·광고 전략을 기획한 경험으로 블랙코어가 내린 결론은 뭐니 뭐니 해도 "구매 전환율"이 가장 중요하다는 것이다. 온라인이든 오프라인이든 최적화된 구매 전환율이 나오지 않으면 소용이 없다. 이유는 순이익이 별로 없기 때문이다. 아무리 대단한 광고비용으로 광고를 집행해도 어떤 업체는 순 월 매출이 3억~10억이 나오는가 하면 또 다른 업체는 광고비 본전 찾기에도 급급하거나 오히려 손해가 막심한 경우가 빈번했다. 그래서 블랙코어는 항상 구매 전환율 상승 그리고 광고 매체 전략을 만들기 전에 기본과 정석 즉, 쇼핑몰의 내실구축을 강조하는 것이다. 수백 개 이상의 쇼핑몰 광고를 온·오프라인 매체를 통해서 집행해본 후 뼈저리게 느낀 경험에서 우러나왔다. 쇼핑몰 내실구축에 공들인 업체는 나중에는 광고 전략만 잘 기획해서 소비자와 소통과 공감에만 집중하면 시간이 지날수록 성과가 나오고 매출이 상승한다. 당연히 광고 효율성도 높다. 내실구축을 하지 않은 쇼핑몰과 비교했을 때 이탈률이나 회원 가입률 또한 현저하게 차이 나기 때문에도 효율성이 높을 수밖에 없다.

안타까운 점은 쇼핑몰 사업자들과 온라인 판매자들이 광고를 해야 할 상황인지, 하지 말아야 할 상황인지 모르는 경우가 많다는 것이다. 이런 상황이 가장 위험하다. 매출이 어느 정도 나올 것을 예측하고 광고를 진행하는 것과 진행하면 안 되는 것을 모르고 광고를 진행하는 것의 차이는 말을 하지 않아도 알 것이다. 블랙코어가 유일하게 성공시키지 못하는 쇼핑몰은 "내실구축"이 안 된 쇼핑몰이다. 그래서 항상 쇼핑몰 컨설팅이나 인큐베이팅 프로젝트를 진행할 때 블랙코어의 리소스를 가장 많이 할애하는 부분이 "쇼핑몰 내실구축"이다. "내실구축"이 안 된 쇼핑몰은 구매 전환율이 높지 않다. 그러니 광고를 진행하는 의미가 없다. 그래서 항상 쇼핑몰 내실구축을 먼저하고 광고관리 및 광고 집행을 가장 마지막으로 설정한다. 많은 온라인 판매자들이 "광고를 어떻게 진행해야 하나요?"라고 묻는다. 그럼 사이트나 쇼핑몰의 문제점을 먼저 분석하라고 얘기한다. 다시 한번 강조하자면 판매할 준비가 돼 있지 않으면 광고를 진행하면 안 된다. 이런 이야기는 불편한 진실일 수도 있다. 하지만 정확하게 자신의 쇼핑몰을 돌이켜 봐야 한다. 처음부터 안일하게 준비하거나 대충 매출만 올리려고 해서는 절대 지속 가능하지 않다. 내실이 받쳐주지 못하면 아무리 광고를 통해 유입률을 폭발적으로 증가시켜도 구매 전환율은 그대로기 때문이다. 다들 어마어마한 광고비를 감당해낼 자신은 없을 것이다. 그렇기 때문이라도 구매 전환율을 높여 효율성을 잡아야 한다고 하는 것이다. 이제 아래에서 마케팅의 정석을 단계별로 알아보는 시간을 가져보자.

마케팅의 정석 _ 시장 조사

마케팅 준비 기간에는 시장조사가 가장 중요하다. 우선 시장을 알아야 소비자들에게 판매할 수 있는 기회도 생긴다. 시장을 알면 무엇을 판매해야 할지 그림이 나온다. 시장조사 시 가장 중요한 부분은 앞에서 언급한 판매자의 안목과 감각이다. 시장조사 시 시장과 트렌드를 그대로 따라가는 것이 아닌 선두주자로 앞설 수 있는 직감과 통찰력이 필요하다. 직감과 통찰력에서 대형 쇼핑몰로 성장할 수 있는 "혁신적 기획"이 나오기 때문이다. 수많은 쇼핑몰이 성공 노하우에 관심이 많은데 준비 기간 동안 시장을 움직일만한 혁신적 기획에 대해서는 관심을 안 두는 경우가 많다. 사실 혁신적 기획과 컨셉으로 온라인 판매 시장을 좌지우지할 수 있는데 말이다. 블랙코어는 쇼핑몰 인큐베이팅 프로젝트 기간

중 초반에 이런 혁신적 아이디어와 컨셉 기획을 설정하는데 많은 투자를 하곤 한다. 이때 돈이 되고 판매가 되는 기획이 만들어지기 때문이다. 하지만 다른 대부분의 기획은 현장, 현실과 동떨어진 경우가 많다. 왜냐하면 보통 시장에 대한 조사를 온라인 설문 혹은 이미 있는 통계 등을 이용하는 경우가 더 많기 때문이다. 하지만 그 정도로는 향후 미래의 트렌드와 현재 소비자의 문화와 소비패턴을 정확하게 알기는 어렵다. 정확히 소비자의 소비패턴과 심리를 알려면 "실제 시장 현장"을 가야 한다.

팔고자 하는 아이템이 시장성이 있어야 홈페이지도 구축하고, 마케팅, 광고, 프로모션도 진행할 수 있다. 무엇보다도 본인이 판매하고자 하는 아이템에 대한 시장성 조사가 먼저 이루어져야 한다. 물론 시장성이 없거나 인지도 없는 아이템도 판매할 수는 있다. 하지만 시간과 비용이 보통 아이템들보다 많이 소요되고 그만큼 수익이 크지 않을 뿐이다. 하지만 해당 아이템을 직접 제조하는 제조업자가 아니라면 언제든지 수익의 한계에 부딪혀 폐업을 고려하거나 종목을 바꾸게 될 것이다. **한마디로 시장성이 없다면 다른 업종으로 전환을 심각하게 고려해야 한다는 얘기다. 아이템 선정부터가 잘못된 것이다. 충분히 시장성이 있는, 지속해서 팔릴 수 있는 아이템이어야 한다.** 아무리 판매를 잘하는 실력자라고 해도 수익이 충분히 나지 않는 아이템이거나 시장성이 없는 아이템은 한계에 부딪힐 수밖에 없다. 시장성이 있는 아이템을 초기에 잘 발굴하는 일은 매우 중요하다.

이렇듯 시장 가능성을 파악하려면 진짜 시장을 파악해야 한다. 온라인 판매를 하거나 마케팅 기획을 시작할 때 있어서도 가장 중요한 것은 시장이다. 시장을 잘 파악하는 판매자는 마케팅 역시 수월하게 진행할 수 있다. 매출이 오르는 것은 당연지사이다. 시장을 잘 안다는 것은 이렇게 여러 장점이 있다. 하지만 광고 전략이나 노하우를 먼저 배우게 되면 광고에 집중하느라 시장이 어떻게 흘러가는지를 파악하지 못한다. 마케팅할 때에도 먼저 해당하는 업종을 뉴스, 언론, 대중매체에서 어떻게 다루고 있는지, 소비자들의 문화, 구매 심리, 트렌드가 어떻게 흘러가는지 집중해서 봐야 한다. 그다음 광고에 적용해야 한다. 하지만 이 부분을 놓치고 예전에 잘나갔던 마케팅 전략만을 계속해서 고집하거나 현재 고객들이 원하지 않는 이미 유행이 지난 잘못된 방식으로 진행하곤 한다. 이렇게 되면 구매로 연결되기 힘들다.

시장을 분석해서 구매 가치를 만드는 일이 제대로 된 마케팅이다. 그리고 쇼핑몰 마케팅의 정의는 온·오프라인·모바일 구분 없이 "쇼핑몰에 핵심적인 구매 가치를 만드는 일"이다. 하지만 많은 판매자가 숲을 못 보고 나무만 보는 경우를 많이 본다. 그렇다면 나무라도 제대로 분석을 해야 할 텐데 나무를 보는 것이 단지 내 쇼핑몰만 보는 것으로 생각하기 쉽다. "나무"는 내 쇼핑몰만이 아니라 경쟁사, 시즌, 시장, 단기 트렌드들이다. 그렇다면 숲은 무엇일까? "숲"은 전체 사회적, 정치적 이슈와 대중매체, 오프라인에서 일어나는 이슈들, 백화점, 마트, 아울렛 등 유통계, 소비자 문화 등의 메가트렌드, 잠재적인 미래 요소들이다. 쇼핑몰은 하나의 가상 매장이다. 온라인 쇼핑몰도 오프라인 매장과 동일한 면이 있다. 그러므로 업종이 같다면 같은 시장에 포함된다. 그래서 온라인 의류 쇼핑몰들이 오프라인 SPA 브랜드나 백화점 할인에 민감한 이유이기도 하다. 또한 오프라인 의류 시장이 어려워지면 온라인 의류 시장 역시 어렵다는 것을 보면 직간접적으로 알 수 있다.

이런 요소들을 시의적절하게 한 번씩 둘러보고 있는지 체크해야 한다. 만약 잘못된 방향으로 가고 있었다는 것을 모른다면 시장을 잘못 파악했을 가능성이 높다. 나무와 숲에 대한 정확한 이해를 통한 올바른 방향의 "활용 가능한 지식"만이 유용하다. 인터넷을 정보의 바다라고 비유하듯 엄청나게 많은 정보가 있다. 하지만 정보가 많은 만큼 나와는 상관없는 정보들도 많다. 정보는 지식이 아니다. 내 업종과 맞는, 마케팅에 필요한 진짜 필요한 정보를 찾아 온전한 나의 지식으로 만들어야 한다. 아무리 좋은 아이템도 시장이 작으면 매출의 한계가 있다. 계속 광고비 쓰고 마케팅해도 우물 안 개구리일 뿐이다. 대형 쇼핑몰이라는 핑크빛 꿈을 꾸는가? 그렇다면 이 말을 기억해야 한다. "콩 심은 데 콩 나고 팥 심은 데 팥 난다." 꼭 잊지 말아야 한다. "쇼핑몰의 시장 가능성을 먼저 파악하는 것이 0순위"이다. 그렇기 때문에 마케팅에서는 항상 핵심과 방향을 잘 읽어야 한다. 위에서 언급한 "숲과 나무를 제대로 보는 것"이 쇼핑몰 마케팅의 시작이다. 이제는 쇼핑몰의 "진짜 마케팅"을 해야 할 차례이다.

마케팅의 정석 _ 타겟팅

    마케팅하기 전에 놓치지 말아야 할 점들이 있다. 그건 바로 무엇일까? 누누이 말하지만 바로 고객의 입장을 가장 먼저 헤아리는 것이다. "타겟팅"에 관한 중요성은 누구나 알 것이다. 한마디로 살 사람이 있어야 팔 수도 있다는 것을 인지하고 있어야 한다. 타겟팅은 마케팅의 기본 중의 기본이라 할 수 있다. 타겟팅이 무엇이냐는 설명할 필요가 없을 것이다. 다만 그 타겟을 무심코 가볍게 여길 수도 있는데 정확하게 누구에게 마케팅하는지 매 순간 잊어서는 안 된다. 대부분 마케팅을 하는 대상에 대해서 무지한 경우가 많다. 마케팅에서는 기본기와 핵심이 중요하다. **"타겟팅"의 핵심은 우리의 상품에 대해 가장 뜨거운 반응을 일으키는 소비자군을 찾는 것이다.** "나를 알고 적을 알면 백전백승"이라는 말은 들어봤을 것이다. 나를 아는 것도 중요하지만 누구에게 마케팅을 하는지를 정확하게 알고 있어야 고객에게도 통할 수 있다. 보통은 타겟팅을 할 때 소비자 반응이 일어날 수도 있는 혹은 소비자 반응의 잠재 가능성이 조금이라도 있을 만한 타겟층을 선정한다. 하지만 타겟팅의 핵심은 "반응이 뜨거운 고객들을 선정하는 것"이다. 당연하지만 고객들에게 반응을 일으키는 "성공률이 높은 마케팅 전략"을 시시때때로 구사하기란 사실 쉽지 않다. 블랙코어는 고객들에게 반응을 일으키기 위해 '2단계' 타겟팅 전략을 세운다. 결론부터 말하면 세부 타겟층에 의한 대중성 확산전략으로 가기 위해서이다. 1차 타겟팅은 초반에 "소수의 마니아층과 충성고객층을 우선순위로", 2차 타겟팅은 "마니아층에 의한 대중 확산"이다. 잘 생각해보면 소수 마니아층에 의한 확산이 어떻게 되는지 감이 올 것이다. 지금 시장은 워낙 포화상태라서 대중을 대상으로 바로 마케팅을 하기가 어렵다. 결국 통하는 타겟층을 먼저 확실하게 "내 사람"으로 만들어야 마케팅의 성공확률은 높아진다. 소수의 마니아층을 먼저 공략하는 1차 타겟팅 즉, "틈새시장 타겟팅 전략"이 가장 우선순위다.

자본금이나 광고예산이 많아도 2단계 타겟팅 전략을 고수하는 것은 당연하다. "반응이 가장 뜨거운 사람"들을 먼저 선별해야 마케팅 성공확률이 높아지기 때문이다. 계속 말해도 지나치지 않을 정도로 "반응이 뜨거운 사람"들인 1차 타겟에게 마케팅이 성공해야 2차 타겟인 "대중"으로의 확대 전략으로 갈 수 있다. 1차 타겟팅 전략에서 성공을 못 한다면 2차 타겟팅 기법 또한 무용지물이다. 그리고 2차 타겟의 소비자들은 보는 눈이 다양하기 때문에 대중들의 "공통된 눈"에 집중해야 한다. "마니아층에 의한 1차 타겟팅 기법"이 아무리 성공해도 "소비자들의 반응이 뜨거운 것 중 공통적인 것" 즉, 대중성을 정확하게 캐치하지 못한다면 무용지물이다. 여기에서 가장 많이 실수하는 부분은 "특정 소수가 보는 눈, 내가 보는 눈"을 대중성으로 착각하는 것이다.

2차 타겟에서는 특정인이 보는 시야와 시각보다는 마케팅은 대중적인 "공통된 눈"에 초점을 맞춰야 한다. 사람들이 공통적으로 움직이는 대중성과 군중심리를 자극하는 마케팅 전략과 방법도 "두 단계의 타겟팅 기법"에 의해 정교하게 움직인다. 다시 한번 강조하면 정확한 "타겟팅" 없이는 "대중성과 군중심리"도 무용지물이다. 요즘에는 SNS에서 남들이 하면 따라 하는 "군중심리 유행 마케팅"도 있다. 일명 "단기 유행의 흐름에 의한 마케팅"이다. 물론 현재 패러다임이 어떻게 흘러가는지 제대로 파악하는 것은 기본이다. 가장 중요한 점은 "여기저기에서 쓰이는 마케팅 전략이나 기법들"이 과연 "내 업종과 분야에 적용될 수 있을까?"를 생각해야 한다는 것이다.

우리는 온라인 판매 사업을 하면서 세 종류의 소비자를 만나게 된다. 세 종류의 소비자들은 세월이 지나도 변하지 않는다. 블랙코어가 정의하는 3종류의 소비자들에 대해서 알아보겠다.

블랙코어가 정의하는 3종류의 소비자

첫 번째 소비자 : 무관심한 소비자 (50%)

두 번째 소비자 : 비호감 소비자 (30%)

세 번째 소비자 : 호의적인 소비자 (20%)

첫 번째 소비자는 전체의 50% 이상을 차지하고 실제로 자사의 상품과 서비스에 무관심하다. 물론 무관심하지만 가끔 진행하는 혜택과 프로모션에 의해 단발성으로 필요에 의해 움직이는 소비자들이다. 관심은 없는데 혜택이 생기면 움직이는 사람들이라고 볼 수 있다. 물론 프로모션이나 이벤트가 끝나면 구매하지 않는다. 구매는 일회성에 끝나며 재구매역시 이벤트나 프로모션을 진행할 시에만 움직인다. 1+1, 3만 원 이상 무료배송, 50% 파격 세일, 전 상품 9,900원, 블랙 프라이데이 같은 행사에만 움직인다. 이들은 군중심리에 약하며 다른 사람들이 남긴 후기를 보며 구매하는 소비자들이다. 물론 그들은 스스로 똑똑한 소비자라고 생각할 수 있지만 실제로는 이익에 눈이 멀어 통제력이 약하며 조종당하기 쉬운 성향이다. 판매자 입장에서는 이런 무관심한 소비자들을 꾀어낼 수 있는 깜짝 이벤트, 프로모션, 이슈성 이벤트를 만들어낸다면 단기적으로는 매출을 상승시킬 수 있다.

두 번째는 전체의 30% 이상으로 비호감 소비자들이다. 온라인 판매사업 그중 쇼핑몰 같은 자사몰을 운영할 시에 보통 쇼핑몰의 경우 회원들이 1만 명 정도 되면 30% 정도가 자사의 상품과 서비스에 대해서 비호감을 가졌다고 보면 된다. 이들은 자그마한 불만이 생기면 언제든지 회원 탈퇴를 할 수 있으며 일회성 구매에 그치거나 우리 상품과 서비스를 구매하지 않을 의사를 보인다. 물론 여기서 끝나면 다행이지만 가장 문제가 되는 것은 온라인 판매자들을 괴롭히는 소비자군이 여기에 속한다는 사실이다. 이들 타겟층 속에는 블랙 리스트, 즉 A급, B급 진상 고객들이 숨어 있다. 이들은 언제든지, 얼마든지 비방, 공격, 뒷담화를 할 준비가 되어 있는 소비자들이다. 이들은 작은 불만도 크게 만들며 주변 지인, 일반 사람들에게 악의적으로 자사의 상품과 서비스에 대해서 험담을 늘어놓으며 바이럴 이슈를 퍼뜨린다.

온라인 판매 사업이 잘나가다가도 이런 A급, B급 진상 고객들에 의해한 순간에 몰락하거나 폐업하는 사례도 많다. 이런 소비자들은 남을 조롱하거나 공격하는 것에 희열을 느끼는 사람들이기 때문에 잘해주면 잘해줄수록 자신이 원하는 혜택과 이득을 더욱 요구하는 소비자들이다. A급, B급 진상 고객들은 굳이 감정적으로 받아줄 필요가 없으며 치밀하면서도 강력한 대처가 필요하다. 가장 좋은 방법은 블랙리스트 고객이라는 것을 빨리 캐치해 간접적으로 돌려서 대응하는 편이 가장 좋다. (유선상으로 전화통화는 안 하는 편이 좋다.) 이왕이면 구매를 아예 거부하거나 및차단하는 방법도 좋다. 이유는 어차피 미래 잠재고객이나 가망 고객이 될수 없고 상품과 서비스의 퀄리티를 아무리 높여도 이들의 DNA를 절대로만족시킬 수 없기 때문이다. 보통 이들은 1만 원 이하 최저가 할인, 2만 원이하의 상품에 많이 몰리는 편이다. (만약 박리다매나 오픈마켓에서 최저가 할인을 진행하고 있다면 많이 만나게 될 것이다.) 판매자의 정신건강을위협하는 사람들이기 때문에 감정적으로 대처할수록 끝이 안 좋게 되고서로 감정적, 정신적으로 피해를 입을 확률이 높다. 물론 A급, B급 진상

279

고객을 제외한 나머지 비호감 고객들은 말 그대로 순수하게 자사의 상품과 서비스에 한두 차례 이상 실망하거나 불만족한 소비자들이다. 그렇기 때문에 마냥 자사의 상품과 서비스가 항상 옳았다고 볼 수는 없다. 이들로부터 부족한 점, 문제점, 개선사항들을 찾는 중요한 단서를 얻을 수 있다.

세 번째는 전체의 20%를 차지하는 호의적인 소비자다. 자사의 상품과 서비스를 가장 많이 구매하는 소비자이자 가장 불만이 없는 소비자군이기도 하다. 앞으로도 호의 이상으로 평균 객단가를 높여줄 충성도 높은 예비 VIP 고객들도 많이 숨어 있다. 판매자들이 가장 많이 우를 범하는 타겟층이기도 하다. "충성고객이니까, 재구매 고객이니까 항상 옆에 있겠지"라는 무사안일한 생각 때문에 온라인 판매, 쇼핑몰들이 급격하게 한 순간에 실패의 상황으로 접어들곤 한다. 이런 상황을 마주하면 판매자 입장에서는 왜 매출이 하락했는지 스스로 뚜렷한 이유를 잘 모르는 경우가 많다. 하지만 이유는 분명하다. 충성고객을 제대로 관리하지 못했기 때문에 매출이 하락하는 것이다. 특히 오래된 대형 쇼핑몰일수록 이 부분에 대한 관리가 미약한 경우가 많은데 신규고객을 위한 광고유입이나 이벤트, 프로모션에만 치중하다 보니까 기존에 있던 고객들은 더 나은 가치를 느끼지 못해 떠나는 경우도 빈번하다.

호의적인 소비자들의 경우에는 오랫동안 불만을 표시하지 않다가 갑자기 떠나버리거나 이탈해버리는 경우가 많다. 이는 보통 그동안 자신이 오랫동안 헌신을 했던 쇼핑몰들에게 실망을 하는 경우가 많은데 C/S 및 고객 서비스에서 발생하는 문제 비율이 높은 편이다. 그리고 호의적인 충성고객을 너무 상업적으로 대하는 태도도 문제의 소지가 된다. 작게 보면 아무것도 아닐 수 있지만 모든 문제의 발단은 작은 부분에서 시작된다. 특히 오랫동안 만족했었던 고객일수록 한순간에 뒤돌아서는 경우가 많고, 이는 오랜 인내심이 농축된 냉정함이라고 볼 수도 있다. 호의적인 소비자일수록 더 많은 신경을 쓰고 그들의 얘기를 귀 기울여야 한다. 비호의적인 A급, B급 진상 고객들을 상대할 시간에 호의적인 그들에게 더욱 시간과 애정을 투자해야 한다. 지금이라도 소흘했던 호의적인 고객들이 있다면 그들에게 어떤 깜짝 선물을 해야 할지 고민하길 바란다. 그러면 없었던 매출도, 가라앉아있던 매출도 살아나기 시작할 것이다. 기존 고객에게 투자하는 것이야말로 효율적이고 효과적인 투자이다. 쓸데없이 일회성 고객을 모으는 것에 너무 연연하지 말고 우리에게 호감을 가지고 매력을 느낀 고객들을 관리한다면 그 보상은 돌아올 것이다.

마케팅의 정석 _ 소비자 구매심리

구매하기 위해 온라인 쇼핑몰에 들어갔을 때 어떤 점을 가장 먼저 보는가? 디자인? 상품? 배너? 리뷰 게시판? 대부분의 사람은 제품을 살지 말지를 고민하기 이전에 구매 욕심이 나는지 즉, 갖고 싶은지 갖고 싶지 않은지를 본다. 사람은 누구나 소유하고픈 욕심이나 욕망이 있다. 원초적인 소유욕은 남녀노소 동일하다. 어린이들을 보면 자연스럽게 확인할 수 있다. 마케팅을 제대로 하는 법을 알고 있는 판매자들은 그런 원초적 욕구를 제대로 꿰뚫고 있다. 사람은 절제력에 따라 충동 구매형과 알뜰 구매형, 비합리적 구매형, 합리적 구매형 4가지 유형으로 나눌 수 있다. 욕심, 욕망 같은 원초적 소비심리들을 쇼핑몰에 어떻게 녹일 수 있을지를 고민해야 한다. 쇼핑몰은 판매하기 위해 만들어졌고 고객들은 구매하기 위해 들어온다. 판매자는 소비자들이 구매하는데 어떤 구매 심리 요소들이 영향을 미치는지 고민해야 한다. 예를 들어서 여성 의류는 "나의 스타일에 잘 맞는 예쁜 옷들을 구매하기 위해, 더욱 아름다워지고 싶어서, 자신을 예쁘게 꾸미고 싶어서" 들어오기 때문에 최대한 모델이 옷을 입었을 때 매력적으로 보일 수 있게 만들어 소비자의 구매심리를 자극해야 한다. 생선회를 파는 쇼핑몰에서는 "생선회"의 신선함, 청정함 등 식감의 요소를 활용해 구매심리를 자극해야 한다. 이런 구매심리를 자극하는 요소를 상품 촬영 및 메인, 상세페이지에서 최적화시켜야 한다. 쫄깃 쫄깃하고 윤기나 보이는 이미지, 싱싱함을 강조하는 바닷가풍경, 와사비나 초장을 찍었을 때 시식을 해보고 싶게 자극하는 풍미 등 구매하고 싶게 할 수 있는 모든 부분을 염두에 두고 상품 촬영을 해야 한다. 상세페이지에서 포인트를 적절하게 강조시켜야 함은 물론 여러 가지 구매요소들을 활용해야 한다. 특히 남자는 시각과 촉각, 여자는 청각, 후각에 예민하다. 고객 타겟층에 따라 이런 부분들을 제대로 활용할 줄도 알아야 한다. 이렇듯 고객의 구매심리를 어떻게 자극하느냐에 따라서 판매로 이어지느냐 이어지지 못하느냐가 결정이 된다. 겉만 화려한 예쁜 사진과 현란한 상세페이지는 중요하지 않다. 구매심리를 자극하는 요소를 정확하게 분석해 반영해야 한다. 고객이 사고 싶게 만드는 구매 심리를 이용하면 매출도 상승한다. 이런 부분들을 최대한 활용해보길 바란다.

마케팅의 정석 _ 마케팅 컨셉 기획

컨셉에 대한 무엇을 만들어 가기 전에 아무것도 없는 백지상태로 돌아가야 한다. 그 이유는 무엇을 미리 판단하기 전에 시장에서 고객이 무엇을 진심으로 원하는지를 정확하게 알아야 하기 때문이다. 뭔가를 알고 있다는 생각도 내려놓아야 한다. 그래서 블랙코어는 쇼핑몰 초기 컨셉 기획 시 고객에게 통할 수 있는 수십 가지의 쇼핑몰 컨셉 기획을 마인드맵과 스토리보드로 그렸다가 지웠다가를 반복하면서 초기 시뮬레이션을 해본다. 이런 과정이 결과적으로 쇼핑몰의 성공과 실패를 좌우하기 때문이다. 기존에 알고 있던 노하우들도 현재는 통하지 않는 옛날 방식인 경우가 많다. 전자상거래의 역사가 바뀌고 판매자의 성향이 모두 다르듯이 각각의 쇼핑몰들이 크고 성장하는 방식도 모두 다르다. 결과적으로 아무리 성공하는 쇼핑몰을 벤치마킹해도 우리 쇼핑몰 방식에 맞지 않으면 소용없다. 우리에게 맞는 기획 방식과 맞지 않는 방식을 스스로 제대로 찾지 못하면 쇼핑몰의 성공적인 경험과 노하우도 내 것으로 만들 수 없다. 어떤 쇼핑몰 템플릿을 살지, 상세페이지는 어떤 디자인으로 하고 UI, UX를 어떤 식으로 만들어야 하는지는 지금 당장 중요한 부분이 아니다. 실제로 호스팅사에서 주는 무료 템플릿으로 만든 쇼핑몰로도 매출을 올리는 경우가 빈번하다. 중요한 것은 쇼핑몰 안에 들어 있는 콘텐츠다. 이 콘텐츠 하나하나를 어떻게 만들어 가느냐가 쇼핑몰 인큐베이팅에 성공하는 결정적 단서이다. 파급력 있는 콘텐츠를 기획하는 기본에 대해 살펴보겠다.

마케팅에서 성공하는 콘텐츠를 기획하는 3가지 기본사항

첫 번째 : 콘텐츠를 기획하는 것도 글을 읽는 것도 사람이다.

모든 콘텐츠 기획은 읽는 사람을 타겟팅 해야 한다. 또한 주제에 맞게끔 해야 한다. 하지만 콘텐츠를 기획하기 전에 염두에 두어야 할 점이 있다. 사람들이 읽고 싶게끔 콘텐츠를 구성해야 한다는 것이다. 다 읽히기도 전에 페이지가 닫힌다면 무기를 꺼내기도 전에 수를 읽힌 격이다. 팔려고 하는 상품에 맞춰서 사람들이 상품의 어떤 부분에 대해서 호기심을 갖고 흥미를 갖고 있는지에 대해서 미리 분석하고 파악해야 한다. 일반적으로 사람들이 해당 상품을 구매하면서 느끼는 궁금증을 풀어주는 방식으로 사람 대 사람으로 공감할 수 있는 콘텐츠를 구성하는 방식이 가장 이상적이다.

두 번째 : 제품이나 서비스의 특별한 차별성을 컨텐츠에 녹인다.

구매와 직결되는 것이 차별성이다. 또한 여기에서 바이럴이 될 수 있는 콘텐츠가 생겨난다. 여기저기 똑같은 콘텐츠들이 난무하는 곳에서 주의를 끌고 흥미를 만들려면 결국 우리만의 제품과 서비스에 특별한 강점과 차별성이 있어야 한다. 다른 업체들이 따라 할 수 없는 특별한 무엇인가가 존재해야만 한다. 특별함이 없다면 콘텐츠를 올리는 의미가 없어진다. 동일한 상품을 파는데 컨텐츠에 다른 차별성이 보이지 않는다면 소비자들은 선택할 이유가 없다.

세 번째 : 진정성 있는 솔직한 몰입형 콘텐츠를 제작한다.

글을 읽을 때 솔직한 사람들의 이야기는 이상하리만큼 몰입이 잘 된다. 반대로 진정성이 결여되거나, 과장이 심하거나, 거짓이 포함된 콘텐츠에는 집중할 수 없다. 글을 읽을 때 완전하게 몰입할 수 있게 솔직하고 진정성 있는 콘텐츠를 만들어야 한다. 1%의 솔직함은 99%의 진정성 있는 콘텐츠를 완성시키지만 1%의 거짓말은 99%의 진정성 있는 콘텐츠를 망치게 된다. 콘텐츠의 기본은 거짓이 없는 현실적이고 진심, 진정성이 담긴 콘텐츠이다. 진정성이 있는 솔직한 몰입형 콘텐츠는 집중도를 올려주면서 실제로 상품이나 서비스를 경험해보고 싶은 욕구를 만들어준다. 글을 쓰는 본인이 맛깔스러운 솔직함과 진정성을 갖고 있다면 바이럴 콘텐츠 기획의 강점이 있는 셈이다. 가장 피해야 할 콘텐츠 기획은 거짓이 들어간 형식적이거나 기계적인 글이다.

블랙코어가 강조하는 마케팅에서 성공하는 콘텐츠를 기획하는 3가지 기본사항은 가장 핵심이자 기본 정석이다. 아무리 현란한 기술과 노하우가 있어도 콘텐츠를 보는 사람의 입장에서 핵심에 근접하지 않으면 소용없다. 기술과 노하우는 그다음이다.

마케팅의 정석 _ 트렌드의 흐름 분석

트렌드의 흐름을 찾으려면 우선 오프라인 시장부터 조사해야 한다. 가장 사람들이 많은 번화가부터 가장 많이 팔리는 현재 상품들, 소비자들이 가장 선호하는 뜨거운 인기 제품들, 그리고 없어서 못 파는 한정 상품들, 소비자들이 예약을 해야 할 정도로 불티나게 팔리는 제품 등 현재 트렌드의 흐름을 파악해야 한다. 물론 오프라인뿐만 아니라 온라인, 모바일 모두 파악해야 한다.

앞서 말했지만, 시대의 흐름을 정확하게 꿰뚫어야 하고 시대의 흐름에 맞는 판매 역량을 지니고 있어야 한다. 오프라인에서는 상품을 직접 만져보고 실물로 자세하게 볼 수 있다. 반대로 온라인에서는 상품을 직접 만져보지 못하기에 나름 신경 써서 꾸며놓은 가상의 공간을 먼저 보고 판단한다는 점을 정확하게 인지한 상태에서 "시대의 흐름에 맞는 제품과 판매역량"을 가졌는지 스스로 반문해야 한다. 시대의 흐름을 잘못 만났거나 최대치로 판매할 수 있는 능력이 없다면 이 부분을 어떻게든 채워야 한다. 차라리 다른 직종, 업종을 택하는 편이 훨씬 나을 수도 있다. 소비자는 냉정하고 객관적으로 판단한다. 선택된 쇼핑몰은 고객이 알아서 찾아오지만 그렇지 못한 쇼핑몰은 무관심의 대상이 된다. 전자상거래 사업 세계에서 가장 경계해야 할 대상은 "무관심"이다. 고객에게 선택되느냐, 선택되지 않느냐 바로 그것이 우리의 과제다. 최대치로 판매할 수 있는 능력을 갖추고 현재 시대의 흐름을 꿰뚫고 있어야 한다.

마케팅의 정석 _ 마케팅 플랫폼 구축

"마케팅 홍보와 광고"는 판매자들이 항상 집중하고 있는 부분이다. 하지만 광고 대행사나 일반적인 바이럴 마케팅 회사에서는 판매자에게 광고하라고만 하지, 플랫폼을 구축하라고 권유하는 일은 거의 없다. 이유가 무엇일까? 바로 판매자들이 스스로 자립하거나 의존하지 않는 것, 즉 아는 것이 많아져서 스스로 모든 것을 할 수 있게 되는 것을 꺼리기 때문이다. 그렇게 된다면 광고 대행사나 일반적인 바이럴 마케팅 회사에서 할 일이 없어지기 때문이다. 쇼핑몰을 운영하다 보면 마케팅과 광고에 대한 지식이 많이 부족하다는 것을 느끼게 된다. 사실 마케팅도 광고도 어떻게 해야 할지 모르겠고, 자금은 한정되어 있고, 최대한 많이 노출하고 싶은데 어떻게 마케팅 예산 설정을 해야 할지 또 어떤 마케팅 플랫폼에 어떤 마케팅 전략으로 접근해야 하는지 정확하게 가르쳐주는 사람이 없기 때문이다.

물론 판매자 중에는 기본적인 마케팅 지식이나 마케팅 전략을 알고 있는 경우도 있다. 또한 판매와 마케팅 관련해서 교육이나 컨설팅을 해 주는 회사들도 많다. 하지만 중요한 건 판매자들 스스로가 현명해지고 많이 배우는 것이다. 스스로 현명해지겠다는 마인드를 이미 갖췄다면 이 제 조금의 지식을 더하면 "쇼핑몰 마케팅, 광고 전략"에 대해 금방 숙달 할 수 있을 것이다. "마케팅"과 "광고" 두 가지를 충족시킬 수 있는 전략 이 바로 "마케팅 플랫폼 구축" 전략이다. 현재는 판매자를 위해 무료로 플랫폼을 구축할 수 있는 채널들이 더욱 다양해졌다. 페이스북, 인스타 그램, 스타일쉐어, SNS, 카카오 스토리, 각종 커뮤니티 사이트, 카페, 블 로그 등 바이럴 마케팅 홍보 채널 등을 다양하게 확보할 수 있어 올바른 판매 방향과 시간 투자만으로도 충분한 마케팅 플랫폼 구축과 성장이 가 능하다. 이런 부분들을 쇼핑몰 및 일반 판매자들은 최대한 활용해야 한 다. 앞에서도 강조했지만 지금은 브랜드의 시대이다. 살아남은 쇼핑몰들 은 자사의 충성 고객들을 많이 보유하고 있다. 시장에서 통하는 소수 마 니아의 타깃만으로도 "틈새시장 전략"이 성공할 수 있다는 얘기다. 쇼핑 몰에서 초기 수용자에 대한 확보는 매우 중요하다.

앞서 언급한 소비자 구매 행동 패턴인 AIDMA(Attention, Interest, Desire, Memory, Action). 여기에서 A는 Attention, 주목 단계로 주의 와 시선을 끄는 단계다. 브랜드 상품을 제외한 모든 상품은 Attention 단 계라는 첫 번째 관문을 거치게 된다. 시선을 끌고 이목을 집중시킬 수 있는 공간, Attention 단계로 진입하게 해줄 수 있는 대문이 바로 "마케팅 플랫폼"이다. 신제품이 출시되거나 좋은 상품이 있어도 많은 사람이 못 보고 지나친다면 기회를 놓치게 된다. 온라인 판매자들은 항상 이런 기회를 제대로 만드는 것이 중요하다. 매출이 낮거나 혹은 매출이 정체되어 있어서 급한 대로 제대로 된 계획 없이 실행하는 "마케팅과 광고"를 경계해야 한다. "마케팅 플랫폼"은 시간을 투자하는 만큼 견고한 요새와 같다. 특히 우리 쇼핑몰에 꾸준한 관심과 흥미를 갖고 있는 팬과 마니아 층들이 항상 들어와 있는 요새이다. 이점을 잊지 말고 다양한 "마케팅 플랫폼" 구축 전략으로 쇼핑몰 매출도 상승시키면서 튼튼하게 내실을 다져나가며 브랜딩 할 수 있는 효과를 경험해보길 바란다. 마케팅 플랫폼에 시간을 투자해보길 바란다.

대형 쇼핑몰이 되려면

누구나 대형 쇼핑몰을 꿈꾼다. TV 같은 공중파 방송과 매체에서 소개된 연예인이 운영한다는 대형 쇼핑몰은 항상 많은 이슈를 달고 다닌다. 대형 쇼핑몰에서 가장 주목받는 건 남들이 우러러보는 높은 매출일 것이다. 자, 그렇다면 소위 말하는 "대형 쇼핑몰"의 탄생은 어떻게 시작이 되는 걸까? 먼저 대형 쇼핑몰이 탄생하려면 아래 요건을 충족시켜야 한다. 첫 번째 요건은 시대의 흐름을 정확하게 꿰뚫어야 하고 시대의 흐름에 맞는 판매 역량을 지니고 있어야 한다는 것이다. 이건 비단 쇼핑몰

뿐 아니라 모든 사업에 모두 공통되는 요소이기도 하다. 대형 쇼핑몰은 현재 트렌드가 끝나는 지점이거나 시작지점, 성숙기에서 탄생하곤 한다. 수많은 쇼핑몰이 그토록 대형 쇼핑몰이 되고자 이런저런 노력을 다 해 보았지만 결국 대형 쇼핑몰이 되지 못했던 이유 중 하나는 시장에 들어가는 시기, 오픈시기를 잘못 선정했기 때문이다. 여기에서 언급하는 대형 쇼핑몰은 평균 월매출 10억 이상, 연매출 120억 이상의 쇼핑몰이다.

그렇다면 이런 대형 쇼핑몰들의 두 번째 요건은 무엇일까? 두 번째 요건은 대형 쇼핑몰은 시장에서 업종마다 딱 하나뿐인 고유의 쇼핑몰 컨셉을 최초로 시도했던 쇼핑몰들이라는 점이다. 물론 위의 TOP 10위권 안에 드는 쇼핑몰 이외에 TOP 30위권 안에 드는 중·대형 쇼핑몰들도 마찬가지다. 최초의 쇼핑몰 컨셉 기획을 시도하는 것은 큰 기회이다. 하지만 반응을 이끌어내지 못해 실패할 수도 있다. 최초의 컨셉이 아니라도 최초의 컨셉으로 시도한 쇼핑몰을 벤치마킹해서 보완하면 새로운 기회를 만들어 낼 수 있다. 물론 앞에서 말한 시대의 흐름과 그에 맞는 판매 역량은 기본적으로 갖춰야 한다.

이제 마지막 대형 쇼핑몰이 갖춰야 할 세 번째 요건은 "입소문을 통한 바이럴 효과"이다. 여기에서 말하는 "입소문" 즉, 이슈는 신문, 언론 노출, TV, 라디오 광고, 체험단, 단기 인스타, 블로그 마케팅 효과같이 바이럴 마케팅을 인위적으로 한다고 생기는 것이 아니다. "입소문을 통한 바이럴 효과"를 가진 쇼핑몰은 한 명의 소비자가 우리 상품을 계속 재구매하고 싶게 만드는 즉, 진성 고객으로 전환시키는 높은 회원가입 전환과 구매 전환을 동시에 가지고 있는 쇼핑몰이라고 볼 수 있다. 제대로 된 쇼핑몰 내실구축을 통해 인큐베이팅이 되면 구매 전환율이 올라갈 뿐 아니라 지속적인 "바이럴 효과"로 인해 재구매를 만들 수 있다. 하지만 앞에서 말했다시피 인위적으로 마케팅, 광고를 통해 알리려고 해도 제대로 쇼핑몰 인큐베이팅이 안 된 쇼핑몰은 어떻게 해도 구매가 잘 이루어지지 않는다. 결국 "대형 쇼핑몰"은 아래 3가지 요소가 필요하다.

1. 현시대의 정확한 통찰 + 시대에 맞는 판매역량
2. 최초의 쇼핑몰 컨셉 시도
3. "입소문을 통한 바이럴 효과"를 가진 쇼핑몰

그리고 다음과 같은 세부적인 특징들이 존재한다. 처음부터 과감한 이슈의 요소가 쇼핑몰 내부에 있다면 소비자가 "와~ 이런 데도 있었어?" "한번 구매해봐야지!" "직접 상품을 받아보니 진짜 괜찮네." "친구들한테 자랑해야겠다."라는 생각을 하게 된다. 결국 자연스러운 입소문 형성이 된다. 탁월한 차별성, 즉 한눈에 봐도 다른 쇼핑몰들과 완전히 다르다. "오 여긴 뭐야?" "지금까지 한 번도 못 봤던 쇼핑몰이네"라는 생각이 들면 페이지뷰, 체류 시간이 자연스럽게 상승한다. 3초 안에 시선을 끌 만큼 주목도가 높다. "뭐야, 여기 진짜 괜찮은 곳이잖아"라는 생각이 들면 회원가입부터 장바구니 담기, 구매까지 물 흐르듯이 연결이 된다. 또한 이렇게 높은 매력도를 가진 쇼핑몰은 즐겨찾기 등록과 구매를 망설이지 않게 만든다. 이제 온라인 판매에서 자주 활용하는 마케팅 기법에 대해서 알아보자.

세일 전략이 통하지 않는 이유

블랙 프라이데이는 미국에서 최대의 매출이 일어나는 날로 알려져 있다. 미국 추수감사절 다음날인 금요일로 1년 중 가장 큰 폭의 세일 시즌이 시작되는 날이다. 우리나라 역시 이 블랙 프라이데이 기간에 많은 매출이 일어난다. 블랙코어도 이 기간에 아울렛, 백화점, SPA 브랜드 샵 등을 많이 가는 편이다. 오프라인 시장 조사를 위해, 그리고 구매가 실질적으로 활발하게 이루어지고 있는지 확인을 하려는 목적으로 말이다. 하지만 최근에는 이상한 점들이 많이 보인다. 브랜드 매장 및 고가의 프리미엄 의류 역시 세일을 하긴 했지만, 여전히 경기불황이어서 일까? 사람들은 주로 이벤트 매장에만 몰렸다. 그리고 더 눈에 띄는 몇 가지는 우리나라 사람들뿐만 아니라 해외 사람들조차 보이지 않았다. 내수 시장이 어려워짐에 따라 해외 소비자들이 소비를 유지해주고 있었지만, 이제는 그나마도 어려워졌다. 실제로 내수 시장의 활성화와 별개로 이제 오프라인 매장 역시 차별화된 마케팅 전략이 없다면 계속 위기가 찾아올 것으로 예상이 된다.

그런데 아무리 경기가 어렵다 한들 매출이 상승하는 곳은 계속 상승하고 마케팅을 잘하는 업체들 역시 계속 수익을 창출하고 있다. 결국 마케팅에도 부익부 빈익빈 현상이 일어나고 있는 것이다. 블랙 프라이데이 시즌에 맞춰 우리나라도 파격 세일 프로모션을 진행한다. 안타까운 점은 차별화된 가치 마케팅이 아닌 미국 시장에 묻어가려는, 블랙 프라이데이와 똑같은 판촉 세일 전략으로만 진행하는 점이었다. "저렴하지 않으면 고객들이 사지 않는다"는 방식으로만 접근해 파격 세일만 하면 고객들은 브랜드 가치를 모르게 되기 때문에 세일을 중단하는 즉시 지갑을 닫아버리는 상황이 온다. 마케팅 차선책이 필요한 상황이다.

애플사의 아이폰은 "꼭 필요하지 않아도 가지고 싶게끔 만든다"라는 브랜드 마케팅과 가치 마케팅을 펼치고 있다. 국내 업체들의 마케팅에서는 "필요하지 않아도" 구매를 하게끔 만드는 즉, 가치 마케팅에 대한 시도가 지속적으로 필요하다. 파격 세일을 하게 되면 고객들 입장에서 봤을 때 "저렴하긴 한데 굳이 필요 없을 것 같아"라고 생각하게 된다. 하지만 가치 마케팅을 하게 되면 "필요하고 필요하지 않고"를 생각하지 않게 된다. 상품에 특별한 가치를 보고 "갖고 싶다"라는 생각만 들게 할 뿐이다. 이는 고가의 명품 브랜드들이 하는 마케팅 방법이다. "파격 세일 프로모션"은 이제 거의 끝이 보인다. 소비자들은 현명하고 지혜롭다. 현재 국내 브랜드 업체들보다 더욱더 현명하다. 꽁꽁 얼어붙은 소비심리는 계속될 것이다. 장기 경기불황과 지속적인 악조건에서도 고군분투하며 해

293

결책을 찾아 장기적으로 매출을 올리는 업체들도 있다. 소비자들을 움직이는 파격 세일이 특별한 가치를 상품에 부여해 갖고 싶게 만드는 "가치 마케팅"을 실현하고 있는 것이다. 해외 구매 대행, 소셜커머스, 셀렉샵, 모바일 쇼핑 등 현재 소비 트렌드에서 어떤 마케팅이 우리 회사에 적합한지 또한 소비자들이 선호하는 가치 마케팅이 무엇인지 고민하는 시간을 가져야 한다.

상품의 가치가 중요한이유

계속되는 포털사이트의 검색 로직 개편에 따라서 상위노출로 랭크해서 수익을 유지했던 업체들이 많이 휘청거리고 있다.특히나 상위노출 랭크를 위해 프로그램이나 최적화 IP와 다수의 아이디를 통한 기술적인 편법들은 이제 거의 통하지 않고 있다. 예상했던 대로 마케팅에 제대로 된 기획이 없는 상태에서 유입만을 위한 꼼수는 이제 종료 직전이라고 볼 수 있다. 이와 같은 꼼수에 대해서 앞에서 계속 언급했었으니 독자들도 현명한 판단을 할 것으로 생각한다. 상위노출보다 더욱 중요한 핵심은 많은 유입수보다 소수의 유입이라도 구매 전환율이 더 높은 전략이다. 결국 정확한 타겟팅과 함께 최적화된 구매 욕구를 만드는 것이다. 앞에서도 언급했듯이 지속해서 구매 전환을 일으키는 가장 큰 핵심은 가지고 싶게 만드는 "상품의 가치"이다. 상품의 가치와 강력한 브랜딩이 합쳐진다면 최상의 시너지가 발휘될 것이다. 아무리 광고비를 지속해서 많이 소진해서 소비자들이 들어온다 한들 구매 전환으로 이어지지 않는다면 광고비만 축내는 꼴이다. 50% 이상의 파격 세일 역시 마찬가지다. 소비자들은 반값 파격 세일 같은 프로모션 전략에 더는 반응하지 않는다. 오프라인 매장에서 온라인 쇼핑몰, 모바일 쇼핑으로 소비자들이 계속 이동하고 있다. 이제 오프라인 매장에서 할 수 있는 전략은 한정적이다. 온라인 쇼핑몰도 마찬가지지만 특히 오프라인 매장은 새로운 마케팅 방법을 찾지 못한다면 이제는 소비자들이 구매할 이유를 찾지 못할 것으로 보인다. 지속하는 경기불황과 라이프 스타일 변화 때문에 소비자들은 소비를 하지 않는 추세이다. 계속 이어지는 건강에 대한 관심과 지속적인 금연 캠페인, 경기불황, 개인주의, 대면 모임 금지 등으로 인해 화려한 송년회나 신년회, 회식, 하다못해 가족 외식 문화도 바뀌었다. 특히나 소비자들의 욕구 심리가 반영된 "자기만족"의 영향은 더욱 커졌다. 자기만족과 자아실현 심리는 브랜드 욕구와 함께 비례해서 커진다.

현재 상황과 발맞추어서 잘 세팅된 맞춤화된 가치 마케팅과 광고 전략은 더욱더 강한 효과가 나타난다. 다시 한번 강조하자면 꼼수로 만든 상위노출 전략은 제대로 된 마케팅도 아닐뿐더러 날카롭고 섬세한 기획력이 없는 마케팅으로 이제는 소비자들에게 가까이 갈 수 없다. 이제 나와 내 업종과 관련한 고민과 성찰을 더 많이 해야 한다. 물론 마케팅에 완벽한 전문가는 없다. 마케팅은 시장에 대해 더 많이 고민하고 깊은 통찰력으로 고객과 시장을 바라보는 것에서 출발한다. 마케팅은 자신의 업종과 관련된 고민과 성찰을 많이 하는 사람에게 주어지는 선물과도 같다. 이젠 무엇이 핵심인지 무엇이 나에게 필요한지 정확하게 바라보아야 할 시점이다. 여기에서 더해야 할 덕목은 가장 중요한 "끊임없는 탐구정신" 이다. 단기 상위노출 꼼수가 아닌 장기적으로 끈기 있게 인내심으로 상품의 가치에 대해 더욱 많이 고민하고 실행하는 도전정신과 혁신만이 시장에 파급력을 가져다줄 수 있다.

무의식을 선점해야 하는 이유

수많은 광고대행사, 쇼핑몰, 온라인 셀러들이 마케팅을 중요하게 생각하고 온라인 마케팅의 한계에 대해서 많이 고민한다. 특히 경기불황에는 고민이 늘어난다. 소비자의 뇌 속으로 들어가 진정으로 원하는 것을 알고 싶은 심정이다. 바로 여기에서 정답이 숨어있다. 소비자의 뇌 속으로 들어가야 한다. 연구된 바에 따르면 쇼핑할 때는 좌뇌와 우뇌 중에서 우뇌를 더욱 많이 활용한다고 한다. 좌뇌는 이성을 컨트롤하는 부분, 우뇌는 감정과 감성을 컨트롤하는 부분이다. 좌뇌는 남성, 우뇌는 여성이 많이 활용한다. 쇼핑에서 구매에 영향을 주는 부분은 우뇌이다. 우뇌는 감정과 감성을 컨트롤하는 부분이라 보통 쉽게 구매 욕구를 느끼는 부분이다. 여기에서 무의식의 비밀이 숨어있다. 소비자의 뇌를 점령하는 방법은 "무의식" 선점이다.

온라인 쇼핑몰 판매자들은 마케팅할 때 일반적으로 겉으로 보이는 소비자 심리에 치중하는 경우가 많다. 어떤 마케터는 이런 얘기를 한다. 온라인 소비자는 구매하기 전에 네이버 "지식인"을 갔다가 블로그 체험과 카페, 지식쇼핑 가격비교를 하고 자주 구매하는 오픈마켓에 있는 쿠폰을 확인하면서 구매를 한다고 말이다. 겉으로는 그럴듯하게 보인다. 하지만 모든 소비자가 이런 동일한 패턴으로 움직일까? 지식인, 카페, 블로그, 웹문서 최적화 등 바이럴 마케팅 진행 시에 구매를 하게끔 만드는 기준은 어떤 것이고 어느 정도 시점쯤에 구매가 일어날까요?라고 물어보면 대답을 할 수 있을까? 그리고 어떤 콘텐츠가 구매를 일으키게 만드는 콘텐츠인지 로그 분석을 제대로 할 수 있을까? 동일한 상품이 11번가, 옥션, G마켓, 인터파크 등 어떤 오픈마켓에서 많이 팔릴지 클릭 수와 노출 수를 기반으로 한 데이터 분석을 해본 마케터가 있을까? 블로그 포스팅 상위노출, 카페 문서 상위노출, 웹문서 최적화, 네이버 지식쇼핑 태그 최적화 및 상위노출 유도, 가격 최저가 활용, 쇼핑노하우 최저가, 오픈마켓 쿠폰 등으로 소비자가 확실히 구매할까? 답은 아닐 것이다. 소비자의 구매패턴이나 동선을 따라가는 것은 중요하지만 겉으로 보이는 것만이 정답이 아니다. 실제 소비자가 구매하는 진짜 이유를 파악하지 않고 그저 이렇게 하는 것이 온라인 마케팅이라고 대다수가 알고 있다. 그러므로 광고주와 사업자들은 온라인 마케팅을 하지만 소비자의 무의식적인 의도를 파악하지 못한 채 상품을 판매하지 못하고 매출 감소로 이어지고 결국 폐업까지 가게 되는 것이다.

의식주와 관련된 구매는 일반적인 무의식적인 구매 욕구에 의한 1차 구매심리에 포함된다. 보통 온라인 쇼핑을 즐기는 마니아층이 구매할 때 가장 많이 고려하는 요소는 뭘까? 꼭 필요한 제품, 평상시에 갖고 싶은 제품, 한정판, 신상품, 고가 브랜드 제품 등 여러 가지가 될 수 있다. 이와 관련된 구매 욕망, 충동 구매, 쇼퍼홀릭, 얼리어답터, 쇼핑중독 같은 2차 구매심리는 온라인 쇼핑 시장의 구매 대다수를 차지하고 있다. 한마디로 시장을 장악하고 있는 매출의 볼륨이 크다는 것이다. 이 시장을 장악하고 있는 매출을 좌지우지하는 소비자의 2차 구매 심리, 즉 무의식에서 일어나는 구매심리를 꼭 알아야 온라인 판매 매출을 상승시킬 수 있다. 모니터 뒤에 있는 고객들은 자신이 어떤 심리인지 어떤 심리상태에서 구매하는지 보여주지 않는다. 그렇기 때문에 오프라인 마케팅보다 온라인 마케팅이 더욱 복잡하고 미묘한 구매 심리를 보인다. 무엇이든지 구매 "핵심"을 파악해야 한다. 그리고 그 구매 핵심은 "무의식"에서 나온다. 당연히 소비자 구매심리의 정점, "무의식"을 선점해야 한다. 이제부터라도 소수가 행하던 "무의식"을 선점하는 마케팅 전략에서 많이 활용되는 인문학, 철학, 수사학, 군중심리, 심리학, 뇌과학 등 인간이 가진 무의식에 대해 제대로 알아야 한다. 마케팅을 제대로 하려면 온라인 마케팅의 겉면만 중시하면 안 된다. 소비자 심리 속의 감춰진 무의식을 파악해야 한다. 진정한 구매 욕구, 심리는 겉으로 드러나지 않고 감춰져 있다.

광고의 변화 과정

　홍보는 고객과의 소통과 공감을 전제로 한다. 광고의 경우에는 일방적인 노출을 전제로 한다. 광고는 소통이 아닌 "최적화된 주목"을 이끌어내는 것이 목표이다. 최적화된 주목을 위해 광고 콘텐츠의 카피와 문구를 작성한 다음 이미지 작업이나 동영상 결과물을 만들어내서 주목을 이끌고 최적화된 유입수를 만들어내야 한다. 광고 효율은 투입과 산출, 즉 노출, 방문 수와 구매율로 따지게 된다.

　ATL과 BTL이란 광고 용어를 많이 들어봤을 것이고 다들 알 것으로 생각한다. 요즘은 ATL과 BTL 광고 전략이 디지털 마케팅 방식에 흡수되고 있다. 여기에서 디지털이란 오프라인, 모바일, 인터넷 등 디지털 기기를 모두 합친 것을 뜻한다. 그렇다면 디지털 마케팅은 뭘까? TV, 케이블, 신문, 라디오, 잡지, 오프라인 영역 등부터 온라인, 모바일 영역 즉, 포털 배너광고, 키워드 검색광고, 쇼핑박스 광고, 언론사, 제휴사 광고, 유튜브, 블로그, 카페, 지식인, SNS 인스타 등까지 모두 활용해 고객과 소통하고 공감대를 형성하는 마케팅이다. 디지털 마케팅 전략을 실행하는 이유는 이제 점점 실생활 즉, 오프라인과 온라인과 모바일 등 디지털 기기들이 통합되어 언제 어디에서나 소비자들과 긴밀하게 연결이 되기 때문이다. 이는 구매로 바로 연결이 된다.

디지털 기기 + *ATL* + *BTL* = 디지털 마케팅

  시대의 흐름에 따라 예전의 ATL+BTL 마케팅 전략에서 좀 더 넓고 깊은 관점으로 디지털 마케팅 전략에 집중해야 한다. 물론 기존의 ATL과 BTL 광고 전략을 디지털 홍보 전략으로 확장해가는 일은 생소하고 어려운 일이다. 하지만 원리는 간단하다. 쌍방향 소통, 즉 커뮤니케이션이 원리이다. 쌍방향 소통 및 커뮤니케이션의 전제는 "공감과 소통"이다. 누가 먼저 "공감과 소통"을 만들어내고 깊게 소비자들과 긴밀하게 연결돼 있느냐에 따라 마케팅의 승패가 결정된다. 디지털 마케팅 전략의 기본이 되는 온라인 및 모바일 매체와 오프라인 광고 매체를 아래에서 참고해보자.

온라인·모바일 광고 매체

1. 온라인 바이럴 매체 (카페, 블로그, 지식인, 지도검색 등)

2. 커뮤니티 웹 사이트 바이럴 작업 및 웹문서 최적화
   (뽐뿌, 다나와, 일베, 오유 등)

3. 뉴스·언론사 배너 및 미디어 랩사 광고
   (500개 이상의 뉴스·언론사 배너 광고 및 미디어 랩사 영역광고)

4. SNS 모바일 (스타일 쉐어, 네이버 트렌드 픽, 카카오, 인스타, 페이스북, 구글 모바일)

5. 리마케팅 광고 (크리테오, 구글 GDN 등)

6. 바이럴 대형 카페 (맘스홀릭, 중고나라, 레몬테라스, 디젤마니아, 파우더걸, 패밀리세일, 쭉빵카페 등)

7. 네이버 클릭초이스, 다음 프리미엄 링크, 네오클릭, 리얼클릭 등

8. 소셜커머스 연계 (위메프, 쿠팡, 티몬 등)

9. 포털 사이트 광고 (네이버 지식쇼핑, 다음 쇼핑하우, 줌 박스광고)

10. 메신저 프로그램 및 프로그램 광고 (알집, 알약, 네이트온, V3)

11. 동영상 제작 및 유포 (유튜브, 페이스북 등)

12. 스마트 스토어 광고 (쇼핑 검색광고, 브랜드 검색광고 등)

오프라인 광고 매체

1. 오프라인 전시회·박람회 참가 (코엑스, SETEC, KINTEX 메가쇼 등)

2. 인쇄·브로슈어·카탈로그

3. 맞춤형 로고 박스 및 자동차 스티커 전단지 등

4. 옥외광고 (건물 옥상 및 야외광고)

5. 버스·지하철 광고

6. 잡지 광고

7. 라디오 광고

8. 길거리 플랫폼 광고

9. BTL 광고 (오프라인 행사, 이벤트, 프로모션 기획)

10. POP 배너, 현수막 광고

바이럴 마케팅의 핵심

초기 단계의 신생 쇼핑몰을 운영하는 판매자들은 자사의 쇼핑몰이 대중들에게 많이 알려졌으면 좋겠다고 생각한다. 이때 가장 흔하게 알려진 그리고 즉각적으로 실행할 수 있는 "바이럴 마케팅"을 종종 진행하곤 한다. 인스타 체험단, 리뷰·후기 블로거들을 전문적으로 대행하고 있는 바이럴 광고 대행사에 맡기든지 혹은 자체적으로 블로그나 인스타를 운영하거나 팔로워 숫자가 많은 인스타, 블로거들을 찾아서 리뷰를 쓰게끔 하는 경우도 많다. 하지만 대부분 진정한 바이럴 마케팅이 아닌 일반적인 단순 PUSH형 홍보 전략만 실행하곤 한다. 타깃 소비자를 정하고 마케팅 기획을 해서 판매하려는 의지가 아닌, 소비자들을 PULL(끌어당김)이 아닌 PUSH(밀기) 전략과 단순 노출에만 연연하는 격이다. 바이럴 마케팅을 하는 근본적인 핵심 이유를 알고 있어야 한다. **바이럴 마케팅을 실행하는 이유는 "굳이 판매 활동을 하지 않아도 알아서 입소문이 퍼져 판매되기 위해서"이다.**

오프라인이 아닌 온라인 전자상거래에서는 의도적이건 아니건 검색으로만 "자사의 쇼핑몰"을 노출시킬 수 있다. 한마디로 인터넷을 하지 않는 사람이나 인터넷을 신뢰하지 않은 사람들은 타겟팅을 할 수 없다는 말이기도 하다. 온라인상에서 바이럴 마케팅을 하게 되면 "해당 키워드를 검색하는 사람들"이 타겟이 된다. 그러므로 해당 키워드가 우리 쇼핑몰이나 상품과 얼마나 깊게 연관이 돼 있는지, 해당 키워드의 콘텐츠가 얼마나 검색하는 사람들을 위해서 혹은 주관성을 지닌 소비자들에게 도움을 주는 콘텐츠인지가 중요하다. 그렇기에 해당 키워드와 우리 쇼핑몰과의 연결된 접점을 찾아내고, 해당 키워드로 된 광고성이 아닌 주관성을 지닌 사실형 콘텐츠를 만드는 것이 기본 바탕이 되어야 한다. 하지만 이런 기본적인 바탕이 없이 일반적인 인스타, SNS 체험단이나 리뷰 블로거들을 이용한다는 것은 밑 빠진 독에 물을 붓는 격이다. 한마디로 투자를 해도 성과를 얻기가 힘들다는 소리다.

판매자가 스스로 자신의 제품의 차별성이나 강점을 무작정 단편적으로 노출 하는 것은 이미 정보나 지식이 아닌 일방적인 광고 노출이다. 검색자들은 일방적인 광고로 제품을 처음 접했을 때 상업적임을 인식한 상태에서 해당 콘텐츠를 읽게 된다. 여기에서는 신뢰도와 호감도가 생기지 않는다.(특히 검색포털에서 이렇게 하는 것은 의미가 없다.) 반대로 주관성을 지닌 사실형 콘텐츠는 과장된 정보가 아닌 글쓴이의 주관적이고 객관적인 판단에 근거하기 때문에 검색자는 해당 정보를 지식으로 받아들이게 되고 신뢰도와 상품 호감도까지 생길 가능성이 높다. 바로 이 두 차이가 바이럴을 만들어내느냐 만들어내지 못하느냐로 귀결이 된다.

또한 해당 키워드와 연관성이 높거나 주관적인 리뷰가 올라가더라도 바이럴(입소문)이 퍼지지 않는다면 바이럴 기획이 없는 경우가 많다. 바이럴 기획은 보통 일반 광고대행사에서는 해주지 않는 경우가 많다. 그렇기 때문에 직접 자신의 쇼핑몰에서 바이럴 마케팅을 기획해야 한다. **바이럴 마케팅 기획할 때는 딱 한 가지 핵심만 기억하면 된다. "자신이 판매하는 상품과 소비자의 감정을 긴밀하게 연결하는 것" 이슈를 만들어서 퍼뜨리는 것도 중요하지만 구독자의 감정과 밀접하게 연결을 함으로써 마음을 움직이게 하고, 상품에 관해서 관심 및 호감의 감정을 느끼게 하는 것이 포인트다.** 바이럴 마케팅 시에는 입소문이 회원가입, 구매 전환으로 이어지지 않는 경우를 경계해야 한다. 단순한 이벤트성 프로모션이 되는 것을 경계해야 한다는 말이다. 모든 마케팅이 그렇지만 바이럴 마케팅 시에는 기본기, 바탕이 중요하다. 판매자 자신의 SNS 및 블로그뿐만 아니라 다른 체험단이나 블로거들이 홍보한 이후에도 검색 노출이 지속해서 이어지기 때문에 첫 단추를 제대로 끼워야 한다. 현재 단순한 바이럴 "노출"을 하는 건지 "마케팅"을 하는 건지 이 두 가지 차이를 명확하게 구분해서 실행해야 한다. 소비자의 마음에 밀접하게 다가가기 위해서는 급하더라도 마케팅 기획 단계부터 차근차근 하나씩 진행해야 한다.

마케팅의 본질을 기억하며

판매자 스스로 기본기와 정석을 다지고 쇼핑몰 내실구축이 마무리되었을 때 마케팅에서 구매 전환율도 어느 정도는 최적화 상태가 된다. 이에 따른 마케팅, 광고전략 또한 여러 가지 카테고리에 맞춰서 수월하게 진행되고 있을 것이다. 이제 좀 쇼핑몰 운영에 여유도 생기고 목표한 매출만큼 지속해서 성장도 가능하다고 믿게 된다. 하지만 오랫동안 판매해왔던 온라인 셀러나 쇼핑몰 운영자가 가장 위험한 순간은 바로 이런 "판매자의 시야에 갇힐 때"이다. 판매자의 시야에 갇히게 된다는 것은 "소비자의 입장에서 보지 못하게 된다"는 뜻과도 일치한다. 만약 소비자의 입장에서 자신이 판매하는 상품을 객관적으로 제대로 볼 수 없으면 판매자의 판매 감각과 마케팅 능력은 한계에 바로 부딪히게 된다. 블랙코어는 바로 이점을 가장 경계하라고 얘기해주고 싶다.

지금같이 트렌드가 빠르게 흘러가고 소비자의 욕구와 니즈가 급변하고 있는 시대에는 사실 어느 것 하나가 완전히 정답이라고 할 수 없는 상황이 오기도 한다. 블랙코어 역시 온라인 판매와 마케팅을 진행하다 보면 분명히 이 방법이 "예전에는 통했는데 지금은 별로 통하지 않는다"라고 느낄 때가 간혹 있다. 그럴 땐 곧바로 까다로운 소비자의 시각을 탑재해서 제3자의 눈으로 객관적으로 매출이 나오지 않는 이유를 파악한다. 그러면 현재 소비자 니즈, 문화와 트렌드가 다시 또 변했다는 것이 감지된다. 그제야 매출이 나오지 않는 이유가 슬슬 이해되기 시작한다. 그리고 현재 흐름에 맞는 유연한 방식의 마케팅 전략을 다시 세우곤 한다. 결과적으로 전과 다른 방식으로 접근한 쇼핑몰 컨셉 기획, 마케팅 기획과 전략으로 재시도를 할 때 해답을 찾곤 한다. 시장에는 예전에 통했던 방식이 지금은 통하지 않는 경우도 많고 반대로 통하지 않았던 방식이 지금은 통하는 경우도 있다.

결국 시장에서 "유연함"을 갖춘 판매자, 마케터야말로 현재 판매나 마케팅에서 최상의 흐름을 만들어낼 수 있다. "소비자의 반응에 유연하게 대처한다." 위의 말은 당연하기도 하지만 너무 기본적인 부분이라 금세 잊어버리곤 한다. 그래서 아직 SPA 브랜드인 "ZARA"가 한국 시장은 물론 세계라는 시장에서 버티는 이유일 것이다. 국적은 다르지만, 각국의 소비자 문화와 트렌드에 민감하게 반응하며 유연한 유통의 흐름을 만들어내고 소비자가 원하는 혹은 앞으로 원할 가능성이 높은 제품을 만들어낸다. 이점은 우리나라의 쇼핑몰 혹은 온라인 판매자들이 절대 잊어서는 안 될 중요한 부분이다. 사업도 판매도 마케팅도 그 중심에는 소비자가 있다. 만약 소비자를 중심으로 생각하지 않고 그저 우리 제품이 괜찮으니까 잘 팔리겠지라는 허황된 생각들은 이제 잠시 내려놓고 소비자의 입장에서 생각을 다시하고 초심으로 돌아가야 한다. 마지막으로 정리하며 상위노출 같은 꼼수와 허상이 아닌 마케팅의 성공확률을 높이는 10가지 마케팅 전략에 대해서 알아보자.

성공확률을 높이는
마케팅 전략 10가지

1. 대중과 소통하고 공감한다.

언제부턴가 온라인 SNS 플랫폼에서는 소통과 공감의 본질을 잊은 채 일반 대중들의 소통과 공감 방식이 아닌 광고와 홍보의 역할에만 치중하기 시작했다. 그러다 보니 결과적으로 SNS 플랫폼에서 진짜 소통하는 "대중"들이 떠나게 되었다. "진짜 대중"들은 광고와 홍보에 처음에는 민감하게 반응을 하지 않다가 무분별하게 쏟아지는 광고, 홍보, 상업성에 질린 나머지 SNS 플랫폼에서 급격하게 많이 이탈하기 시작했다. 본질적인 의미를 잊으면 그 플랫폼은 힘을 잃기 마련이다. 우리는 왜 처음에 블로그와 인스타, 유튜브를 시작했는가? 대중들과 소통과 공감하기 위해 시작하지 않았는가? 이 본질을 잊으면 현재 있는 팔로워, 소통, 공감을 하고 있는 대중들과 급격하게 멀어질 것이다. 동시에 나의 SNS 플랫폼의 영향력과 파워를 잃어버리는 것은 시간문제이다. 일반 보통 사람으로 돌아가서 대중들과 소통과 공감을 해야 한다.

2. 마음을 움직이는 특별한 감성 콘텐츠를 제작한다.

마케팅의 기본은 사람의 마음을 움직이는 일이다. 하지만 이 사소한 부분을 잊은 채 영혼 없는 글과 수익을 위한 콘텐츠만 올린다. 영리를 추구하는 회사여도 구독자의 마음을 흔들 수 있는 콘텐츠만이 사람의 마음을 움직일 수 있다. 마음을 움직이는 콘텐츠가 무엇일지 고민하면 답은 나온다. 사람이 느낄 수 있는 감정과 심리는 항상 주목받는다. 사람이기 때문에 동일한 정보나 지식을 전달하는 콘텐츠라도 주관적인 해석과 감정이 들어 있는 특별한 감성 콘텐츠는 구독자들에게 인기가 좋을 수밖에 없다. 이렇게 되면 자연스럽게 우리가 파는 제품을 상업적으로 인식하기보다는 자연스럽게 호기심 어린 눈으로 보게 된다. 당연히 여기에선 호감이 생길 수밖에 없다. 이런 구독자의 마음을 움직이는 감정 콘텐츠에는 슬픔, 사랑, 분노, 감동, 유머 등을 이용하면 된다. 이렇게 사람의 마음을 움직이는 특별한 감정 콘텐츠를 만드는 일이 광고를 무턱대고 진행하는 것보다 우선이다. 바이럴 마케팅으로 특별한 분위기를 전달해서 구독자들을 구매하게끔 설득시키려면 특별한 감성 콘텐츠가 꼭 필요하다.

3. 틈새시장의 "최초의 인식" 선점

블랙코어가 강조하는 것 중 하나는 "최초의 인식" 선점이다. 성공한 중·대형 쇼핑몰은 각각 자신만의 유일한 컨셉의 "최초의 이미지"들을 소비자에게 강렬하게 각인시켰었다. 이미 다른 회사나 누군가가 최초로 시도했던 일이라도 상관없다. 약간의 변화만으로도 충분하고 우리만이 할 수 있는 적은 시장이라 하더라도 최초가 될 수 있다. 그 안에서 우리만이 할 수 있는 것들을 찾아내야 한다. 그것이 바로 "희소성"에 대한 부분이다. 우리만이 할 수 있는 희소성을 찾아내서 적극적으로 공략해야 한다. 시장에서 현재 없는 경쟁사가 따라 할 수 없는, 벤치마킹할 수 없는 아이템이나 전략일수록 유리하다. 그리고 그 이미지들은 "최초의 인식"에 관한 것들이어야 한다. 이런 쇼핑몰들을 벤치마킹하거나 따라 한 쇼핑몰들 역시 시장에 많았고 여전히 지금도 이렇게 최초의 인식 선점에 성공한 업체들을 따라 하는 경우가 대다수다. 아무리 포화상태의 전체 시장이라도 틈새시장에서 가장 먼저 "최초의 인식" 선점에 성공한 쇼핑몰들은 오랜 시간이 흐르더라도 여전히 상위 판매자 포지션에서 상품을 판매하고 있었다. 이유는 그들이 고객들의 마음을 "최초의 인식"에 선점하는 데 성공했기 때문이다. 아무리 좋은 전략이 있다고 하더라도 시간이 늦어질수록 다른 경쟁사에 틈새시장의 "최초의 인식" 선점을 빼앗길 수 있기 때문에 희소성 높은 차별화된 컨셉이나 마케팅 전략이 있다면 가장 먼저 "최초의 인식"을 선점할 수 있도록 최선의 노력을 기울여야 한다.

4. "공신력"으로 영향력을 만들어나간다.

최근 바이럴 마케팅에서 문제가 되는 것은 판매자들의 신뢰성을 잃어버리는 것이다. 맛집 리뷰와 허위 댓글 등 병원, 음식점, 건강식품 등 거짓 후기가 고객들로부터 판매자의 신뢰성을 잃어버리는 것에서 시작이 된다. 이런 점들은 판매자의 제품에 대해서 사실을 기반한 콘텐츠로 뉴스·언론사 매체를 자주 그리고 많이 활용함으로써 신뢰감을 높일 수 있다. 이유인즉슨 언론사와 뉴스 채널은 기본적으로 공신력이 있기에 사람들의 신뢰감 형성에 도움을 주기 때문이다. 일반적인 상위노출을 위한 광고성 콘텐츠는 신뢰를 주기 어렵지만, 뉴스 포털은 사람들에게 도움이 되는 객관적인 정보와 Fact가 같이 포함되어 있기 때문에 신뢰성을 가져다준다. 또한 언론사와 뉴스 채널에서 쓴 기삿거리로 소비자들에게 바이럴 파급력도 만들 수 있으니 일거양득이다. 사람들에게 신뢰감과 긍정적인 영향을 주는 기사 콘텐츠로 언론사와 뉴스 채널을 최대한 활용해야 한다. 언론사·뉴스 채널의 신뢰성과 파급력으로 판매자의 공신력을 전달할 수 있다.

5. 고유한 스토리를 만든다.

대형 쇼핑몰들이 쉽게 시도할 수 없는 부분들은 지금까지 시도하지 않았던 새로운 도전이나 도약이다. 실패를 감수하더라도 창의적인 새로운 마케팅 전략을 수시로 실행하기란 매우 어려운 일이다. 그만큼 의사결정권자들도 많고 실행을 하려다가도 현실적인 문제에 가로막혀버린다. 반면에 작은 기업들은 창의적인 바이럴 마케팅을 시도할 수 있고 도전할 기회 역시 많다. 시도하는 바이럴 마케팅에서 문제가 되는 또 하나는 단순히 상품 판매만 하려고 콘텐츠를 올리려고 한다는 점이다. 하지만 이런 방식의 진부한 판매용 콘텐츠만으로는 부족하다. 여기에 특별한 고유한 스토리가 필요하다. 가장 좋은 방법은 일상적인 콘텐츠를 특별한 스토리로 만드는 것이다. 그렇기 때문에 글쓴이의 특별한 브랜드 컨셉을 만들어나가야 한다. 특징이 있는 고유한 브랜드 스타일로 스토리 콘텐츠를 만들어나가야 한다. 그렇게 됐을 때 우리만의 팬과 마니아가 형성된다. 결국 바이럴 마케팅에서도 파급력을 갖게 되어 수익으로 연결된다.

6. 마니아층을 먼저 공략한다.

최근에는 쇼퍼홀릭, 얼리어답터, 마니아층들이 굉장히 활발하게 활동하고 있다. 대게는 연예인을 뺨칠 정도로 파급력이 큰 파워 블로거, 영향력이 큰 SNS 인플루언서가 많은 상황이다. 지금같 이 구색이 넓고 카테고리 수가 많은 상품 판매 현장에서는 소수 의 마니아층을 먼저 공략해야 한다. 애플의 아이폰도 처음에 이 슈가 됐을 때는 소수의 얼리어답터와 마니아층으로 먼저 이루어 졌다. 영향력이 큰 소수의 마니아층을 먼저 공략하면 그만큼 성 공확률도 올라간다. 쇼퍼홀릭, 얼리어답터, 충성고객을 먼저 찾 으면 파급력은 커지게 된다. 다만 아무리 많이 팔리는 히트 상품 과 대박 상품이라 하더라도 퀄리티를 떨어뜨려 놓고서는 아무 의 미가 없다. 상품과 서비스의 내실을 채워서 퀄리티와 품질을 올리 는 것에 집중해야 한다. 상품과 서비스의 내실과 기본을 탄탄히 하지 않으면 아무리 마니아층들을 공략해서 틈새시장 전략에서 성공하더라도 내려앉는 것은 순식간이다. 상품과 서비스의 내실 과 기본을 탄탄히 해야 한다.

7. 빠르고 신속한 의사결정

현시대에는 다양한 정보와 지식이 넘쳐흐른다. 하지만 정작 중 요하고 귀중한 핵심 지식은 알려지지 않고 감춰져 있다. 정보와 지식의 홍수 속에서 핵심을 정확하게 짚을 수 있는 역량을 갖춰야 한다. 그러려면 제품에 대한 통찰력과 예리함이 필요한데 사람들이 쉽게 놓칠 수 있는 핵심적인 부분에 대한 콘텐츠 혹은 아직 알려지지 않은 좋은 노하우 정보들을 공유해서 특별한 영향력을 갖춰야 한다. 특히 같은 업종의 경쟁사들이 따라 하기 힘든 유일무이한 핵심 찌르기 전술은 언제나 바이럴 마케팅의 승리에서 유효하다. 우리에게는 남들에게 없는 특별함이 숨겨져 있다는 것을 보여줄 수 있다. 바이럴 마케팅으로 정곡과 핵심을 찌를 때는 커뮤니티 사이트, 인스타그램, 유튜브, 블로그, 아프리카TV 등 SNS 플랫폼을 다각도로 활용한다. 대형 기업보다 작은 기업이 갖고 있는 최대의 강점은 "빠르고 신속한 의사결정"이다. 조직이 크다는 것은 그만큼 빠르지 못하고 신속하지 못하는 것과 동일하다. 작은 기업의 강점인 "빠르고 신속한 의사결정"으로 소비자의 반응에 민감하게 적응해나가면서 빠른 마케팅 전략으로 승부수를 띄울 수 있다. 작은 기업의 빠르고 신속한 의사결정으로 승부를 겨루자.

8. 파급력 있는 바이럴 콘텐츠를 만든다.

바이럴 마케팅을 할 때 파급력이 없으면 아무리 양질의 콘텐츠라도 입소문이 퍼지지 않는다. 파급력 없는 양질의 콘텐츠는 당사자에게는 좋은 정보일지 모르지만 정작 콘텐츠가 퍼지진 않는다. 파급력은 창의성과 연결된다. 파급력 있는 기획을 하려면 마케팅 조사와 분석을 통해서 사람들이 진정으로 원하는 것들을 찾아내고 창의적으로 재해석할 수 있어야 한다. 하지만 아마추어 수준의 전문성으로는 현시대를 주름잡을 수는 없다. 웬만한 전문가들은 널리고 널렸다. 가장 현실적으로 전문가 수준 이상의 파급력 있는 콘텐츠를 만들 수 있어야 한다. 물론 "진짜" 수준의 범접할 수 없는 경험과 지식이 풍부한 파급력 있는 바이럴 콘텐츠를 만드는 것이 핵심이다. 그런 분위기를 만들려면 전문지식 이외에도 자신만의 특별한 재능을 보여주어야만 한다. 예를 들어 지식을 접목한 기술, 재능이라든지 직관력, 통찰력, 분석력을 통한 자신만의 갈고닦은 성찰을 보여주는 것이다. 물론 다른 사람을 따라 하거나 모방하는 것은 도움이 안 된다.

9. 디지털 마케팅 캠페인을 시도한다.

온라인의 고질적인 한계는 생생한 현장을 직접 느낄 수가 없다는 점이다. 그렇기 때문에 디지털 마케팅이 가장 이슈가 되곤 한다. 디지털 마케팅은 모바일 등 디지털 기기를 통한 동영상으로 진화했는데 리얼리티와 현실성 있는, 보는 사람이 생생한 현장 감각을 느낄 수 있는 방식으로 진화한 것이다. 웹뿐만 아니라 모바일상으로도 똑같다. 결국 리얼리티, 현실성을 최대한 담으려면 실제 오프라인과 온라인을 연결해주는 디지털 마케팅 캠페인이 최상이라고 볼 수 있다. 디지털 마케팅 캠페인은 유튜브와 같은 동영상 채널과 SNS 플랫폼이 합쳐진 형태로 실시간으로 보는 순간 즉각적으로 반응하고 퍼지게 된다. 여기에서 가장 유의해야 할 점은 리얼리티가 극대화되어야 한다는 것이다. 이미 오래전에 온라인 마케팅과 오프라인 마케팅 시장의 벽은 무너졌다. 최근에는 디지털 마케팅으로 스마트폰 하나만으로도 급속도로 바이럴 효과가 있는 아프리카TV, 유튜브, 인스타, 페이스북을 통해서 오프라인에 있는 생생한 이슈들을 급속도로 전파시킨다. 그만큼 캠페인과 광고에 대한 전달률이 좋은 편이다. 반응이 뜨거운 디지털 마케팅 캠페인을 제작한다면 그걸 보는 대중들이 알아서 캠페인을 급속도로 전파시킬 것이다. 비용을 많이 투자하지 않더라도 충분히 바이럴 마케팅 효과를 낼 수 있다. 야외, 실내 어디에서든 지금이라도 빨리 시작해보자.

10. 긍정적인 "영향력"를 만든다.

앞서 군중심리에 대해 알아봤지만, 마케팅의 정점은 군중심리와 여론몰이가 아닐까 한다. 특히 한국에서 좋은 놈, 나쁜 놈 만드는 것은 아주 어렵지 않다. 이상하리만큼 깐깐한 소비자가 많은데 또 군중심리가 잘 통한다. 셀러나 기업을 운영하는 사람이라면 이점을 꼭 각인하고 있어야 한다. 군중심리를 긍정적으로 잘 활용할 수 있으면 상품의 가치를 얼토당토않은 가격에도 기하급수적으로 순식간에 판매할 수 있다. 모든 상품과 서비스는 이슈가 되느냐 되지 않느냐에 따라 히트상품, 쪽박상품으로 된다. 군중심리를 활용한 마케팅은 허위 후기를 쓰면서 여론몰이를 하는 것하고는 거리가 멀다. 반복적 학습과 고도의 심리전에서 영향력 있는 사람들을 내 편으로 만드는 것부터 시작이다. 최근에는 작은 기업이라 하더라도 대기업이 가지지 못하는 큰 영향력을 만들 수 있다. 사실 영향력이라고 함은 눈에 보이지 않는 부분이라 객관적으로 평가할 수 없는 부분이다. 하지만 고객들에게 진정성과 진심을 보여줄 수 있는 사명과 비전, 가치를 보여 줌으로써 고객들의 마음을 사로잡을 수 있다. 바로 여기에서 긍정적인 영향력을 만들 수 있다. 군중심리를 통해 쇼핑몰의 긍정적인 영향을 만들어보자.

블랙코어의 조언
블랙코어의 정리

블랙코어의 조언 1편

돈의 욕심

  세상에는 수많은 욕심이 있다. 그중에서 사람들이 가장 욕심내는 것이 바로 돈이다. 돈이 있으면 무엇이든 가능하다고 생각하기 때문이다. 그렇기 때문에 돈을 위해서라면 어떤 짓이든 불사하곤 한다. 우리는 돈을 위해 일을 하거나 사업을 한다. 이 세상에서 돈을 싫어하는 사람이 몇 명이나 있을까? 돈을 많이 벌어 집을 사고 차를 사고 멋진 곳들을 놀러 다니며, 사고 싶은 아이템들을 모두 사고, 이렇게 누리는 것이야말로 진정한 행복이라고 생각할 것이다. 물론 돈이 많으면 행복에 가까워질 수 있고 여러모로 유리한 건 사실이다. 블랙코어 역시 돈이 좋다. 단, 무리해서 돈을 좇는 자세가 문제가 된다. 우리나라뿐 아니라 전 세계에서 돈을 좇는 사람들이 많다. 문제는 돈을 좇으면 돈에서 멀어진다는 사실이다. 돈을 벌기 위해 무엇이든지 하겠다는 마음가짐은 오히려 돈에서 멀어지게 한다.

사업자들은 매출과 이익에 따라 희비가 엇갈릴 것이다. "왜 다른 사업자들은 매출도 많이 올랐다는데 우리는 왜 이것밖에 안 될까?" "이번 연도에는 목표한 만큼 돈도 못 벌고 이뤄낸 게 없는 것 같네" "다른 사람들은 마냥 행복해 보이는데 왜 나만 이럴까?" 자주 이런 얘기들을 하며 허무해 할 수도 있다. 그리고 매출과 이익이 상승하면 행복도 커지리라 기대하며 또 열심히 일할 것이다. 물론 이런 마인드가 마냥 나쁘다는 얘기는 아니다. 하지만 수많은 사업가와 CEO들이 수익과 돈을 거머쥐었지만, 퇴폐와 향락에 무너졌다는 사실을 깨닫고 나면 돈이라는 것도 마냥 좋다고 좇아야만 하는 대상이 아님을 깨닫게 될 것이다. 블랙코어 또한 돈과 수익에 대한 욕심은 정상적인 욕구라 인정하는 바이다. 사람은 가진 것이 많아지고 재물이 많아지면 돈을 쓰며 자신의 욕구와 욕망을 해소할 수 있다. 단기적으로는 행복감에 젖어 이상적인 모습을 보여준다. 하지만 계속 언급했지만 진정한 행복은 돈으로 얻을 수 있는 것이 아니다. 돈이라는 것은 일정 이상 소유하게 되면 그 이상의 행복감을 주진 못한다.

블랙코어는 인큐베이팅 업체들에 항상 누누이 반복해 얘기한다. "먼저 돈에 대한 욕심을 버리시길 바랍니다. 돈은 따라오는 것이기 때문에 돈을 좇으면 안 됩니다." 하지만 수많은 신규 업체들이 한 귀로 듣고 한 귀로 흘린다. 그리곤 돈을 마냥 좇다가 끝내 자멸을 해버리곤 한다. 돈이라는 것은 담을 그릇을 갖추지 못한 자에게는 헤어 나오기 힘든 혹독한 심연이 될 것이며, 현재 적은 수익, 적은 돈이라도 돈을 좇지 않고 그 안에서 실력과 내공을 키워 그릇을 키운 자에게는 먼 훗날에 언젠가는 돈이 그 그릇을 따를 것이다. 책에서나 나오는 노자나 군자 얘기를 하는 것이 아니다. 아주 냉정하고 잔인한 현실 얘기다. 또한 수많은 신규 업체들이 단순히 이번 연도에 어느 정도 매출을 올렸다고 이미 성공했다는 그릇된 자만심과 오만함에 내년 또한 노력 없이 매출이 오를 것이라 착각하는 것도 버려야 할 생각 중 하나다. 명예와 재물을 좇는 것은 나쁜 것이 아니다. 다만 자신의 실력과 내공, 그릇을 키우지 않고 마냥 돈만 바라는 사람들이 많다.

또한 경쟁자나 다른 인큐베이팅 업체가 매출이 성장했다하여 그저 부러워하거나 질투심을 느낄 수도 있다. 다만 그들이 흘린 땀과 노력이 없었다면 이룰 수 없었다는 사실 하나는 기억해야 할 것이다. 그 업체들도 이제 막 궤도에 올라왔을 뿐이다. 상위권 진입을 원한다면 아주 오랫동안 멀고도 험한 길을 가야 한다. 다만 상위권에 진입해서 수익도 많이 나면 행복감 또한 무조건 오를 것이라 예견하지 말아야 한다. 사업가의 행복은 돈과 수익에서만 오지 않기 때문이다. "진정으로 돈을 원하면 돈을 좇지 말고 돈이 따라오게 만들어라" 이 말을 기억하자.

가장 중요한 핵심은 돈만 좇게 된다면 고객들이 결국 등을 돌린다는 것이다. 어떤 사람은 이렇게 말한다. "아니, 회사가 수익을 내야 성장하지, 어떻게 돈을 좇지 않을 수 있어?" 물론, 바른말이다. 하지만 돈만을 좇는다면 당신의 회사는 수익을 내기도 전에 없어질 것이다. 회사가 고객에게 이익을 주는 것이 먼저인데 돈만 좇아다니면 회사가 수익이 날 리 만무하다. 블랙코어는 돈만 좇는 클라이언트에게 이렇게 말한다. "우선 돈의 욕심을 버리고 고객이 진짜 원하는 것을 파악해야 합니다." 아직도 여전히 고객을 돈으로만 보고 눈이 충혈 돼 있다면 이제 그 욕심 조금만 버리고 고객이 진정으로 원하는 것을 들여다보길 바란다. 돈만 좇으면 시야는 갇히게 된다. 결국 넓은 세계를 보지 못하기 때문에 결국 홀로 벼랑 끝으로 가게 된다. 돈을 벌기 위해서 돈만 좇지 말고 옆에 있는 소비자를 봐야 한다. 돈을 좇아간다면 돈은 멀어지고 고객의 행복을 좇는다면 돈은 알아서 따라오게 될 것이다.

블랙코어의 조언 2편

평정심

우리는 때때로 인생이나 사업에서 견디기 힘든 순간을 맞이한다. 아직 그 힘든 시기가 오지 않았다면 감사할 일이고, 만약 그 힘든 시기가 지금이라면 충분히 감내해서 이겨내야 할 것이다. 이때 한 사람으로 살아가면서 문득 생각을 한다. "언제쯤이면 고난과 역경 같은 힘든 순간에도 흔들리지 않을 수 있을까?"보통 사람이라면 한번쯤 이런 앞이 보이지 않는 막막하고 인생길에서 생각을 하게 된다. 공중파 TV나 신문에서는 각종 CEO들의 성공신화를 보여주면서 그들의 인터뷰를 할 때쯤이면 그들은 나와 다른 사람인걸까? 하는 의문에 사로잡히곤 한다. 한때 블랙코어도 그렇게 생각했다. 하지만 그들도 우리와 다를 것이 없는 사람이라는 것이다. 단지 그들은 "힘든 순간에도 자신을 믿고 동요하지 않는 차분한 정신력"을 발휘하는 사람들이다. 바로 이런 상태가 "평정심"의 상태이다. 평정심의 상태는 "자신을 완벽하게 믿고 확신하는 상태"이다. "조용하게 보이지만 그 내면은 흔들리지 않는 강인한 상태"이다. 힘든 순간에도 초인적인 정신력을 발휘해서 평점심을 유지하는 경지, 외부적 요인에 흔들리지 않는 마인드 컨트롤이 필요 없는 상태, 어떤 고난과 역경에도 자신다움을 잃지 않으며 용기와 자신감을 유지하는 상태, 바로 이런 상태가 "평정심"을 가진 사람들이다. 평정심은 "자신에 대한 확신"이 선행이 되어야 한다. 판매자라면 누구나 이런 상태를 원한다. 인위적이지 않은 진실된 상태, 자신다움. 그 어떤 자신을 방어하는 핑계나 변명, 합리화가 필요없는 상태. 유명한 명예나 돈이 없어도 진정으로 행복을 느끼는 상태. 매순간 자신을 있는 그대로의 본성을 최상의 상태로 유지할 수 있는 존재감의 힘. 즉 최종적으로 무의식적인 존재감을 가진 상태. 바로 이런 상태를 가지고 있다면 비로소 존재감을 가지고 있다고 말할 수 있다.

물론 한 인간으로 살면서 어떻게 이런 상태가 가능하냐고 반문할 수도 있다. 그건 너무 억지고 불가능 하지 않냐고 할 수도 있다. 그렇게 생각할 수도 있지만 그보다 훨씬 더 고차원의 사람들도 있다는 것을 인정해야 한다. 이세상의 사람은 모두 다르고, 그들이 가진 정신세계도 모두 다르다. 어떤 사람이 흔들리지 않는 상황에서 또 다른 누군가는 흔들리고, 어떤 사람이 포기하려 할 때 또 다른 누군가는 포기하지 않고 계속 전진한다. 어떤 사람이 게으르고 나태한 생각을 갖고 있을 때 또 다른 누군가는 부지런함을 유지하려고 노력하고 있다. 이렇듯 모든 사람은 각각 다르고 우리는 그 사실을 인정해야 한다. 때로 "일반적인 생각과 고정관

념의 한계를 뛰어넘는 사람도 존재한다는 것을" 평정심을 가지면 우리
가 흔히 일상생활에서 겪을 수 있는 소위 정신력과 의지상실 (멘탈붕괴),
생각과 컨디션, 감정의 함정, 스스로 불확실한 상태로 자신을 믿지 못하
는 상태, 다른 외부적 요인에 흔들리는 상태에서 벗어나게 된다. 실제로
우리가 인생과 사업에서 힘들어하는 이유는 자명하고 확실하다. 환경과
상황보다도 이것을 받아들이는 스스로의 확신 없는 생각과 감정 때문에
힘들어 한다는 것이다. 하지만, 스스로 변화를 만들어내고 자신을 더욱
나은 사람으로 만들겠다는 확신만 있다면 충분히 평정심을 가질 수 있는
사람이 될 수 있을 것이다. 이미 자신 그 자체로 완벽한 상태라는 것을 스
스로 확신하게 된다면 이다.

블랙코어의 정리

쇼핑몰 성공 요인 10계명

성공한 쇼핑몰들이 성공할 수밖에 없었던 요인을 다시 정리해보았다. 평소에도 자주 보면 도움이 될 것이다.

1. 쇼핑몰 내실이 먼저다. 내실을 먼저 튼튼하게 구축해라.

안타깝게도 광고가 우선이라고 생각하는 광고주가 많다. 쇼핑몰 내실이 먼저 구축이 되지 않으면 광고 역시 효과가 없다. 쇼핑몰 내실이란 팔리는 쇼핑몰을 만들기 위한 콘텐츠를 구체적으로 제작하고 다듬어가는 것이다. 쇼핑몰의 내실을 구축한다는 것은 쇼핑몰의 강점 구축, 브랜드, 킬링 상품과 콘텐츠의 구성, 최적화된 차별화 컨셉과 디자인 등을 말한다. 그다음이 쇼핑몰 마케팅과 광고다. 쇼핑몰 내실이 구축되면 마케팅이나 광고 역시 효과를 발휘해서 투입량만큼 자연스럽게 쇼핑몰 매출도 상승한다.

2. 세상에 하나뿐인 컨셉을 만들어라.

컨셉도 없고, 독창성도 없는 애매모호한 쇼핑몰은 소비자들도 외면한다. 작은 것 하나라도 우리 쇼핑몰밖에 없는 가치와 비전을 만들어야한다. 고객들은 첫 방문 후 7초 안에 머무를지 나갈지를 결정한다. 진부하고 똑같은 컨셉의 쇼핑몰은 인식도 되지 않을뿐더러 구매 욕구 또한생기지 않는다. 컨셉이 뚜렷한 독창적인 쇼핑몰을 완성시켜야 한다. 고객의 뇌리에 정확하게 인식되는 어디에서도 보기 힘든 차별화된 쇼핑몰컨셉은 사이트의 체류 시간과 페이지 뷰, 구매 역시 동시에 증가한다.

3. 고객에게 통하는 마케팅은 상품을 팔리게 만든다.

현재 온라인 마케팅은 온라인 광고와 동일하게 인식되어 있다. 하지만 일반적인 광고 전략을 마케팅이라 할 수 없다. 마케팅은 고객에게 우리 상품을 판매하기 위한 일련의 모든 과정이다. 시장조사, STP 분석, SWOT 분석, 4P 분석 등 상품의 강점 파악부터 시장조사, 공략 타겟층, 트렌드 분석, 컨셉기획, 판매 콘텐츠를 제작하는 데까지 필요한 온라인마케팅을 해야 쇼핑몰 매출이 상승할 수 있다. 어설픈 마케팅이 아닌 시간이 걸리더라도 제대로 된 마케팅으로 승부를 걸어야 한다.

4. 쇼핑몰에 관련한 모든 분야에 전문가가 되어라.

쇼핑몰 운영자는 쇼핑몰에 관련된 모든 분야에 대해서 전문가가 되어야 한다. 쇼핑몰 운영은 한 분야만 잘해서 성공시키기 어렵기 때문이다. 운 좋게 매출이 많이 상승해 직원을 고용하게 되는 상황이라 하더라도 시장조사, 상품 사입부터 촬영, 디자인 편집, C/S, 배송, 모델고용 등 모든 프로세스를 숙지하고 몸으로 익혀야 한다. 이유는 언제든지 빈틈이 생길 수 있기 때문에 쇼핑몰 운영에 위기가 찾아올 수 있기 때문이다. 쇼핑몰과 관련된 모든 분야를 꾸준히 학습하고 몸으로 익혀야 한다. 무지를 경계해야 한다.

5. 쇼핑몰에 자체 브랜드를 만들어라.

브랜드가 없는 쇼핑몰은 소비자에게 인식조차 되기 힘들고 매출도 상승이 어렵기 때문에 오래 지속하기 힘들다. 소셜커머스, 스마트스토어, 오픈마켓 셀러들도 셀러 브랜드를 만드는 시대다. 단기간만 쇼핑몰을 운영할 생각이 아니라면 브랜드를 만들고 가꿔야 한다. 그것도 아주 정성스럽게 많은 시간을 할애하면서 브랜드 인식을 위해 오랜 시간 동안 공을 들여야 한다. 아무리 상품 퀄리티가 뛰어나고 멋진 스타일을 제공하는 쇼핑몰이라 하더라도 브랜드를 잘 가꾼 쇼핑몰이 되지 않으면 재구매가 일어나지 않아서 매출의 한계가 찾아온다. 쇼핑몰 자체브랜드는 매출을 탁월하게 상승시킨다.

6. 지속해서 학습하며 성장하고 배워야 한다.

쇼핑몰을 운영은 정말 쉽지 않다. 초기에는 쇼핑몰 운영을 열정적으로 하며 대박 CEO가 되겠다는 생각으로 굳은 열정과 의지를 불태운다.

하지만 시간이 지나면서 게을러지거나 나태해지는 시간이 찾아온다. 쇼핑몰 운영을 쉽게 보면 안 된다. 지속적인 고객 관리뿐만 아니라 이벤트, 광고도 꾸준히 관리하고 현재 트렌드 분석, 시장조사도 하면서 학습하며 성장하고 실행하며 배워나가야 한다. 매일 성장을 위해 학습하는 사업자는 쇼핑몰 성공에 한걸음 가까워진다.

7. 한 명의 고객이 쇼핑몰을 살린다.

어쩌다 가끔 주문하거나 쇼핑몰에 들어오지 않는 100명의 고객보다 매일 꾸준히 일정량 이상의 상품을 주문하는 고객은 쇼핑몰을 꾸준히 운영하게끔 해주고 열정을 만드는 힘을 가져다준다. 하지만 쇼핑몰에서 한 번이라도 구매를 했거나 하지 않은 고객들까지도 친절하게 응대해야 한다. 쇼핑몰 매출이 일어나지 않을 때를 생각하면 1명의 고객도 소중할 수밖에 없다. 한 명의 고객이 쇼핑몰을 살린다는 것을 명심해야 한다.

8. 상품과 서비스의 품질을 지속해서 높게 유지한다.

사실 쇼핑몰에서 마케팅보다 가장 중요한 것은 상품과 서비스의 품질향상이다. 마케팅도 중요하지만 상품과 서비스는 판매와 직결된 기본 베이스다. 아무리 화려한 마케팅과 사진, 디자인, 콘텐츠를 사용한다 해도 한 번쯤은 속아서 구매가 일어날 뿐 상품과 서비스의 질이 떨어진다면 재구매는 거의 없다고 봐도 된다. 상품과 서비스의 품질이 기본적으로 지속해서 높게 유지된다면 자연스럽게 재구매는 일어나고 고객들 역시 만족도가 높아진다.

9. 한 명의 직원이 쇼핑몰을 위기에 빠뜨린다.

쇼핑몰이 커져서 직원을 새로 채용하는 경우나 쇼핑몰을 같이 운영하는 공동 파트너가 있을 경우에 항상 경계해야 하는 점은 직원 관리다. 일반적으로 매출이 많이 없는 쇼핑몰은 많은 직원이 필요 없기 때문에 별로 신경을 쓰지 않는다. 하지만 직원을 꼭 채용해야 하는 경우는 언젠가는 발생한다. 쇼핑몰은 내부사정이 많이 오픈될 수밖에 없기에 해당 직원은 내부의 사정을 많이 알게 된다. 믿을만한 직원이 아니거나 문제가 많은 직원은 내부분열을 일으킨다. 제대로 된 직원을 채용하지 않으면 쇼핑몰을 한순간에 위기에 빠뜨리게 된다.

10. 기회가 오면 과감하게 투자해라.

이 부분이 쇼핑몰 성공 십계명 중에서 가장 중요한 대목이자 대형 쇼핑몰로 성장할 수 있는 비밀이다. 쇼핑몰 운영자들이 많이 실수하는 점이 기회가 왔을 때 주춤거리거나 방어적으로 되어 대형쇼핑몰로 성장할 기회를 놓치는 것이다. 쇼핑몰이 성장단계에 진입했을 때 그 징후와 징조가 찾아온다. 미래의 예고 없는 징후와 징조를 알아차리는 건 쉽지 않지만 기회가 왔을 때 과감하게 투자를 해야 한다. 쇼핑몰에서 안정적인 매출을 유지하려면 중·대형 쇼핑몰로 성장해야 한다. 기회가 오면 과감하게 투자해라.

온라인 판매의 생존

경기불황에 맞서는 위기극복법

발행일 2022년 12월 25일

지은이 이신우
펴낸이 정유리
디자인 김송이

발행처 더블유미디어
등록번호 제25100-2016-000033호
주소 서울특별시 서대문구 연희동
대표전화 02-2068-1956
팩스 02-2068-1995
홈페이지 www.w-media.co.kr
이메일 wmedia1@naver.com

ISBN 979-11-88476-33-6 (03320)